NAMIBIA

Zeit für das Beste

HIGHLIGHTS | GEHEIMTIPPS | [illegible]HLFÜHLADRESSEN

»Das Mondlicht stahl sich durch die Zweige.
Wir hatten unser Lager unter einem Dawibbaum
mit langen, zitternden, feinen Blättern, die sich
im Nachtwind hin und her wiegten.
Das Feuer prasselte und knisterte.«

Margarethe von Eckenbrecher 1911 in: »Was Afrika mir gab und nahm«

BRUCKMANN

NAMIBIA
Zeit für das Beste
Roland F. Karl
BRUCKMANN

INHALT

Spannend: Bootsafari auf dem Kwando River nahe der Lianshulu Lodge.

Das sollten Sie sich nicht entgehen lassen 8

Willkommen in Namibia 12

ZENTRALES HOCHLAND

1 Windhoek 32

2 Aloe Trail und City Walk 38

3 Die Buschpiloten von Eros 44

4 Khomas-Hochland 46

5 Okahandja 50

6 Erongo 52

7 Spitzkoppe 54

8 Jagdfarmen 56

ETOSHA

9 Der Waterberg 62

10 Tsumeb / Grootfontein 66

11 Etosha-Pfanne 74

12 Onguma Game Reserve 80

13 Ongava Game Reserve 88

14 Ovamboland 90

DAMARALAND

15 Damaraland 94

16 Brandberg Nature Reserve 100

17 Twyfelfontein 102

18 Palmwag 108

Geniales Kaffeehaus mit Kuchentheke und kolonialem Touch in Lüderitz

SKELETTKÜSTE

19 Swakopmund 114
20 Atlantisch golfen 120
21 Walvis Bay 126
22 Henties Bay und Cape Cross 130
23 Skeleton Coast 134
24 Hoanib Skeleton Coast Camp 140
25 Skeleton Coast Safaris 144

KAOKOVELD UND HIMBALAND

26 Kaokoveld 150
27 Purros 154
28 Serra Cafema 158
29 Epupa und Ruacana Falls 164

MEHR WISSEN

→ Die afrikanische Seele der Hauptstadt 42
→ Trophäentiere der Großwildjäger: Big Five 84
→ Die Kultur der Damara 98
→ Adrenalinsport zwischen Swakop und Walvis 124
→ Letzte Krieger der Wildnis 162
→ Sehnsuchtsziel Safari 184
→ Exotisch: Namibias Flora und Fauna 206
→ Kaza: Naturschutz für fünf Länder 216

Bildschön im Licht: der Köcherbaum, der als Aloeart eigentlich gar kein Baum ist.

MEHR ERLEBEN

→ Namibia auf eigene Faust 70

→ Vom Glück, in Namibia zu leben 216

→ Namibia für Kinder und Familien 282

DIE NAMIB

30 Über die Pässe zur Namib 168

31 Namib Naukluft Park 172

32 Sossusvlei 176

33 Im Ballon über der Wüste 180

34 NamibRand Nature Reserve 186

35 Gondwana Desert Collection 190

DIAMANTKÜSTE/ LÜDERITZBUCHT

36 Lüderitzbucht 196

37 Hochkarätig: Das Sperrgebiet 202

Links: Im Bwa-Bwata-National Park sind grauenerregende Krokodile ziemlich alltäglich. **Rechts:** Der Fischfluss, der Namibias grandiosen Fish River Canyon seinen Namen gibt.

38 Kolmannskuppe 210
39 Die Wildpferde von Garub 212
40 Bethanien – Schloss Duwisib 220

KALAHARI UND CO.

41 Stampriet 224
42 Keetmanshoop 228
43 Fish River Canyon 232
44 Gondwana Canyon Park 236
45 Cape Namibia Route 240

CAPRIVI UND GRENZGEBIET

46 Rundu und Okavango 246
47 Zambezi 248
48 Vierländereck 252
49 Von Kasane ins Delta 260
50 Victoriafälle 264

Herero-Frau mit Kind in traditionellem Putz und mit typischer Kopfbedeckung

REISEINFOS

Namibia von A bis Z 269
Kalender 274
Register 286
Impressum 288

DAS SOLLTEN SIE SICH NICHT ENTGEHEN LASSEN

1 Windhoek (S. 32)
Die namibische Hauptstadt steht schon deshalb auf der Liste, weil sich das gesellschaftliche und kulturelle Leben des Landes beinahe ausschließlich in dieser einzigen Urbanität abspielt. Und weil es drei richtige Burgen gibt und Joe's Beerhouse, dazu altkoloniale Geschichte und Architektur und – etwas außerhalb – die Township Katutura, wo die afrikanische Seele pulsiert.

2 Waterberg Plateau Park (S. 62)
Auf der Strecke von Windhoek zur Etosha-Salzpfanne ist ein Abstecher in den Waterberg Plateau Park eine Option: Namibias Ayers Rock erhebt sich bis auf über 200 Meter aus der Ebene, die »Beletage«-Plattform oben misst ca. 50 Kilometer Länge und bis zu 20 Kilometer Breite. Mit seiner dichten Vegetation ist das Waterberg Plateau ein Tierparadies und ein Ziel für Hiker, die dort den Waterberg Wilderness Trail gehen.

3 Etosha National Park (S. 74)
Das namibische Dschungelbuch findet in der Etosha statt, Big Five inklusive, und das Motto in der Salzpfanne heißt »warten«: an einem der zahlreichen Wasserlöcher, die Wildtiere während der Trockenzeit magnetisch anziehen.

Nichts toppt diese Schönheit, wenn die Sonne sich über der Savanne senkt.

Prächtige Gründerzeit-Architektur in Swakopmund: Hohenzollernhaus, Baujahr 1906.

Selbstfahrer erschließen sich ihre Safari auf gut gekennzeichneten Pisten, sehr historisch lässt es sich in den staatlichen Lodges Namutoni, Halali und Okaukuejo innerhalb des Parks übernachten.

4 Jugendstilperle Swakopmund (S. 114)
Allgegenwärtig ist das Erbe der Wilhelminischen Epoche, die dem begehrten Seebad am Atlantik sein historisches Stadtbild verschafft mit der Bismarckstraße, der Bergstraße, der Bäckerstraße, seinem Hansa-Hotel, Baujahr 1905, und natürlich seinem rot-weißgekringelten Leuchtturm. Bombastisch kommt die Architektur des Alten Bahnhofs daher, in dem heute das feine Swakopmund Hotel residiert.

5 Marienflusstal, Zebra- und Hartmannsberge (S. 151 und 162)
Frappierende Landschaften füllen das nordwestliche Kaokoveld. Vom Hartmann Valley Airstrip geht es noch eine Stunde per Landrover offroad durch eine obskur schöne Welt aus zersägten Bergketten und gewaltigen Sandpaketen, mit Blick auf die 2000 Meter hohen Cafema Mountains jenseits des Kunene River an der angolanischen Grenze. Hier, im nordwestlichen Kaokoveld im Land der Himba hält den besten Spot die Serra Cafema Lodge besetzt.

6 Sanddünenmeer Sossusvlei (S. 176)
Das touristische Herz der Namib heißt Sossusvlei, mit seinen bis zu 388 Meter hohen Dünengipfeln ist es Namibias beliebtestes Ausflugsziel. Die schönste und kühlste Zeit ist das Sonnenaufgangsspektakel, wenn das sanfte Licht nicht nur Fotografen mit weichem Sandformenspiel begeistert, Sunset-Motive werden durch Schwitzen erkauft. Die Prachtexemplare Big Daddy und Big Mama zählen zu den beeindruckendsten Sanddünen der Welt.

7 NamibRand Nature Reserve (S. 186)
In einem der landschaftlich reizvollsten Gebiete gleich neben dem Namib Naukluft Park hat der deutschstämmige Südwestafrikaner Albi Brückner durch Aufkäufe unrentablen Farmlands die NamibRand Private Reserve zusammengestückelt und mit den Lodges und Camps der Wolwedans Collection ein exklusives Halbwüsteneldorado für exotische Wildtiere und anspruchsvolle Safarigäste geschaffen.

8 Sperrgebiet Rand Park (S. 202)
Zur Klein-Aus Vista Lodge zählen die Geisterschlucht und sieben natursteinerne Chalets, die sich sieben Kilometer von der Hauptlodge entfernt im Gebirgsland verstecken. Das Erwachen in diesen verwunschenen Eagle's-Nest-Domizilen ist mit berauschenden Ausblicken auf die Tiefebene so außerirdisch wie der blutrote Sunset am Abend zuvor, und es wird schwer, sich aus diesem Traum zu lösen.

9 Lüderitzbucht und Kolmanskop (S. 196 und 210)
Die Stadt der Diamantenbarone schmückt sich mit prächtigen Jugendstilbauten in der Bergstraße, der Kirchstraße und der Hohen Straße, mit der Turnhalle des Männerturnvereins Lüderitzbucht, dem Lesesaal und Kapps Konzert- und Ball-Saal, Baujahr 1907. In der benachbarten Jugendstilfabrik Kolmanskop, immer noch Diamantenmine, zugleich viel besuchtes Freilichtmuseum sowie Drehort zahlreicher Filme, werden alte Zeiten wieder lebendig.

10 Fish River und Canyon Park (S. 232)
Mit über 500 Metern Tiefe und 161 Kilometern Länge ist der Fish River Canyon der zweitgrößte der Welt nach dem Grand Canyon und zählt zu den besonderen Attraktionen im Südlichen Afrika. Unmittelbar daneben liegen die Domizile der Gondwana Canyon Lodges, eine Oase zwischen Fels und Sand inmitten der Wüste.

11 Caprivi (S. 248)
Mit seinen Nationalparks Bwabwata, Mudumu und Mamili kann die Caprivi-Provinz Zambezi mit tropischen Feuchtgebieten, Flusspferden, Krokodilen, Hunderten Vogelarten und natürlich den Big Five nur so protzen. Im Gegensatz zu den ariden Landesteilen Namibias explodieren Flora und Fauna: Wasser und Weidegründe existieren im Überfluss, imposante Papyrusstauden und Galeriewälder säumen die Flussufer.

Birdwatcher kommen bei Namibias exotischer Vogelwelt voll auf ihre Kosten.

WILLKOMMEN IN
Namibia

Als wäre die Zeit nicht vergangen, führt das Land mit einer Vielzahl exotischer Darsteller ein einzigartiges Bühnenstück auf: Schier unglaublich sind Namibias Kompositionen schnell wechselnder Farben, wenn der Sonnenball sinkt. Brillant der Schein funkelnder Sterne, wenn der Mond auf seine Reise über Namibias Wüsten geht. Die Horizonte sind hier, im ehemaligen Deutsch-Südwest, unendlich. Sie spannen sich über grandiose Landschaften, die statistisch gesehen eigentlich nur Flora und Fauna kennen.

Namibias Pfründe sind seine unermesslichen Naturräume. Seine unendlichen Weiten, aus denen sich bizarre Felsgebirge erheben, aus der Ebene steigende Ayers-Rock-Formationen sowie Hügel- und Berglandschaften in den vielfältigsten Formen. Zum Beispiel das Brandbergmassiv, das als eines der großen namibischen Naturwunder besonders dann fasziniert, wenn sein 2573 Meter hoher Königsstein in der untergehenden Sonne aufglüht. Vielleicht nannten ihn die Herero deshalb den »Berg der Götter«. Viele der geo-

Felsklötze nahe des UNESCO-Welterbes Twyfelfontein im Herzen des Damaralands

Die prachtvoll gekleidete Herero-Dame stammt aus der Kunene-Region.

grafischen Erhebungen (Gamsberg, 2347 m, Hohenstein, 2319 m oder die Fahle Kuppe, 1723 m) erinnern mit ihren Namen an vergangene Zeiten.

Ein menschenleeres Land

Wobei die Liste namibischer Naturphänomene ziemlich lang ist. Dazu gehört eine der trockensten Wüsten der Welt, die Namib, mit ihren gewaltigen Sanddünengebieten, der Fish River Canyon als zweitgrößter der Welt sowie Hochebenen, Dschungelflüsse, Salzpfannen und endlose Küsten – completely untouched. Zweieinhalbmal so groß wie Deutschland ist das ehemalige Deutsch-Südwest, hat aber kaum mehr Einwohner als Hamburg und deshalb nur zweieinhalb pro Quadratkilometer. Die Entfernungen sind beträchtlich in diesem praktisch menschenleeren Territorium der Löwen, Elefanten, Leoparden und all der anderen Exoten aus dem Dschungelbuch, weshalb zahlreiche Charter-Airlines als Fly-in in Namibias Weiten starten. Los geht es auf Windhoeks Domestic Airport Eros. Quasi nonstop werden hier die Ein- und Zweipropellermaschinen beladen, die neben der Runway parken. Dann geht es ab in den Himmel über der Wildnis. 300 Flugkilometer sind es bis zu den Pisten des Etosha-Nationalparks. Der »Ort des trockenen Wassers«, wie die 5000 Quadratkilometer große Salzpfanne in der Sprache der Ovambo heißt, fängt die Abflüsse des Okavango im Osten und des Ekuma und Oshigambo im Norden

Unberührte Natur: Die unermessliche Schönheit der Weite im Skeleton Coast National Park

auf. Meist ist sie komplett ausgetrocknet und wird nur für kurze Zeit im Jahr zu einer wassergefüllten Lagune. Dann verwandelt sich die salzige Ödnis in ein Paradies für Flamingos und Pelikane.

Der Ort, an dem nichts ist

Seit 1968 nennt sich das ehemalige Deutsch-Südwestafrika Namibia, was in der Nama-Sprache so viel bedeutet wie »Der Ort, an dem nichts ist«. Der grenzt im Süden an Südafrika, im Norden an Angola, im Osten an Botswana und mit seiner nordöstlichen Ausstülpung, dem Caprivi-Zipfel, an Simbabwe und Sambia. Die Längsausdehnung zwischen dem Oranje River im Süden und dem Kunene an der Nordgrenze zu Angola misst 1280 Kilometer. Vom Sambesi im östlichen Teil des Caprivi bis zum Atlantik im Westen sind es ein paar Hundert mehr. Durch diese Unermesslichkeit heiß gebackenen Landes treiben Flüsse, wenn sie denn fließen, als lebenssichernde Arterien. Dabei bringen es der Fish River, der Nossob, der Olifants River, der Oranje und der Okavango jeder für sich auf viele Hundert Kilometer. Nicht alle verfrachten ihr sonnengewärmtes Nass in den eiskalt-verfrorenen Atlantik. Manche versickern auf dem Weg dorthin oder zu anderen großen Flüssen komplett im Nirgendwo. Einer bringt mit seinen Fluten das lebhafteste und größte Tierparadies der Welt auf die Beine – im aquatischen botswanischen Kulminationspunkt, dem Okavango-Delta.

Die Kurven der Namib

Auf der Liste namibischer Phänomene stehen auch die rotsandfarbenen Dünen des Namib Naukluft Park, die sich von einem Moment auf den anderen in die für Sanddünen befremdliche Farbe Grün wandeln können: wenn Regenfälle, die selten genug sind, einen kraftvoll sprießenden Pflanzenteppich für kurze Zeit auf die windgestylten Sandberge der Wüste zaubern, was nicht nur Fotografen komplett aus dem Häuschen bringt. Nur aus der fliegenden Perspektive lassen sich die sandigen Dünengebirge der Namib in ihrer ganzen Schönheit begreifen; unter der Cessna zieht Walvis Bay vorbei, Namibias umtriebige Hafenstadt, die 30 Kilometer südlich von Swakopmund liegt. Danach The Falling Dunes, gewaltige Sandfelder, die steil zum Atlantik abbrechen, bevor das erste Schiffswrack, die »Shaunee«, in Sicht kommt. Im Tiefflug geht es dann über die »Edward Bohlen« hinweg, die 1909, beladen mit Whisky und Trinkwasser, hier auf Grund lief. Danach dreht die Maschine mit Kurs auf die Wüste ab. Hier und da ragen Überreste von Diamantencamps aus dem Sand, Häusergerippe und Hütten. Verloren steht ein Ochsenkarren im Nirgendwo. Zunehmend färben sich die Sandgebirge rot und die Namib (mit 20 Millionen Jahren die älteste Wüste der Welt) breitet sich bis zum Horizont aus mit endlosen Dünengebieten in weich gezeichneten Mustern. Im Herzen der Namib liegt das Sossusvlei, mit bis zu 388 Meter hohen Dünengipfeln Namibias beliebtestes Ausflugsziel.

Alltägliche klimatische Extreme, erst sengende Sonne, dann grollendes Unwetter

Verrückt spielt das Wetter

Über die Hälfte des Landes gilt als aride oder sehr trocken, wobei der durchschnittliche Jahresniederschlag an der Küste mit 10 mm an der Grenze zum Nichts liegt, im feuchteren Nordosten bei 700 mm, im Landesdurchschnitt bei mageren 270 mm. Die meisten Regenmengen fallen zwischen Dezember und März, also im Jahreszeiten-verdrehten namibischen Sommer, den heißesten Monaten. Dann treibt es die Städter aus Windhoek mit Vorliebe an die kühlende Brandung der Küstenenklaven Swakopmund und Walvis Bay zur erfrischenden Seebrise. Eine klimatische Kapriole bietet dagegen der namibische Winter, den Europäer bei trockener Luft und Tagestemperaturen um die 25 Grad als herrlich sommerlich

Auf anderthalbtausend Kilometer zieht sich die Skelettküste am Atlantik entlang.

empfinden, während nachts die Temperaturen leicht auf unter null absinken können und ein kräftiges Väterchen Frost zu Besuch kommen kann.

Temperaturspiele sind namibische Spezialität. Harsch sprang die unerbittliche Natur früher mit Schiffbrüchigen um, die es durch die eiskalten Fluten des antarktischen Benguelastroms bis zu den Stränden der Skeleton Coast geschafft hatten. Es dauerte nicht lange, bis den gerade Geretteten dämmerte, dass hinter dem schmalen Küstenstrich das entgegengesetzte Extrem wartete, nämlich die vollkommene Wasserlosigkeit. Nun stand für die Seeleute nicht mehr Erfrieren oder Ertrinken auf dem Programm, sondern Verdursten, falls sie nicht vorher ein gnädiger Hitzschlag ereilte.

Wie frappierend Namibias kuriose Wettergeschichten sind, lässt sich auf der Hafenmole Swakopmunds am allerbesten beobachten. Wer dort in wohliger Sonnenwärme die Kontraste des rot-weiß gekringelten Leuchtturms im Azurblau eines wolkenlosen Himmels bewundert, wird sich wundern, wenn er sich auf die nächste Sekunde an einem Ort findet, wo gar nichts mehr ist: Dicht gewebte nordfriesisch anmutende Nebelschwaden lassen blitzschnell erst die oberen Leuchtturmkringel verschwinden, danach Swakops Hafenbecken und spielende Robben, zuletzt die eigenen Füße. Kühle zieht auf und es folgt der tastende Griff nach dem Pullover. Was für ein filmreifes Stück, inszeniert von Wüste und Atlantik, deren heiße und kalte Luftmassen an der Küstenlinie aufeinanderprallen, was in der Geschichte der stark befahrenen Wasserstraße zwischen Kap und Europa für zahlreiche Schiffe das Ende bedeutete. Während der Sommer Tagestemperaturen schnell über 30 Grad treibt (in der Namib-Wüste auf 45 Grad und mehr), lassen sich an feinsandigen Stränden nur selten Badewillige finden. Bei extremer Hitze über der Landmasse bleibt der Atlantik durch den eisigen Benguelastrom kalt.

Maßlose Schönheit

Ein Großteil des namibischen Staatsgebiets ist Hochland. Die meisten Siedlungen befinden sich auf durchschnittlich 1400 bis 1800 Meter. Der etwas feuchtere Norden reicht gerade mal für die Viehzucht, im trockneren Süden schaffen es nur noch die Schafe. Im Osten flacht das Land bis auf 1000 Meter über dem Meeresspiegel ab, bevor es in die Kalahari-Wüste übergeht. Im Westen begrenzen bizarre Gebirgsketten die weiten Ebenen der Namib. Man stelle sich vor, ein Land, eingeklemmt zwischen zwei beinharten Wüsten! Skurrile Bilder entfalten sich dort, wo Inselberge und Felskuppeln trostlose Flächen mit Schattenwürfen ausschmücken und im frühen und späten Tageslicht eine landschaftliche Zauberwelt schaffen. So ist es mit dem »Ort, an dem nichts ist«: Die Natur in diesem riesigen Land spielt ihr Stück wie seit Tausenden Jahren. Der Mensch bleibt in Relation zur Fläche eine Randerscheinung und der zerstörerische zivilisatorische Prozess aufgrund beinharter und wenig ausbeutungsfreundlicher Bedingungen als verlangsamte Maschinerie weit hinter dem globalen Durchschnitt zurück.

Namibias tierische Exoten

Auch deshalb ist der »Ort, an dem nichts ist« ein praktisch menschenleeres Territorium. Zahlreich sind afrikanische Wildtiere hier vertreten: Giraffen und Geparde, Wüstenluchse und Wildhunde, Tüpfelhyänen und Schakale, Stachel- und Warzenschweine, Paviane, Honigdachse, Ameisenbären und die gemütlich wirkenden Flusspferde, die unberechenbare und gefährliche Angreifer sein können. Allgegenwärtig sind rund 30 Antilopenarten, darunter die prächtig gehörnte Oryx- und die Rappenantilope. Zuweilen zeigen sich sehr

Raubtier, nicht Schmusekatze: Geparden zählen zu den schönsten und schnellsten.

seltene oder auch endemische Tierarten, die ausschließlich die spezifische Umwelt Namibias zustande gebracht hat. So das Hartmann-Bergzebra, von dem es gerade noch 13 000 Exemplare gibt, die vom Aussterben bedrohte Damara-Seeschwalbe oder die Sandechse, die problemlos im Wüstensand taucht und schwimmt.

Die namibischen Rangern und Fährtenlesern am häufigsten gestellte Frage zielt auf die Existenz von Schlangen, die hier besonders vielgestaltig sind und in über 70 Arten auftreten. Zu den giftigsten zählen die gehörnte Puffotter, drei verschiedene Formen der Speikobra, viele Sandschlangenarten, die Grüne und die Schwarze Mamba sowie neben vielen anderen die Zebra- und die Baumschlange. Wer es in der Kategorie der Reptilien etwas größer mag: In den Flüssen des Nordens tummeln sich zahlreich bis zu sechs Meter lange Nilkrokodile. Fernglasbewehrte Ornithologen gehen nicht nur wegen Sekretären, Flamingos, Pinguinen, Riesentrappen, Adlern, Geiern, Marabus und bunt schillernden Enten- und Gänsearten auf Beobachtungstour. Von 887 geschützten Vogelarten des Südlichen Afrikas stehen zwei Drittel auf der namibischen Liste, elf Arten gelten als endemisch, manche sind prominent: Der afrikanische Fischadler hat es ins namibische Wappen geschafft, der emsige Webervogel, der seine kugeligen Hängenester baut und in Kolonien lebt, ziert jeden Namibia-Bildband. So vielfältig Namibias Fauna auch ist, natürlich stehen The Big Five – die begehrten Trophäentiere der einstigen Großwildjäger – Elefant, Nashorn, Büffel, Löwe und Leopard – auf der Skala der Attraktionen ganz oben.

Ökosysteme und Artenvielfalt

Tierbeobachter kommen im ariden Klima generell auf ihre Kosten, besonders, wenn die Trockenperioden sich zuspitzen. An den noch Wasser führenden Tränklöchern scharen sich dann die Wildtiere in einer unglaublichen Vielfalt. Zu danken ist ihr Artenreichtum mutigen Tierschützern, die sich schon frühzeitig für die exotische Fauna und deren Erhalt engagiert haben. Namibias bekanntestes Tierreservat, der Etosha National Park, existiert schon seit über 100 Jahren. Wenngleich die namibische Verfassung festschreibt, dass der Staat mit seiner Politik Ökosysteme und Artenvielfalt als Erbe der Menschheit zu bewahren hat,

Der *Ephippiorhynchus senegalensis* (Sattelstorch) zeigt stolz seinen Schnabel.

Springendes Löwenfutter: Athletische Antilopen müssen allzeit sehr wachsam sein.

stellt sich diese Aufgabe im Wechselspiel der Interessen nicht einfach: Allein die Wirtschaftssektoren Fischerei, Bergbau und Landwirtschaft erbringen einen Großteil des Bruttosozialprodukts. Dazu zählt der »Ort, an dem nichts ist« zu den größten Diamantenproduzenten der Welt, gefördert werden aber auch Bodenschätze wie Zinn, Kupfer, Uran, Blei und Zink, die unter ihm schlummern. Zudem kursieren im Volk Gerüchte über Erdgas- und Erdölvorkommen vor Namibias Küsten. Trotz knallharter Wirtschaftsinteressen ließen sich die Naturschutzgebiete des Landes mit 22 Nationalparks auf 17 Prozent der Gesamtfläche ausweiten, was über ein Drittel der Bundesrepublik Deutschland entspricht.

Renaturierung und Tierschutz

Sie sind zahlreich, die Beispiele engagierter Naturschützer, die erfolgreich auf Rückwärts an der Zivilisationsschraube drehten, um der modernen Welt kostbare Wildnis wieder abzuringen, die im Strudel der Geschichte unterging. Die NamibRand Nature Reserve ist so entstanden, dreimal so groß wie der Bodensee und das Lebenswerk des deutschstämmigen Albi Brückner. Auch der Gondwana Canyon Park am Fish River, den der Namibier Mannfred Goldbeck aus aufgekauftem Land von Wildtieren komplett entleerter Schaffarmen zusammenstückelte, um es zu renaturieren und als Ganzes der heimischen Tierwelt zurückzugeben. Heute gibt es ein Dutzend solcher ehemaligen Farmbetriebe mit Arealen von der doppelten Fläche des Bodensees. 500 Kilometer Zäune mussten dafür weichen und jede Menge Gnus, Nashörner, Antilopen und Giraffen importiert werden.

Natürlich verbraucht der Wiederaufbau solcher Gebiete substanzielle Mittel, allein der Ankauf von Nashörnern und Giraffen kostet viel Geld. Weshalb der Reisemarkt mit zahllosen Lodges und Camps mit Naturschutzprojekten wie diesen untrennbar verbunden und eine nachhaltige Entscheidung für den namibischen Naturschutz ist. Er sichert nicht nur den Wildtieren die Existenz, sondern schafft auch Arbeitsplätze für die Menschen. Nachhaltigkeit im Sinne einer Renaturierung von Farmland nehmen auch die nicht wenig umstrittenen namibischen Jagdfarmen für sich in Anspruch, deren Areale erst durch weiße Einwanderer mittels Vieh- und Schafszucht kultiviert und als Lebensraum für die Wildtiere zerstört worden sind, jetzt aber wilden Spezies wieder eine Heimat bieten. Hier schließt sich der Kreis: In dem Land, in dem nichts ist, geht das Werk der frühen Siedler Südwests in etwas Neuem auf: »Altes Land des Anfangs, werde wieder jung und wachs und blüh! Wer so alt ist wie die Erde, der ist auch so jung wie sie.« (James Krüss, *Südwestafrika*)

Dickhäuter gelten als freundlich, solange man ihnen nicht zu nahe kommt.

Die Diamanten des Kaisers

Nur ein Meilenstein in der Geschichte war, was Ende des 19. Jahrhunderts in Lüderitzbucht begann. Dennoch sorgten zwei Schicksalsfügungen für eine Zeitenwende, die das bis dahin weitgehend archaische Land auf einen Schlag in die Moderne katapultierte: der Anmarsch der Deutschen, deren Kaiser sich ein Sahnestück vom kolonialen Kuchen abzuschneiden gedachte, sowie die beinahe zeitgleiche Entdeckung von Diamanten. Letztere sind immer noch da und erwirtschaften einen nicht unbeträchtlichen Anteil des Staatshaushalts: Namibias Diamantenproduktion steht weltweit an fünfter Stelle, die größte Minengesellschaft des Landes, die Namdeb Diamond Corporation, beschäftigt über 3000 Menschen.

Koloniales Relikt in der verlassenen Diamantenstadt Kolmannskuppe

Die Ära der Deutschen währte hingegen nur kurz: genau von 1883, als Heinrich Vogelsang im Auftrag von Lüderitz die deutsche Flagge aufzog, bis 1915. Da kam sie, nach der Kapitulation der Deutschen Schutztruppe, auch schon wieder herunter. Allerdings stellten die drei Jahrzehnte das damalige Südwestafrika nachhaltig auf den Kopf. Dazu zählen die Vernichtungsfeldzüge eines Generals von Trotha gegen die Völker der Nama und Herero (die über 100 Jahre später ihre Entschädigungsforderungen im Berliner Kanzleramt vorbringen) ebenso wie der Bau von Straßen, Brücken und Bahngleisen, auf denen auch heute noch Zugwaggons rollen. Denn die Kaiserdeutschen brachten wirtschaftlichen und technischen Fortschritt mit und die ersten Vorboten hochmoderner Business-Standorte aus Marmor, Spiegelglas und Edelstahl, die das moderne Windhoek heute mitprägen, vor allem aber eine feine Architekturansammlung, die Besucher magnetisch anzieht und dem Reisesektor hilft, der 20 Prozent der Wirtschaft ausmacht. Gerade Deutsche zieht Namibia an, das mit Jugendstil, Kirchbauten, deutschen Buchhandlungen, der *Allgemeinen Zeitung* und nach deutschem Reinheitsgebot gebrautem Bier aufwarten kann. Der gesellschaftliche Input deutschstämmiger Namibier, deren verbliebene Zahl mit ca. 20 000 beinahe gegen null geht und weniger als ein Prozent der Gesamtbevölkerung ausmacht, ist in wirtschaftlicher und kultureller Hinsicht immer noch sehr groß. Abgesehen von den Staatsunternehmen, befinden sich nicht selten Deutschstämmige an der Spitze namibischer Firmen.

Touren durch Windhoeks Township Katutura sollte man hungrig angehen.

Relikt der Apartheid

Ein Muss ist der Besuch von Windhoeks Township Katutura, die sichtbarste Hinterlassenschaft der südafrikanischen Besatzungszeit mit ihrer menschenverachtenden Apartheidpolitik, die von 1920 bis zur Unabhängigkeit 1990 währte. Groß angelegte Umsiedlungsaktionen sollten Nichtweiße in diese Location für Einheimische bringen.
Am 10. Dezember 1959 protestierten mutige Schwarze gegen die Umsiedlungsmaßnahmen und wurden von der südafrikanischen Polizei brutal zurückgedrängt. Die kaltblütige Erschießung von 13 Demonstranten zog damals die Gründung der namibischen Unabhängigkeitsbewegung South West African People's Organisation (SWAPO) nach sich. Bei den Protestaktionen war auch Sam Nujoma zugegen, der spätere Führer der SWAPO, der 1990 zum ersten Präsidenten des unabhängigen Namibia gewählt wurde. Das Apartheidrelikt Katutura ist den Windhoekern geblieben. Ein Besuch dort ist ebenso ein Kontrastprogramm wie eine Zeitreise zu den zahlreichen altkolonialen Architekturdenkmälern des ehemaligen Deutsch-Südwest.

Urbane Schätze

Einige der hübschen Kirchen Namibias sind zu Nationalmonumenten erklärt worden, auch das Wahrzeichen Windhoeks, die 1910 von Gottlieb Redecker entworfene Christuskirche. Die kunstvoll farbverglasten Fenster wurden in Nürnberg gefertigt und von Kaiser Wilhelm II. gespendet. Die Altarbibel steuerte Ehefrau Augusta bei, die Orgel stammt aus Ludwigsburg, das Geläut aus der Glockengießerei Franz Schilling in Apolda. Nachts steht sie unwirklich märchenhaft hoch oben über der Hauptstadt zwischen Palmen im Flutlicht! Swakopmund hat seinen 21 Meter hohen rot-weiß gekringelten Leuchtturm, der dem beliebten Seebad sein nordfriesisches Ambiente verschafft, und die evangelisch-lutherische Kirche in der Poststraße, Baujahr 1912. Lüderitz' Felsenkirche thront imposant auf dem Diamantenhügel, Architekt Walter Bause konnte mit privaten Spenden aus Deutschland den Kirchenbau 1911 in nur einem Jahr vollenden. Unter den Geldgebern war Kaiser Wilhelm II., der die bleiverglasten Chorfenster über dem Altar stiftete, Gattin Augusta blieb bei der obligatorischen *Bibel*. Die Liste der Hinterlassenschaft deutscher Missionsgesellschaften ist lang: Dazu zählt die von der Rheinischen Mission 1872 erbaute Friedenskirche in Okahandja, heute Nationaldenkmal, ebenso wie die ehemalige Missionskirche aus dem Jahr 1895 in Keetmanshoop, die jetzt als Museum dient.

Allerorts im Straßenbild zu entdecken: Herero-Frauen in landestypischer Tracht

Boomender Reisemarkt

Tatkräftig helfen die prachtvollen Jahrhundertwendepaläste aus der Gründerzeit heute mit, einen stetig wachsenden Reisemarkt zu befeuern, der sich außerordentlich positiv ins Bruttosozialprodukt einbringt. Ein PR-Geschenk des Himmels waren die beiden Superstars Angelina Jolie und Brad Pitt, die 2006 ausgerechnet den »Ort, an dem nichts ist« zum Geburtsort ihrer Tochter erwählten. Das Medienereignis zog zahllose Fotostrecken und Filmberichte über die Hollywood-Beauties nach sich und präsentierte aller Welt die Schönheiten des Landes. Der Erfolg der glücklichen Fügung ließ nicht lange auf sich warten: Von beinahe anderthalb Millionen internationalen Besuchern kommen ca. 20 Prozent aus Europa, darunter die Hälfte aus dem deutschsprachigen Raum. Der Stellenwert des wachsenden Reisesektors ist beträchtlich, weshalb die namibische Regierung einen weiteren Ausbau der touristischen Infrastruktur betreibt. Die darf jetzt schon als hervorragend gelten: Zahlreiche Flugverbindungen, ein gut ausgebautes Straßennetz, Übernachtungsmöglichkeiten vom Campingplatz über Wildlife Lodges unterschiedlichster Standards bis hin zum Schlosshotel machen die Erschließung der 23 staatlichen Nationalparks und Schutzzonen sowie über 150 privater Game Reserves zu einem kalkulierbaren afrikanischen Abenteuer.

Und was gibt's zu essen?

Krokodilshäppchen, frische Austern, Schwarzwälder Kirschtorte! Drei Jahrzehnte deutscher Kolonialherrschaft haben dem modernen Namibia auch Eisbein mit Sauerkraut hinterlassen. Immer noch wirken Omas altdeutsche Kochbücher nebst Rezepten für feine Bäckerei- und Konditoreiwaren nach. So gehören Bienenstich, Sachertorte und Apfelstrudel ebenso zum gastronomischen Alltagsgeschäft wie Jägerschnitzel mit Bratkartoffeln. Straußencarpaccio hingegen oder Straußenfilet auf würziger Merlotsoße treffen schon eher die

In Katutura gibt es traditionelle Speisen wie Mopane-Raupen und Smiley (Schafskopf).

Körnerbrötchen oder Sauerteig? Kein Problem in Swakops deutscher Bäckerei

Geschmacksnerven von Feinschmeckern – und wie erst Krokodilshäppchen vom Grill oder Springbockrücken mit Kräuterkruste in Portwein! Unschwer zu erraten ist, dass im Land der Jäger und Sammler – auch der Großwildjäger und Jagdfarmen, die gesetzlich streng geregelten Abschussquoten unterliegen – Fleisch, ganz besonders Wildfleisch, als vollbiologisches Produkt an erster Stelle in der landestypischen Küche steht, weshalb Filets von Kudu, Oryx- und Elenantilope, Springbock, ja, selbst Zebrafleisch zu den Selbstverständlichkeiten gehobener Speisekarten gehören. Zum Testen für Einsteiger wäre ein Buschmannspieß aus Perlhuhn, Krokodil, Strauß, Zebra und Kudu vielleicht das Richtige.

Gemüse und Fisch

Auch vegetarisch orientierte Genießer müssen nicht darben – mit Salaten, Obst und Gemüse versorgt sich die namibische Küche täglich durch Importe aus Südafrika. Aber nicht ausschließlich: Grüner Spargel, der im Swakopmunder Brauhaus zusammen mit Kartoffelpüree auf den Tisch kommt, wird im Flussbett des Swakop River gestochen. Trüffel-Delikatessen gedeihen im Kalahari-Sand und werden von den namibischen Buschleuten, den San, geerntet, um als Omelett mit Kalahari-Trüffeln, Trüffelsuppe oder als hausgemachte Tagliatelle mit cremigem Trüffelragout zu brillieren. Und dann der fangfrische Fisch: Bei anderthalb-

Lecker Essen: Es müssen ja nicht gleich Mopane-Raupen oder geröstete Termiten sein.

tausend Kilometern Küstenlinie werden Liebhaber von Kingklip, Kabeljau, Lachs, Schwert- und Butterfisch, Hai sowie von Meeresfrüchten – hervorragend bedient, wobei Lüderitz für die qualitätsstärksten Austern steht.

African Style

Natürlich hat das moderne Namibia auch Fast-Food-Ketten zu bieten und vermehrt breiten sich via Südafrika asiatische Einflüsse aus. Von dort stammt die burisch inspirierte Boerekoos, leckere Potjiekos (Eintöpfe) gehören dazu, die im dreibeinigen gusseisernen Topf über dem offenen Feuer gegart werden.
Mit Gerichten aus wild wachsendem würzig-scharfen Spinat mit Rindfleisch nach Oshiwambo Art, Oshifima (Mahangu-Hirsebrei), Oxuxwa (gegrilltes Hähnchen) sowie Mealie Pap (Maisbrei) schafft sich die namibische Küche African Style ihre Liebhaber. Wobei es beim Probieren der Landesküche ja nicht gleich Omaungu sein muss, die bei afrikanischstämmigen Namibiern beliebte, proteinreiche Spezialität aus Mopane-Raupen. Gebraten und mit Chili und Zwiebeln oder in Tomatensoße schmecken die wirklich gut, müsste man beim Essen nur nicht immerfort an sie denken. Experimentierlust erfordert die namibische Delikatesse Smileys: über offenem Feuer gekochte Ziegenköpfe, die zu grinsen beginnen, sobald das Gesichtsmuskelfleisch weich wird. Da hilft nur noch ein frisch gezapftes Hansa-Pils oder ein Windhoek Lager aus der 1920 von Carl List und Hermann Ohlthaver gegründeten Südwestbrauerei (SWB), die heute Namibia Breweries Ltd. heißt.

Steckbrief Namibia

Lage: Südwestlicher Teil im Südlichen Afrika

Name: Republik Namibia

Fläche: 824 292 km^2

Einwohner: 2,2 Mio., 2,4 EW/km^2

Hauptstadt: Windhoek

Größere Städte: Swakopmund, Lüderitz, Walvis Bay, Tsumeb, Okahandja

Nachbarländer: Angola, Botswana, Simbabwe, Sambia, Südafrika

Flagge: 

Sprache: Große Sprachenvielfalt aus 11 verschiedenen traditionellen Sprachen und 26 Dialekten, dazu kommen Afrikaans, Deutsch, Englisch (Amtssprache) sowie 29 andere Stammessprachen. Vor allem im Tourismus ist Deutsch eine wichtige Verkehrssprache.

Währung: Namibia-Dollar (N$), südafrikanischer Rand (ZAR) wird 1:1 akzeptiert.

Zeitzone: MEZ bzw. MESZ – 1 Std. (im europäischen Sommer müssen die Uhren in Namibia um 1 Std. zurückgestellt werden)

Landesvorwahl: 00264 (Notruf im Land: 101 11)

Geografie und Klima: Inlandsplateau mit beeindruckenden Bergen über 2500 m, im südlichen Landesteil trocken-heiße Namib- und Kalahari-Wüste, im Westen 1500 km kühle Atlantikküste, zur Grenze Angolas tropisches Klima wie auch im 450 km langen Caprivi-Streifen

Flüsse: Kunene, Okavango, Oranje

Staat und Verwaltung: Präsidialdemokratie, deren Staatsoberhaupt alle fünf Jahre gewählt wird, Regierungs- und Parlamentssitz ist Windhoek

Wirtschaft und Tourismus: Neben dem Bergbau mit Diamanten, Uran und anderen Rohstoffen ist der Tourismus mit einer Million Besuchern der zweitwichtigste Wirtschaftszweig. An dritter Stelle rangieren Landwirtschaft und Fischerei.

Religion: 87 % Christen, davon 50 % Lutheraner, 20 % Katholiken, 10 % Niederländische-Reformierte und Anglikaner, Rest traditionelle afrikanische Religionsgemeinschaften

Bevölkerung: Vielvölkerstaat unter anderem aus San, Damara, Ovambos, Kavangos, Herero, Himba, Caprivianer, Rehobother Baster und Weißen

Geschichte im Überblick

1486 Der portugiesische Seefahrer Diogo Câo erreicht als erster Europäer Cape Cross, 1488 Bartolomeu Diaz Lüderitzbucht. Im 15./16. Jh. werden die Buschleute sowie hier lebende Nama und Damara zunehmend von Bantu-Stämmen, vor allem den Herero, bedrängt.

Ab 1723 Buren ziehen vom Kap ein, amerikanische und englische Walfänger gründen Stützpunkte bei Walvis Bay, Lüderitz und Sandwich Harbour.

1793 Kap-Holländer nehmen Walvis Bay in Besitz.

Ab 1800 Erste kriegerische Auseinandersetzungen zwischen ansässigen Nama-Stämmen und vom Norden einwandernden Herero.

1806 Beginn der Missionstätigkeit in Warmbad durch die Londoner Missionsgesellschaft.

Ab 1840 Afrikaans sprechende Oorlam-Nama, von den Buren auch als Hottentotten bezeichnet, wandern von Südafrika ins zentrale Hochland ein. Ihr Häuptling, Jan Jonker Afrikaner, tauft seine Siedlung Klein Winterhoek und begründet damit die heutige Hauptstadt Windhoek.

1842 Die Rheinische Mission lässt sich in Windhoek nieder, dann in Otjikango (Groß-Barmen) und Gobabis, in Scheppmannsdorf (Walvis Bay) und in Otjimbingwe.

1863–1870 Erbitterte Kämpfe zwischen Nama und Herero.

1878 Annexion des Seehafens Walvis Bay durch Großbritannien.

1883 Der Bremer Kaufmann Adolf Lüderitz erwirbt vom Nama-Häuptling Josef Fredericks Land um die Bucht Angra Pequena, heute Lüderitzbucht.

1884 Reichskanzler Otto von Bismarck erklärt Lüderitz und Umgebung am 24. April zum deutschen Protektorat, die Deutsche Kolonialgesellschaft für Südwestafrika wird gegründet.

1890 Im Helgoland-Sansibar-Vertrag überlässt England dem deutschen Schutzgebiet den Caprivi-Zipfel, der Südwestafrika mit der deutschen Kolonie Ostafrika (Tansania) verbinden soll, Namibia wird deutsche Kolonie.

1900–1902 Eröffnung der Kupfermine in Tsumeb sowie der Eisenbahnlinie Windhoek–Swakopmund.

1903–1906 Aufstände der Herero und Nama werden von General von Trotha, dem Kommandierenden der Deutschen Schutztruppe, blutig niedergeschlagen. Drei Viertel aller Herero und die Hälfte aller Nama (ca. 90000) werden niedergemetzelt, die Überlebenden kommen in Konzentrationslager und werden in die Zwangsarbeit getrieben.

1908 Erste Diamantenfunde bei Lüderitz; Eröffnung der Eisenbahnlinien

Lüderitz–Keetmanshoop–Windhoek, Swakopmund–Grootfontein–Tsumeb und Swakopmund–Windhoek.

1914 Ausbruch des Ersten Weltkriegs und Kapitulation der Deutschen Schutztruppe vor den britisch-südafrikanischen Truppen am 9. Juli 1915.

1920 Südwestafrika wird vom Völkerbund zum südafrikanischen Mandatsgebiet erklärt.

1939 Beginn des Zweiten Weltkriegs, deutschstämmige Südwestafrikaner werden interniert.

1946 Südafrika versucht, das UN-Mandatsgebiet Südwestafrika in die Südafrikanische Union einzugliedern, Apartheid und Zwangsumsiedlungen der schwarzen Bevölkerung nach Katutura inklusive.

1959 Am 10. Dezember erschießt die südafrikanische Polizei 13 Schwarze, die gegen die Apartheitspolitik protestierten.

1960 Die namibische Unabhängigkeitsbewegung South West African People's Organisation (SWAPO) entsteht.

1964–1966 Nach Gefechten zwischen SWAPO- und südafrikanischen Truppen verliert Südafrika sein UN-Mandat, bleibt aber Besatzungsmacht.

Ab 1985 Schwere Kämpfe mit der aus Angola operierenden SWAPO-Guerilla. Unter der Ägide der UNO erfolgt ein Friedensschluss, woraufhin die SWAPO mit 56,5 % aller Stimmen die ersten freien Wahlen gewinnt.

1990 Am 21. März wird Namibia als letztes afrikanisches Land unter seinem ersten frei gewählten Präsidenten Sam Nujoma unabhängig.

1994 Eingliederung des bis dahin britischen Walvis Bay.

2001 Klage der Hereo gegen die Bundesrepublik Deutschland wegen Völkermords vor einem US-Gericht, die abgewiesen wird.

2005 Nach drei Amtszeiten Nujomas wird Hifikepunye Pohamba Präsident.

2013 Das Reiterdenkmal aus dem Jahr 1912 wird demontiert.

2015 Nach drei Amtszeiten Pohambas wird Hage Geingob Präsident.

2017 Die verbotene Diamantenstadt Oranjemund wird für die Öffentlichkeit frei zugänglich.

2018 Vertreter der Nama- und Herero-Volksgruppen verklagen die Bundesrepublik Deutschland auf Entschädigungszahlungen wegen Völkermords vor einem New Yorker Gericht.

2019 Namibia erhält tonnenschwere Kreuzkap-Säule zurück, die Kaiser Wilhelm II. aus der damaligen Kolonie Deutsch-Südwestafrika nach Deutschland schaffen ließ.

ZENTRALES HOCHLAND

1 **Windhoek**
Rasant wachsende Metropole 32

2 **Aloe Trail und City Walk**
Der Blick auf die Hauptstadt 38

3 **Die Buschpiloten von Eros**
Auf der Runway zur Wildnis 44

4 **Khomas-Hochland**
Zwischen Wellness und Wildtieren 46

5 **Okahandja**
Das Zentrum der Herero 50

6 **Erongo**
Weinbau in Omaruru 52

7 **Spitzkoppe**
Das Matterhorn Namibias 54

8 **Jagdfarmen**
Wo die Büchse kracht 56

1 Windhoek

Rasant wachsende Metropole

Namibias wirtschaftliches, kulturelles und politisches Zentrum liegt auf 1650 Metern Höhe und überrascht mit einem angenehm trockenen Klima zwischen 16 und 34 Grad im namibischen Sommer und 6 bis 22 Grad im Winter. Alle politischen und wirtschaftlichen Fäden sind hier verknüpft – ohne Windhoek geht gar nichts, selbst das Bier des riesigen Landes kommt aus der zentralistischen Hauptstadt.

Reiche Wasservorkommen und die geografische Lage waren ideale Voraussetzungen für die Gründung der Siedlung Klein Winterhoek zu Beginn der 1840er-Jahre durch die aus Südafrika eingewanderten Oorlam-Nama (von den kapholländischen Buren auch abschätzig als Hottentotten bezeichnet) unter ihrem Anführer Jan Jonker Afrikaner. Die geografischen Gegebenheiten nutzte auch die Deutsche Schutztruppe, als sie zu Beginn

S. 30/31: Blick auf die Spitzkoppe
Mitte: Den besten Blick über die Stadt gibt es von der Terrasse der Heinitzburg.
Unten: Der Ruch der deutschkolonialen Ära ist in Windhoeks Alter Feste noch zu spüren.

GUT ZU WISSEN

SICHERHEIT

Aufgrund großer sozialer Unterschiede ist in und um Windhoek herum Vorsicht geboten, es gelten die üblichen Regeln: Nicht nach Einbruch der Dunkelheit unterwegs sein, in Taxis nur nach Vorbestellung einsteigen, sich nicht auf die Ansprache Fremder im Vorbeigehen einlassen, auch an Tankstellen den verschlossenen Wagen samt Gepäck im Blick behalten, keine Wertsachen auffällig herumtragen – das volle Programm eben, das für urbane Zentren überall und generell gilt. Für den Fall aller Fälle: www.nampoltouristunit.com

Die historische Heinitzburg in Windhoek

der Kolonialzeit hier ihr Hauptquartier aufschlug. 1890 wurde die Alte Feste errichtet, die heute das älteste Gebäude ist. Nach dem Bau der Eisenbahnlinie zwischen Swakopmund und Windhoek avancierte die schnell wachsende Kleinstadt zum Verwaltungssitz von Deutsch-Südwestafrika, was einen Entwicklungsschub brachte.

Alle Straßen führen nach Windhoek

Heute hat Windhoeks City moderne Business-Standorte aus Marmor, Spiegelglas und Edelstahl zu bieten. Zunehmend poppen Banken und Hotels architekturbewusst aus dem noch bis vor wenigen Jahren verschlafenen Kolonialstädtchen, dessen historische Insignien im Schatten der Moderne optisch beinahe verschwinden, und ein wuseliger Verkehrsbrei zeichnet den namibischen Knotenpunkt für Schiene, Straße und Luftverkehr inzwischen wie jede andere Urbanität aus. Eine schnell wachsende Einwohnerzahl, die dem Industrie- und Wirtschaftsstandort sowie der allgemeinen Landflucht geschuldet ist, verschafft einer der putzigsten Hauptstädte der Welt den Anschluss an die moderne, globale Zeit. Offiziell schlägt die mit

Einfach gut!

EINFACH GUT!
Rooms with a view
Zum stilvollsten Domizil der Stadt hat sich die Heinitzburg mit ihren drei Feinschmeckerrestaurants Knight's Room, Felsenkeller und Leo's at the Castle gemausert. Wer es nicht auf die Liste der Reservierungen schafft, kann sich auf der Burgterrasse eines traumhaften Ausblicks über Windhoek erfreuen, bei klassisch europäischer oder typisch afrikanischer Cuisine. Oder bei einem erlesenen Gläschen Wein vielleicht? Der im urigen Felsenkeller der altdeutschen Burg (1914 vom Grafen von Schwerin erbaut) in 15 000 Flaschen reichlich vorhanden ist, wie die Eigner des Fünf-Sterne-Boutique-Domizils Beate und Tibor Raith glaubhaft versichern. Das Hotel Heinitzburg in der Heinitzburg Street 22 hat nur 16 Zimmer und ist deshalb rechtzeitig zu buchen.

Hotel Heinitzburg. 22 Heinitzburg St, Tel. 061/24 95 97, www.heinitzburg.com

320 000 zu Buche, manche behaupten, es könnte schon eine halbe Million oder gar noch mehr sein, wobei der größte Teil des menschlichen Getriebes in der Township Katutura und der angrenzenden Khomasdal-Location für Farbige verschwindet.

Längst reicht die B1 zwischen Swakopmund, der hauptstädtischen Weekend-Perle mit dem guten atlantischen Klima, dem umtriebigen Okahandja und Windhoek nicht mehr aus: Eine Autobahn, bislang ein Fremdwort im namibischen Verkehr, ist im Bau. Mit Regierungs- und Parlamentssitz, Universität sowie – nicht unwichtig – der einzigen Brauerei spielt sich das wirtschaftliche, politische und kulturelle Leben ausschließlich hier, in der zentralistischen Metropole des Hochlands, ab.

Kolonialpaläste und richtige Burgen

Windhoeks architektonische Preziosen ziehen Besucher magisch an. Dazu gehört der Tintenpalast (1913), entworfen von Gottlieb Redecker als Sitz der Hauptverwaltung von Deutsch-Südwestafrika, der die kuriose Bezeichnung dem spöttelnden Volksmund verdankt – in den Amtsstuben regierten nur Formulare und Tinte, hieß es früher, was sich bis heute in der Residenz des namibischen Parlaments ganz sicher nicht geändert hat. Nur eben damals walteten preußische Beamte ihres Amtes, immer mit Blick auf den heimatlich-neugotischen Kirchturm, den heute ein Ensemble prachtvoll gewachsener Palmen verfremdet.

Gleich nebenan steht das Wahrzeichen der Stadt, die 1910 als Friedenssymbol von Redecker erbaute evangelisch-lutherische Christuskirche. Die kunstvollen Fenster des typisch deutsch wirkenden neogotischen Gebäudes wurden von Kaiser Wilhelm II. gespendet, die Altarbibel von Gemahlin Auguste

Der sogenannte Tintenpalast (Parlamentsgebäude) liegt im Park hinter der Christuskirche, die Windhoeks Wahrzeichen ist.

Viktoria. Nachts steht die Christuskirche mit ihrem 42 Meter hohen Glockenturm märchenhaft im Flutlicht über der Stadt. Die deutschen Gründerväter benannten ihre Straßen nach Bismarck, Mozart oder den Brüdern Grimm und erbauten Prachtstücke wie die Schwerinsburg, die Sanderburg und die Heinitzburg, Letztere fungiert heute als bildschöne Luxusherberge.

Kaiser Wilhelms Prachtstraße

Zentrum des städtischen Lebens ist Windhoeks Independence Avenue. Die Hauptgeschäftsstraße war bis 1990 berühmt als Kaiserstraße, zieht sich vom Ausspannplatz, dem ehemaligen Rastplatz für Ochsenkarren, mitten durchs Zentrum und am Zoopark vorbei bis zur historischen Turnhalle, die 1909 von Otto Busch als Übungssaal für den Windhoek Gymnastic Club erbaut wurde. In der Post Street Mall, Windhoeks Fußgängerzone, breitet sich auf Klapptischen und Wolldecken das komplette afrikanische Souvenirsortiment aus: Armreife aus Elefantenhaar, handgeschnitzte Rhinozerosse, Schachteln aus alten Telefonkabeln, Holzgiraffen und Kochlöffel mit hornverzierten Stielen sowie Silberschmuck und Halsketten aller Art. Die Chancen stehen nicht schlecht, dass sich so ein schwarzafrikanischer Straßenhändler freundlich als Wilhelm, Friedrich oder Gotthold vorstellt. Ganz selbstverständlich werden hier altdeutsche Vornamen mit afrikanischen Familiennamen kombiniert, wie der von Erenfried Tjivi Ndjoonduezu beweist. Erenfried hat es in die englischsprachige Tageszeitung *Namibian* geschafft, der Windhoeker Polizist Traugott Ngambe in die *Allgemeine Zeitung*. Unzählige Male schon fand sich ein Matheus Shikongo in beiden Gazetten vertreten, er war lange Zeit der Oberbürgermeister der Stadt.

Nicht verpassen

EINE NACHT IM VOIGTLAND

45 Kilometer sind es vom Windhoek International Airport bis in die Innenstadt. Ein pieksauberes Asphaltband führt an Farmeinfahrten vorbei, die sich Sonnleiten und Finkenstein nennen. Nach gut zehn Kilometern geht es links nach Dordabis ab, dann taucht rechter Hand die Toreinfahrt Voigtland auf. Das Haupthaus der Gästefarm von Stephan und Gaby Voigts stammt aus dem Jahr 1900 und liegt idyllisch zwischen Bäumen versteckt. Nur vier Doppelzimmer mit Pool, ein großer Relax-Garten und Terrassen gestalten die Working Farm (800 Rinder auf 7500 ha) zu einem herrlichen Übernachtungsdomizil. Keine 20 Minuten sind es zum Flughafen, was das Voigtland bestens geeignet für die erste und die letzte Nacht macht. Zudem lässt sich Windhoek von hier als stressfreie Sightseeing- und Last-Shopping-Tour durchführen.

Gästehaus Voigtland. Tel. 062/54 04 19 und 081/259 74 30, www.voigt-land.com

Die Post Mall Street, Windhoeks Fußgängerzone gegenüber dem Zoo Park, stellt Kunst, Kitsch und afrikanische Souvenirs aller Art aus. Last-Minute-Shopping vor dem Rückflug nicht ausgeschlossen.

Münzen und Briefmarken

Die Chancen stehen gut, dass Briefmarken-Fans in der Post Mall Street auf ihre Kosten kommen. Coins & Stamps vermeldet das Pappschild neben dem Arbeitsplatz von Klaus Roerkohl, einem Straßenstand in der Fußgängerzone, der zwischen all den anderen Verkaufsständen seit über zwei Jahrzehnten eine Art Projekt in einer sich schnell entwickelnden multikulturellen Gesellschaft ist. Mehrmals pro Woche lenkt Klaus vom Klappstuhl aus persönlich den Verkauf von antiquarischen Münzen und Briefmarken. In Kapstadt hat der Namibier deutscher Abstammung Germanistik studiert – er ist in der modernen Gesellschaft seines Heimatlands angekommen.

Windhoeker Buchhandlung

Zahlreiche deutsch-namibische Geschäfte weisen auf längst vergangene Südwest-Zeiten hin, nicht zu verpassen ist für Leseratten die Windhoeker Buchhandlung. Natürlich war die Adresse klangvoller, als der Schwiegervater des jetzigen Eigentümers Uwe Mögenburg 1958 die Buchhandlung gründete, weil die Independence Avenue noch Kaiserstraße hieß. Aber immer noch ist das Familienunternehmen am Markt präsent. Wobei, so merkt der Chef (der 1951 mit vier Jahren aus Sachsen-Anhalt nach Windhoek kam) etwas melancholisch an, die traditionsreiche Bücherstube seine Kundschaft zunehmend an große Supermärkte und Shoppingzentren verliert. Auch wird die deutschsprachige Klientel naturgemäß immer kleiner. Romane, Kinderbücher und Nachschlagewerke liefert der Großhändler Koch, Neff & Volckmar von Stuttgart nach Windhoek, Zeitschriften wie *Der Spiegel* und *Die Zeit* kommen dienstags und freitags per Luftfracht aus Deutschland mit nur einem Erscheinungstag Verspätung (www.windhoekerbuchhandlung.com).

Infos und Adressen

ESSEN UND TRINKEN

Joe's Beerhouse. Illustre Kultkneipe. 160 Nelson Mandela Ave, Tel. 061/23 24 57, www.joesbeerhouse.com

Leo's at the Castle. Elegantes Restaurant. 22 Heinitzburg St, Tel. 061/24 95 97, www.heinitzburg.com

N.I.C.E. Namibian Institute of Culinary Education mit Kochschule. 2 Mozart St, Tel. 061/30 07 10, www.nicenamibia.com

ÜBERNACHTEN

AVANI Windhoek. Gustav Voigts Centre, 129 Independence Ave, Tel. 061/280 00 00, www.minorhotels.com/en/avani/windhoek

Chameleon Backpackers. Downtown. 5–7 Voight St, Tel 061/24 43 47, www.chameleonbackpackers.com

Hilton. Downtown mit 18-Meter-Pool, Fitness und Spa. Rev Michael Scott St, Tel. 061/296 29 29, www.hilton.com

Olive Grove Guesthouse. Empfehlenswert, individuell. Ecke 20 Promenaden Rd/Ngami St, Tel. 061/30 26 40, www.olivegrove-namibia.com

Puccini Guest House. Klein, aber fein. 4/6 Puccini St, Tel. 061/23 63 55, www.puccini-namibia.com

AUSGEHEN

Club London. Nightlife. 2 Nasmith St, Tel. 063/22 54 66.

Sky Bar. Blick auf die City. Hilton Hotel, Rev Michael Scott St, Tel. 061/296 29 29.

EINKAUFEN

Namibia Craft Center. Ein »Muss« für Souvenirjäger, mit Ethnokunst auf drei Etagen. Old Breweries Complex, 40 Tal St, Tel. 061/24 22 22, www.namibiacraftcentre.com

VERANSTALTUNGEN

Franco Namibian Cultural Center. Kunst- und Kulturprogramm. 118 Mugabe Ave, Tel. 061/38 73 30, www.fncc.org.na

National Theatre of Namibia. Theater, Konzerte, Ballett. 12 John Meinert St, Tel. 061/37 44 00, www.ntn.org.na

Warehouse Theatre Windhoek. Topspot der Musikszene. 48 Tal St, Tel. 061/40 22 53, www.warehousetheatre.com.na

INFORMATION

Namibia Tourism Board. Haddy & Sam Nujoma Dr, Tel. 061/290 60 00, www.namibiatourism.com.na und www.whatsonwindhoek.com

Das Olive Grove Guesthouse bietet stylisches Ambiente nahe des Zentrums.

Das 2014 eröffnete Memorial Museum erzählt facettenreich Namibias Landesgeschichte; Blick vom Unabhängigkeits-museum auf den Tintenpalast

2 Aloe Trail und City Walk

Der Blick auf die Hauptstadt

Den besten Ausblick über die Stadt bietet der einstündige Spaziergang auf dem Aloe Trail. Der Schotterweg hieß früher Hofmeyer Walk und ist je nach Jahreszeit von leuchtend rot blühenden Aloen gesäumt. Ausgangspunkt ist die Ecke Sinclairstraße/ Dr. Kenneth Kaunda Street, von dort geht es zügig auf eine Berghöhe, die die noblen Vororte Klein Windhoek und Ludwigsdorf von der City trennt.

Ein bisschen Vorsicht ist angesagt beim beliebten Aussichtsspaziergang auf den Höhen rings um Windhoek. Den abgelegenen Walk sollte man nicht allein unternehmen, am besten unter ortskundiger Führung und am helllichten Tag, aber die erhabene Perspektive lohnt sich: Oben zeigen sich beeindruckend die Bergketten der Eros, Auas und Khomas Mountains, unten liegt die historische City, aus der immer mehr moderne Business-Bauten klotzig in die Höhe schießen.

Schöne Aussichten

Beim sanften Abstieg Richtung Stadtmitte trifft man zunächst auf Windhoeks Wahrzeichen, die Christuskirche, sowie den Tintenpalast, ab 1913 Verwaltungssitz von Deutsch-Südwestafrika. Einen Steinwurf entfernt steht Windhoeks ältestes Gebäude, die Alte Feste, 1890 als Hauptquartier der Deutschen Schutztruppe errichtet und heute die historische Abteilung des National Museum of Namibia. Neben anderen architektonischen Schönheiten stellt die ehemalige Kaiserstraße drei ganz besondere Perlen der deutschen Jahrhun-

Zu Fuß durch die Hauptstadt

Ein Spaziergang auf dem Hofmeyer Walk, der seiner wild blühenden Aloen wegen auch Aloe Trail heißt, verschafft den schönsten Ausblick auf Windhoek und bietet beim Abstieg die wichtigsten Highlights der City.

A **Einstieg** – Dr. Kenneth Kaunda Street.

B **Alte Feste** – Abstieg Richtung Zentrum zeigt sich die Alte Feste.

C **Christuskirche** – Das Wahrzeichen der Stadt.

D **Parlament** – Sitz des Parlaments im Tintenpalast in der 14A Love Street.

E **Zoo Park** – Hauptpost und Café Zoo

F **Kolonialperlen** – Kronprinzen-Haus (1902), Gathemann-Haus (1913), Erkrath-Haus (1910)

G **Windhoek Tourism** – Fußgängerzone Post Street Mall gleich neben der Agribank.

H **Namibia Craft Centre** – Das Souvenirparadies belegt mehrere Etagen der ehemaligen Felsenkeller-Brauerei (1902).

I **Joe's Beer House** – Treffpunkt aller Touristen in der Nelson Mandela Avenue.

J **Windhoeker Buchhandlung**

K **Heinitzburg** – Toplage in der Heinitzburgstraße.

L **Robert Mugabe Avenue** – Die Nationalgalerie, das Nationaltheater, die 1909 erbaute Turnhalle und das Franco Namibian Cultural Center

M **Windhoeks kolonialer Bahnhof** – mit Transportmuseum.

Nicht verpassen

IMMER GUT INFORMIERT
Von den sechs Prozent weißen Namibiern englischer, burischer oder deutscher Abstammung spricht nur noch ein Drittel Deutsch. Bei zwei Millionen Einwohnern bleiben aber immer noch 40 000 potenzielle Leser der seit über 100 Jahren erscheinenden *Allgemeinen Zeitung* und ausreichend Jecken für den Windhoeker Karneval, »et kütt wie et kütt«, im Ernstfall auch mitten in Afrika. Natürlich wird das Spektakel live vom Deutschen Hörfunkprogramm übertragen und ist am folgenden Tag detailliert in der *Allgemeinen Zeitung* nachzulesen. Die AZ wurde 1916 gegründet und unter der Bezeichnung *Der Kriegsbote* verlegt. Drei Jahre später, nachdem Deutsch-Südwestafrika unter südafrikanische Verwaltung gekommen war, erhielt das Blatt seinen heutigen Namen. Inzwischen ist die AZ auch online vertreten

Allgemeine Zeitung.
www.az.com.na.

Windhoeks Zoo Park fungiert wie ein Stadtpark.

dertwende aus, die der Südwestafrikaner Wilhelm Sander entworfen hat: das Erkrath-Haus (1910), gleich daneben das Gathemann-Haus (1913), und das Kronprinzen-Haus. Letzteres wurde als Hotel Kronprinz schon seit 1902 genutzt und 1920 zum Geschäftshaus umgebaut.

Lunchtime downtown

Nach der Ecke Independance Avenue/Fidel-Castro-Straße rückt Windhoeks Zoo Park ins Blickfeld, auf einer Bank unter Palmen lässt sich das Treiben auf der ehemaligen Kaiserstraße gut beobachten, und daneben ist im Café Zoo Postkartenschreiben angesagt, das Hauptpostamt wartet gleich an der Ecke. Nicht zu verpassende Fotostopps sind das Obergericht (1908), das Alte Magistratsgericht (1898), das Offiziershaus (1906) und die Kaiserliche Realschule (1909). Mittags ist die nahe gelegene Talstraße ein Tipp, wo sich in der Alten Brauerei (Felsenkeller-Brauerei, 1902) das Namibia Craft Centre befindet. Auf drei Etagen wartet feine Handwerkskunst, also ausreichend Zeit zum Souvenirshoppen einplanen! Eine Pausenoption ist das Bistro auf der Terrasse im ersten Stock, wo es sich bei Kabeljau und einem Windhoeker Pils vom Fass wie daheim speisen lässt.

Das Pils kommt aus Windhoek

Nach Schwarzwälder Kirschtorte und Bienenstich im Café Zoo steht Joe's Beer House auf dem Programm, wo namibische Wildtiere in der Pfanne landen und der Gerstensaft bis zum frühen Morgen fließt. Carl List und Hermann Ohlthaver gründeten 1920 Windhoeks Südwestbrauerei (SWB), die heute Namibia Breweries Ltd. heißt. Die Herstellung der beliebten Biersorten erfolgt strikt nach deutschem Reinheitsgebot.

Infos und Adressen

ESSEN UND TRINKEN

Dylan's Cocktail Bar. Szenetreff. Sam Nujoma Dr und Stein St, Klein Windhoek.

Ocean Basket. Meeresfrüchte und Fisch. Town Square & Grove Mall, Windhoek, Tel. 061/25 35 07 & 061/22 17 95, www.oceanbasket.com

The Stellenbosch Wine Bar. Steaks und südafrikanische Weine. 320 Sam Nujoma Dr, Klein Windhoek, Tel. 061/30 91 41, www.thestellenboschwinebar.com

ÜBERNACHTEN

Klein Windhoek Guesthouse. Ruhige Lage, deutschsprachig. 2 Hofmeyer St, Klein Windhoek, Tel. 061/23 94 01, www.kleinwindhoekguesthouse.de

The Olive Exclusive. Neues Boutiquehotel in den Hügeln Klein Windhoeks. 22 Promenaden St, Tel. 061/38 38 90, www.theolive-namibia.com

Villa Violet. B&B. 48 Ziegler St, Klein Windhoek, Tel. 061/25 61 41, www.villaviolet.net

AKTIVITÄTEN

Windhoek per Bike. Namibia Individual Travel, 9 Erma St, Ludwigsdorf, Tel. 061/25 59 19, www.mountainbikenamibia.com

INFORMATION

Windhoek Tourism Information Office. Post Street Mall, Tel. 061/290 20 93, www.windhoekcity.org.na und www.whatsonwindhoek.com

Das legendäre Joe's Beer House zieht Einheimische wie Touristen an. Besonderer Tipp: Springbokkie und Schnaps aus Kaktusfeige.

DIE AFRIKANISCHE
Seele der Hauptstadt

Fußballernachwuchs im Township: Schalke 04 und Bayern München kennen sie alle.

Angesichts Windhoeks umtriebiger City und der beschaulich wirkenden kleinen, aber feinen Quartiere wie Auasblick, Hochlandpark, Kleine Kuppe, Ludwigsdorf und Klein Windhoek stellt sich schon bald die Frage, wo die Mehrheit der Hauptstädter wohnt. Die Antwort ist einfach: in der Township Katutura, einer ehemaligen Zwangssiedlung für Nichtweiße aus der südafrikanischen Besatzungszeit.

Am 10. Dezember 1959 erschoss die südafrikanische Polizei 13 Schwarze, die gegen Umsiedlungsmaßnahmen der Apardheitspolitik ihrer Besatzer protestierten, was zur Gründung der namibischen Unabhängigkeitsbewegung SWAPO unter Sam Nujoma führte. 1961 schaffte es der Fernsehjournalist Peter Scholl-Latour in dieses streng abgeschirmte Katutura, das in der Sprache der Ovambo so viel heißt wie »der Ort, an dem wir nicht leben wollen«.

Leben im Getto

Eindrucksvoll hielt Scholl-Latour fest, was für ein Bild sich ihm bot: »Der Weg dorthin führte an der Beethoven-Straße, der Krupp-Straße, der Daimler-Straße vorbei. Die Township war durch hohen Stacheldrahtzaun abgesperrt. Bewaffnete weiße Posten nahmen strenge Kontrollen am Eingangstor vor. Neben den ›Men's Hostels‹, wo die schwarzen Arbeiter in festungsähnlichen Junggesellenquartieren zusammengedrängt wohnten, dressierten burische Polizisten ihre Schäferhunde. Besonders schockiert war ich durch die strikte Absonderung der unterschiedlichen Ethnien innerhalb der Location. Auf den bunt gestrichenen Holzhütten waren Buchstaben gepinselt: O für Ovambo, H für Herero, N für Nama, D für Damara, K für Kavango, die zweitstärkste Gruppe aus dem Nordosten.«

Good Vibrations' Location

So einiges hat sich verändert, was sich auch an der Verballhornung zu Matutura, »der Ort, an dem wir gerne leben«, ablesen lässt. Vor allem durch Programme von Regierung und Stadtverwaltung, die das ehemalige schwarze Elendsviertel mit verbesserter Infrastruktur, Schulen, Krankenhäusern und Sozialstationen zu einem beinahe regulären Stadtteil gemacht haben. Auch wenn diesen noch immer Welten von den anderen Wohnvierteln trennen, nicht nur, wenn es dunkel wird und Kriminalität die Einwohner Katuturas bedroht. Tagsüber präsentiert sich Katutura als farbenfrohe afrikanische Seele der Hauptstadt mit einer umwerfenden Kraft, weshalb es bei immer mehr Besuchern auf der Liste der Highlights steht und eine Reihe lokaler Tour-Unternehmer wie Face to Face (www.face2facenamibia.com) und Katu Tours (www.katutours.com) Reisegruppen aus aller Welt durch das Viertel karrt. Highlights gibt es in ausreichender Zahl. Zum Beispiel den Soweto Market mit seinem wuselig bunten Treiben, Obst- und Gemüseständen, Shops und Friseursalons, in denen sich die weibliche Katutura-Jugend fürs Wochenende aufstylen lässt. Gleich nebenan wartet die längste Biertheke Afrikas: In Katuturas Evelin Street reiht sich ein Shebeen, wie sich die einheimischen meist illegalen Zapfstellen nennen, ans andere.

Buschpilotin mit Helfer und Cessna im Einsatz: Fly-In-Safaris verwirklichen den Traum von grandiosen namibischen Landschaften am besten.

3 Die Buschpiloten von Eros

Auf der Runway zur Wildnis

Wartenden Passagieren zeigt Windhoeks Domestic Airport mit der verführerischen Bezeichnung Eros gern, was gleich passiert. Dutzende Ein- und Zweipropellermaschinen stehen geparkt in Sichtweite eines Miniaturtowers auf dem Flugfeld, hier und dort stapeln sich Rucksäcke, eine Cessna 210 wird gerade beladen. Der Pilot checkt die Technik, in Minuten brüllt der Propeller – und es geht ab in die Wildnis.

Eros vermittelt den schnellsten Kontakt zur Wildnis da draußen und ist genau deshalb so erregend: Die 2250 Meter lange Runway verzeichnet 150 bis 200 Flugbewegungen pro Tag und über 50 000 im Jahr, was ihn zu einem der umtriebigsten Airports im Südlichen Afrika macht. Ganz regulär sind über die Inlandsflughäfen Katima Mulilo, Rundu, Ondangwa, Walvis Bay, Swakopmund, Oranjemund, Lüderitz und Keetmanshoop die allermeisten der namibischen Highlights von der Hauptstadt aus zu erreichen, dazu kommen Hunderte Airstrips an exotischen Orten wie Sesriem, Hardap, /Ai-// Ais, Okaukuejo, Halali, Namutoni, Mile 72, Mile 108, Terrace Bay, Palmwag, Khorixas, Sesfontein und Popa Falls. Nur 16 davon gelten als lizenzierte Airfields mit Tankstelle, alle anderen sind einfache Landepisten im Nirgendwo.

Aus der erhabenen Perspektive

Vor allem Letztere sind die Ziele unerschrockener Buschpiloten, die ihre Passagiere zu den entlegensten Flecken in die Wildnis einfliegen. Nicht wenige der reizvollsten und unberührtesten

Naturparadiese Namibias wie beispielsweise der nördliche Teil der Skeleton Coast sind ausschließlich per Lufttransport zu erreichen oder nur durch beschwerliche Offroad-Fahrten und lizensierte Expeditionen, weshalb eine ganze Reihe von Airlines Charterflüge, Fly-in-Safaris und Scenic Flights anbieten. Der größte Teil der Propellermaschinen sind sechssitzige Cessnas 210. Viele der meist jungen Piloten, die mit der Commercial Pilot's Licence (CPL) im Einsatz sind, fliegen die Strecken täglich und routiniert im Shuttle Service. Der Einsatzplan eines solchen Buschpiloten ähnelt einem Busfahrplan: 8.30 h Eros–Palmwag, 10.40 h Palmwag–Terrace Bay, 11.15 h Terrace Bay–Purros, 12.15 h Purros–Palmwag (zum Auftanken), 13.30 h Palmwag–Windhoek International, 16.15 h Passagiertransfer von Hosea Kutako International nach Eros.

Zwischen Atlantik und Wüste

Aus der Vogelperspektive zeigen sich Elefantenherden, Schiffswracks, Robbenkolonien, Baracken verlassener Diamantenminen, Himba-Krale, Zebra- und Antilopenherden, allerdings: Fliegen in Namibia ist eine besondere Herausforderung. »Vier Jahreszeiten an einem Tag«, sagen die Piloten, das Wetter wechselt alle 200 Kilometer, an der Küste erwischt dich der Nebel, im Inland ein Gewitter, über der Namib ein Sandsturm – und das alles beinahe zur gleichen Zeit. Bei einer Geschwindigkeit von 288 km/h dauern 450 Flugkilometer bis nach Palmwag im Kaokoveld anderthalb Stunden bis nach Serra Cafema an der angolanischen Grenze. Der Landeanflug auf Hartmanns Valley Airstrip am Marienflusstal gestaltet sich außerirdisch. Ein Landrover und eine Cessna der Schoeman-Familie, die seit Jahrzehnten das alteingesessene Unternehmen Skeleton Safaris betreiben, stehen eingestaubt neben der Piste.

Infos und Adressen

ESSEN UND TRINKEN

The Social. Mediterrane Küche, portugiesischer Küchenchef. Ecke Robert Mugabe/Liliencron St, Eros, Tel. 061/25 29 46.

ÜBERNACHTEN

Hotel Pension Eros. Einfache, aber praktische Herberge. 21 General MR Muhammed Ave, Eros, Tel. 061/22 70 20, www.facebook.com/hotelpensioneros

Hotel Thule. Schöner Blick mit feinem Restaurant und Terrasse. Gorges St, Eros, Tel. 061/37 19 50, www.hotelthule.com

MonteBello Guesthouse. Stylishe Stadtherberge mit Restaurant, Garten und Pool. 30 Akwamaryn St, Eros, Tel. 061/22 40 45, www.montebello.com.na

AKTIVITÄTEN

Fly-in-Safari & Scenic Flights. NatureFriend Safaris, 6 Fly-in-Programme, deutschsprachig. 546 Dante St, Prosperita, Tel. 061/23 47 93, www.naturefriendsafaris.com

INFORMATION

Windhoek Tourism Information Office. Post Street Mall, Tel. 061/290 20 93, www.windhoekcity.org.na und www.whatsonwindhoek.com

Mitte: Die Wellness-Lodge Gocheganas nördlich von Windhoek zieht nicht nur Touristen, sondern auch entspannungssüchtige Hauptstädter an.
Unten: The Elegant Farmstead: Eintauchen in eine versunkene, längst vergangene Welt.

4 Khomas-Hochland

Zwischen Wellness und Wildtieren

Das einzig wirklich urbane Leben spielt in der Hauptstadt, weshalb viele Namibier gern in Windhoek wohnen, wenngleich ein Teil der hauptstädtischen Lebensqualität anderswo spielt: am Atlantik, in der Wüste, auf Safari. Gleichwohl bieten sich der Stadt im zentralen Hochland relaxte Naherholungsziele gleich vor der Haustür, die sich vor allem an den Wochenenden großen Zuspruchs erfreuen.

Die 1-A-Höhenlage der Metropole im Khomas-Hochland bedeutet, dass sie von einer Reihe von Bergen umgeben ist: Drum herum ragen die Auasberge, die Eros Mountains, das Khomas-Gebirge, der Grimmrücken und die Kleeberge bis zu einer Höhe von 2500 Metern auf. An schnell erreichbaren Naherholungsgebieten mangelt es also nicht, gleich jenseits der Auasberge liegen die erholsamen Highlights der Metropoliten.

GUT ZU WISSEN

HITRADIO NAMIBIA

Seit 2012 sendet der deutschsprachige Privatsender analog terrestrisch, per Satellit und Livestream in Windhoek, Swakopmund, Lüderitz, Tsumeb und Otjiwarongo und seine deutsche Welle: Das Programm, das die Erfinder und Moderatoren Wilfried Hähner und Sybille Rothkegel täglich ausstrahlen, bringt ein gut gelauntes Potpourri aus Nachrichten, Musik, landeskundlichen und touristischen Beiträgen, das für ordentlich Einschaltquoten sorgt (www.hitradio.com.na).

Wellness in Gocheganas

Südöstlich von Windhoek hat sich das Wellness-Resort Gocheganas Nature Reserve in einem berauschend schönen Stück Natur angesiedelt. Auf dem Weg dorthin schlängelt sich das Asphaltband durch sanfte Hügel- und Berglandschaften, bis eine Schotterpiste zum 6000 Hektar großen Wildschutzgebiet abzweigt, die durch eine bizarre Felslandschaft führt. Imposant auf einer Bergkuppe thronend residiert die Gocheganas Lodge in Sichtweite von Nashörnern, Giraffen, Zebras, Geparden, Schakalen, Leoparden, Springböcken, Antilopen, Wasserböcken, Straußen, Warzenschweinen und zahlreichen anderer Wildtierarten, die hier auf beinahe 2000 Metern Höhe versammelt sind.

Safari in der Wanne

Die Traumlage Gocheganas macht eine Safari schon von der Badewanne aus möglich, auf jeden Fall aber von den großzügig um die Gebäude konstruierten Terrassen, die das einzigartige Landschaftspanorama perfekt präsentieren. Eine Etage tiefer wartet ein Wellness-Tempel mit beheiztem Innenschwimmbad im Steingewölbe, der Außenpool hat natürlich Panoramablick, der Spa-Bereich bietet diverse Saunen, Fitness-, Gymnastik- und Yogaräume. Die physiotherapeutischen Anwendungen reichen von Thalassotherapie mit Meerwasser und Algen, Anti-Stress- und Entspannungsbädern, osteopathischen Behandlungen sowie Farblicht- und Klangwellenmassagen bis zur Kosmetik und Schönheitspflege und bieten das volle Wohlfühlprogramm.

Daan Viljoen Game Park

20 Kilometer nördlich von Windhoek liegt der Daan Viljoen Game Park mit Blick in die weiten

Geheimtipp

RELAXEN UND AUSSCHWÄRMEN

30 Kilometer südöstlich von Okahandja bietet eine stilvolle Übernachtungsherberge mit bildschönen Interieurs im historischen Farmhaus neben Relaxen im Garten am Pool eine Reihe Aktivitäten auf dem 2500 Hektar großen Farmland: Walks auf markierten Wanderwegen, Nature und Game Drives sowie Geoparden-Tracking, was speziell für mitreisende Kinder interessant ist. Außerdem werden Besuche eines nahe gelegenen Herero-Dorfes organisiert, Fahrten an den Van-Bach-Damm mit Stausee sowie zum Souvenir-Shoppen zu den Holzschnitzermärkten in Okahandja. Die 1884 gegründete ehemalige Missionsstation Gross Barmen liegt mit ihren heißen Heilquellen nicht weit entfernt.

The Elegant Collection. Von Eckenbrecher/56 Ziegler St, Klein Windhoek, Tel. 061/30 19 34, www.the-elegant-farmstead.de

Oben: Berauschende Landschaft: der Gamsberg von der D 1438 aus gesehen.
Mitte: Eland-Antilope im Wildschutzgebiet Daan Viljoen.
Unten: Sonnenuntergang vom Deck des Restaurants in Gross Barmen bei Okahandja.

Berglandschaften des Khomas-Hochlands. Das Naturreservat ging Anfang des 20. Jahrhunderts aus den bereits bestehenden Schutzgebieten Fürstenwald Reserve und Augeigas Reserve hervor und bietet vor allem Wanderern ein perfektes Umfeld: Aufgrund der Abwesenheit gefährlicher Raubtiere lassen sich die bildschönen Landschaften zu Fuß und per Mountainbike erkunden – mit guten Chancen, auf Gnus, Giraffen, Oryxantilopen, Bergzebras und Schakale zu treffen. Auch Hobby-Ornithologen sind bei über 200 Vogelarten auf den drei ausgewiesenen Wanderrouten am richtigen Ort: auf dem Sweet Thorn Trail mit über 30 Kilometern Länge, dem neun Kilometer langen Red Bushwillow Trail, der auf der höchsten Erhebung des Parks eine fantastische Aussicht auf Windhoek bietet, sowie dem Buffalo Thorn Trail, der mit einer Länge von drei Kilometern eher ein sanfter Spaziergang ist.

Gross Barmen Hot Springs Resort

An der verkehrsreichen Strecke der B1 Richtung Seebad Swakopmund liegt kurz vor dem umtriebigen Okahandja die ehemalige Missionsstation Gross Barmen, die 1884 gegründet wurde, um den in der wasserreichen Umgebung siedelnden Herero das christliche Seelenheil zu vermitteln. Vor allem an den Wochenenden kommen die Großstädter gern zur nur 100 Kilometer entfernten Wellnessoase oder legen auf dem Weg von Swakopmund einen Stopover ein, um das aus den Quellen von Gross Barmen schwefelig riechende Heilwasser zu genießen. Das 65 Grad heiße Thermalwasser wird auf 41 Grad abgekühlt und in ein Innenbecken geleitet; für weniger Hartgesottene gibt es ein Außenbecken mit 29 Grad. Der üppige Schilfgürtel eines kleinen Stausees mit Rundwegen schafft eine romantische Naturatmosphäre, was auch einer exotischen Vogelwelt Eindruck macht.

Infos und Adressen

ESSEN UND TRINKEN

Heja Game Lodge Restaurant. À-la-Carte-Restaurant südöstlich von Windhoek, Spezialität Wildgerichte. Tel. 061/25 71 51, www.hejalodge.com

ÜBERNACHTEN

Auas Safari Lodge. Wunderschöne Anlage südöstlich von Windhoek in den Auasbergen, reichhaltige Tierwelt im eigenen Reservat. Nach Gocheganas an der D1463, Tel. 061/24 00 43, www.auas-safarilodge.com

Düsternbrook Gästefarm. Historisches Farmhaus nordwestlich von Windhoek, Tel. 061/23 25 72, www.duesternbrook.net

Gocheganas. Wellness Village mit Safari im umliegenden Reservat. Südöstlich von Windhoek in den Auasbergen an der D1463, Tel. 061/22 49 09, www.gocheganas.com

Gross Barmen Resort. Thermalwasser in 2500 Meter Tiefe, diverse Becken, Wellness und Spa, Übernachtung in Chalets. Buchung über Namibia Wildlife Resorts, Tel. 062/50 10 91 und 061/285 72 00, www.nwr.com.na

Heja Game Lodge. Schöne Naturlage zwischen Auas und Eros Mountains am Hoffnung-Stausee in Flughafennähe. Tel. 061/25 71 51, Windhoek, www.hejalodge.com

Sun Karros. Bildschöne Anlage, ultramoderne Chalets im Daan Viljoen National Wildlife Park. Windhoek, Tel. 083/323 23 93, www.sunkarros.com

AKTIVITÄTEN

Sweet Thorn Trail. Nur einer von zahlreichen Wander-Tracks im Daan Viljoen Park (32 km). Anmeldung im Office notwendig, www.sunkarros.com

INFORMATION

Namibia Tourism Board. Haddy & Sam Nujoma Dr, Windhoek, Tel. 061/290 60 00, www.namibiatourism.com.na

Die historische Gästefarm Düsternbrook residiert nordwestlich von Windhoek.

5 Okahandja

Das Zentrum der Herero

Im ursprünglichen Stammesgebiet der Nama ließen sich Anfang des 19. Jahrhunderts die Herero nieder, was der Region blutige Stammeskriege bescherte. Ab Mitte des 19. Jahrhunderts befand sich hier der koloniale Verwaltungssitz der Deutschen. Heute ist Okahandja ein Verwaltungs- und Versorgungszentrum und ein souvenirträchtiger Zwischenstopp auf der Strecke zwischen Windhoek und Swakopmund.

Mitte: Die Friedenskirche der evangelisch-lutherischen Gemeinde in Okahandja
Unten: Die beiden Holzschnitzermärkte der Stadt sind ein Mekka für Souvenirjäger.

Okahandja liegt nur eine knappe Fahrstunde nördlich von Windhoek an der Route B 1/B 2 Richtung Spitzkoppe, Erongo-Gebirge und Swakopmund. Die umtriebige Stadt geht auf abenteuerliche Missionierungsversuche zurück, schon 1827 kam mit dem Missionar Schmelen erstmals ein Deutscher mit dieser Absicht hierher, musste sein Vorhaben wegen der dauernden Querelen zwischen Nama und Herero jedoch aufgeben. Das schlimmste Gemetzel zwischen Herero und Nama fand am 23. August 1850 in der Schlacht auf dem Mörderhügel statt (Moordkoppie auf Afrikaans). An die 700 Herero-Krieger wurden dort von den Nama auf grausame Weise hingerichtet.

Tragische Aura bis heute

Nachdem der Nama-Führer Jan Jonker und der Herero-Häuptling Maharero einen Friedensvertrag schlossen, konnte die Rheinische Mission eine Niederlassung gründen und ein Kirchhaus bauen, 1876 wurde Okahandjas Friedenskirche eingeweiht. 1885 kam es zu einem Schutzvertrag zwischen den Deutschen und Maharero, 1894 wurde

Okahandja zur Militärstation, ab 1902 begann der Bau der Bahntrasse Swakopmund–Tsumeb: Reiche Erzvorkommen aus den Gruben der Otavi Minen-und-Eisenbahn-Gesellschaft sollten so nicht mehr per Ochsenkarren, sondern zeitsparend und in großen Mengen zum Atlantik und zur Verschiffung mit der Woermann-Schifffahrtslinie nach Hamburg transportiert werden können, was den Abbau im großen Stil ermöglichte und das Eisenbahnerstädtchen rasant zu einem Handelszentrum machte.

Maharero Day

Allerdings führten Zwangsarbeit, brutale Landenteignungen und rassistische Rohheiten deutscher Siedler zum wachsenden Widerstand der Herero gegen ihre Besatzer und in der Folge zu Aufständen. Weil der bisherige Befehlshaber der Deutschen, Major Leutwein, nicht hart genug durchgegriffen hatte, wurde er durch Generalleutnant Lothar von Trotha abgelöst, der als Hardliner galt und einen blutigen Vernichtungsfeldzug gegen das gesamte Volk der Herero führte. Wer nicht im Kugelhagel umkam, wurde in die Omaheke-Wüste getrieben, wo das sichere Verdursten wartete, was der Grund für die heutigen Entschädigungsklagen der Herero gegen die Bundesrepublik Deutschland ist.

Neben der in Kassel gebauten Lokomotive Nr. 41 der Firma Henschel, der Friedenskirche mit dem angrenzenden Heldenfriedhof sowie dem deutschen Fort Alte Feste sind vor allem die beiden Holzschnitzermärkte am Stadteingang und Stadtausgang die große Attraktion für durchreisende Besucher. Beim Souvenir-Shoppen ist Umsichtigkeit angesagt, im Gedränge sollte man auf Wertsachen achten und mit Reisegepäck beladene Wagen nur unter sicherer Aufsicht parken.

Infos und Adressen

ESSEN UND TRINKEN

Brewed Awakenings. Café mit Terrasse im Garten, Kuchen und Snacks. Martin Neib Ave, Shop 3, Tel. 062/50 07 23.

Rhinos Restaurant. Gutes Essen. Martin Neib Ave, Tel. 062/50 08 66.

ÜBERNACHTEN

Gästehaus Villa Nina. Einfach und gemütlich, mit Pool. 327 Conradi St, Tel. 062/50 24 97.

Okahandja Country Hotel. Schöne Gartenanlage nahe Stadtzentrum an der B 1. Tel. 062/50 42 99, www.okahandjahotel.com

Okonjima Lodge. Schutzgebiet der Organisation Africat (Raubkatzen) zwischen Otjiwarongo und Okahandja. Tel. 067/31 40 00 und 067/30 45 66, www.okonjima.com und www.africat.org

Old Traders Lodge. Im 71 000 ha großen Erindi-Schutzgebiet zwischen Omaruru und Okahandja, großer Wildbestand, 51 stylishe Luxussuiten. Tel. 064/57 08 00 und 081/621 70 29, www.erindi.com

INFORMATION

Okahandja Municipally. Infoseite der Stadtverwaltung, Tel. 062/50 51 00, www.okahandja.org.na und www.namibia-tourism.com

Am Rand des Erongo-Gebirges bieten die Chalets der Erongo Wilderness Lodge einen naturnahen Übernachtungstraum sowie ein Paradies für Wanderer.

6 Erongo
Weinbau in Omaruru

Vor Karibib biegt die C33 als gemütliche Landstraße Richtung Omaruru ab. Ein paar Tausend Einwohner lassen das Leben am Omaruru River sehr bedächtig angehen. Der Ort liegt auf 1214 Metern am Fuße der Erongo-Berge und kann auf einen hohen Grundwasserspiegel zählen. Auch wenn das Flüsschen häufig trocken fällt, lässt es im ariden Klima eine üppige Vegetation sprießen.

Die Geschichte des verschlafenen Örtchens Omaruru begann damit, dass der Missionar Gottlieb Viehe hier 1869 ein Missionshaus und 1872 eine Kirche erbaute. Ein kleines Museum erinnert an die Zeiten der Rheinischen Mission, die damals durch wenig missionswillige Herero in Bedrängnis kam. Dem mutigen Hauptmann Viktor Franke war die Rettung zu verdanken, der im Jahr 1904 mit seiner Kompanie den Belagerungsring aufständischer Stammeskrieger um die Kaserne der Deutschen Schutztruppe durchbrach. Auf der Sightseeingliste stehen der 1908 von der Deutschen Schutztruppe errichtete Franke-Turm sowie die 1952 geweihte Kreuzkirche mit deutschem Glockenwerk.

Fruchtbare Vulkanregion

Das ehemalige Missionsstädtchen rund 50 Kilometer nördlich von Karibib lockt vor allem Bergwanderer ins Erongo-Gebirge, das mit bizarren Felsformationen 1000 Meter aus der Ebene ragt und einen Durchmesser von etwa 40 Kilometern hat. Vor ca. 130 Millionen Jahren entstand der Erongo-Vulkan, der für Erongos zerklüftete Bergwelt verantwortlich ist. Die höchste Erhebung des Gebirgsmassivs ist der Hohenstein mit 2319 Metern, die nächstgrößere der Erongo selbst (2216 m). Um sich herum versammeln die beiden Riesen, die so wirken, weil sie steil aus der Fläche aufragen, zahlreiche Felsmalereien, unter anderem das berühmt gewordene Abbild eines weißen Elefanten. Bekannt für ihre Granitformationen und Felszeichnungen sind Bull's Party und Philip's Cave.

Rebgärten und feine Weine

In der ariden Landschaft kommen Liebhaber vollmundiger Weine auf ihre Kosten; schon die Deutsche Schutztruppe hatte es hier mit Weinbau probiert, da ein hoher Grundwasserspiegel den oberflächlich trockenen Boden ausreichend mit Feuchtigkeit versorgt. Im mineralstoffhaltigen vulkanischen Grund gedeihen Rebstöcke mit viel Sonne prächtig, vor allem Traubensorten wie Cabernet Sauvignon und Ruby Cabernet zeichnen sich hier im trocken-warmen Klima durch hohe Qualität aus. Wenige Kilometer außerhalb Omarurus bietet die Kristall Kellerei Winery von Katrin und Michael Weder einen hervorragenden weißen Colombard sowie ein Rotwein-Cuvee an – die Übernachtung sollte aus gutem Grund schon vor der Weinprobe feststehen. Was auch für die benachbarte Erongo Mountain Winery von Wolfgang Koll am Omaruru River gilt, die sich auf Cuvees aus Cabernet Sauvignon und Shiraz sowie Liköre aus heimischen Früchten und Sekt spezialisiert hat: Etosha Blend, Namibian Kiss, Krantzberg und Ohamba heißen die Kreationen, die hier aus der mineralstoffreichen Erde gebracht werden. Ein sehr spezielles Highlight ist Omarurus Kunsthandwerkerzentrum mit Galerie Tikoloshe Afrika, in dem beeindruckende und qualitativ hochwertige Holzschnitzarbeiten aus steinhartem Wurzelwerk angefertigt und später zum Verkauf angeboten werden.

Infos und Adressen

ESSEN UND TRINKEN

Erongo Mountain Winery. Tasting Room und Restaurant. Tel. 081/635 94 96, www.erongomountainwinery.com

Kristall Kellerei. Tel. 064/57 00 83 und 081/127 09 54, www.kristallkellerei.com
Main Street Café. 116 Wilhelm Zeraua Rd, Tel. 064/57 05 44.

ÜBERNACHTEN

Camp Elephant. Luxuschalets und luxuriöse Campsites im 71 000 ha großen Erindi-Schutzgebiet südöstlich von Omaruru. Tel. 064/57 08 00, www.erindi.com

Erongo Wilderness Lodge. Schöne Lage zwischen Granitfelsen in der Nähe von Omaruru. Tel. 061/23 91 99, www.erongowilderness-namibia.com

Hohenstein Lodge. Am Fuße des Hohensteins. Usakos, Tel. 064/53 09 00, www.hohensteinlodge.com

AKTIVITÄTEN

Tikoloshe Afrika. Schnitzkunst Root Carving, Omaruru-Workshop. Tel. 064/57 05 82, www.tikolosheafrika.com

INFORMATION

Namibia Tourism Board. Schillerstr. 42–44, Frankfurt/Main, Tel. 069/133 73 60, www.namibia-tourism.com

Sonnenaufgang bei der Spitzkoppe, alte Henschel-Dampflokomotive am Bahnhof in Usakos.

7 Spitzkoppe
Das Matterhorn Namibias

Zwischen 1907 und 1960 waren Karibib und Usakos südlich des 2319 Meter aufragenden Hohenstein des Erongo und der 1728 Meter hohen Spitzkoppe zwei kleine Eisenbahnerstädtchen. Heute dienen sie Reisenden als Tankstopp auf dem Trans-Kalahari-Highway zwischen Windhoek und Swakopmund und als Basis für Bergwanderer, die sich von hier aus ins Erongo-Gebirge und zur Spitzkoppe, dem Matterhorn Namibias, aufmachen.

Karibib entstand als Bahnstation, heute bestimmen Goldminen und Marmorbrüche das wirtschaftliche Leben: Jährlich werden über 1000 Tonnen des hochwertigen Aragonit-Marmors gebrochen. Das Marmorwerk befindet sich im ehemaligen Proviantraum der Deutschen Schutztruppe und kann nach Voranmeldung besichtigt werden. Zu den Bauten von damals gehören die Christuskirche, das 1900 erbaute Roesemann-Haus, das Hotel Zum Grünen Kranze (1913), das Hälbich House, Haus Woll, seit 1986 National Monument, das Proviantamt (1911) und ein schöner Bahnhof der Jahrhundertwende. Die Fotomotive reichen, um bei der Durchfahrt auf der Main Road den nächstbesten Parkplatz für einen Stopover anzulaufen.

Henschel & Sohn in Usakos

Auch Usakos kam mit der Bahntrasse der Deutschen, einiges an Bauten und Requisiten aus der Kolonialzeit hat das kleine 3000-Einwohner-Städtchen am Khan River heute noch zu bieten. Zum Beispiel die Lok Nr. 40 von Henschel & Sohn aus

Kassel, die vor dem altkolonialen Bahnhof an die wilden Zeiten der Erschließung Deutsch-Südwests erinnert. 1912 wurde die Lokomotive von Südafrika nach Südwest gebracht und dampfte noch bis 1960 zwischen Swakopmund, Tsumeb und Grootfontein. Auch der alte Wasserturm ist noch zu besichtigen, der für die reibungslose Weiterfahrt der Züge zuständig war, sowie das Gebäude der Stadtverwaltung in der Kaiser-Wilhelm-Straße (1908) und die katholische Kirche (1905). Unweit des Städtchens liegt das Trekkopje Battlefield, wo 1915 eine der wichtigsten Schlachten zwischen deutschen und südafrikanischen Truppen ausgetragen wurde. In der Ferne ragt der Hohenstein (2319 m) aus den Erongo-Bergen, im Westen erhebt sich das Spitzkoppe-Massiv.

Beeindruckender Zacken

Wenige Kilometer nach Usakos führt der Abzweig der D1918 bis ins atlantische Henties Bay und zur Spitzkoppe. Wie beim Erongo-Gebirge und dem Brandberg sind auch hier Kontinentalverschiebungen vor Millionen Jahren für die skulpturhafte Erscheinungsform einer fotogenen Bergwelt verantwortlich, die ein Eldorado für Kletterer, Fotografen und Archäologen ist. Die Große Spitzkoppe (1728 m) ragt steile 800 Meter und sehr imposant aus dem sonst flachen Plateau auf und wurde 1949 erstmals bestiegen. Der viel besuchte Inselberg aus Granit ist bis heute ein beliebtes Ziel ausländischer wie einheimischer Bergsteiger. Allerdings sollten Ortsfremde von einer Besteigung ohne lokale Führer absehen und sich auf anspruchsvolleren Touren einer größeren Gruppe anschließen. Die Kleine Spitzkoppe (1584 m) ist mit herrlichen Felsformationen und zahlreichen Tracks ein Eldorado für Bergwanderer und konditionsstarke Hiker, aber auch für Naturfreunde, die das Panorama lockt.

Infos und Adressen

ESSEN UND TRINKEN

Khan Village-Cafe. Restaurant und Take-away an der B 2. Theo Ben Gurirab St, Usakos, Tel. 064/53 05 70.

Namib Oasis Farmstall & Deli. Atmosphärisches Restaurant an der B 2 nach Swakopmund. Usakos, Tel. 064/53 02 83.

ÜBERNACHTEN

Etusis Lodge. Etusis Nature Reserve, ca. 35 km von Karibib entfernt an der C 32, Tel. 064/55 08 26, www.etusis.de

Hotel Pension Bahnhof. Für Stopover geeignet. 2nd 22 Theo Ben Gurirab, Usakos, Tel. 064/53 04 44, www.erongominerals.com/bahnhof

Spitzkoppen Lodge. Familiengeführte Lodge in Traumlage direkt an der Spitzkoppe. Abzweig an der D 3716, Tel. 081/850 25 66 und 081/149 08 27, www.spitzkoppenlodge.com

EINKAUFEN

Ûiba Ôas Crystal Market. Edelsteine, Quarze und Kristalle der örtlichen Kooperative. An der Kreuzung D 1918/B 2, www.uibaoascrystalmarket.blogspot.de

INFORMATION

Namibia Tourism Board. Schillerstr. 42–44, Frankfurt/Main, Tel. 069/133 73 60, www.namibia-tourism.com

Die privaten Jagdfarmen leisten einen nicht unbeträchtlichen Beitrag zu Namibias Wirtschaft u. teilweise zum Erhalt von Populationen, weshalb die kontrollierte Jagd – nicht unumstritten – sogar von Tierschutzorganisationen geduldet wird.

8 Jagdfarmen

Wo die Büchse kracht

Seit jeher gehört die Jagd zum Selbstverständnis der Afrikaner, was nicht unwesentlich zur Dezimierung der Wildtierbestände beigetragen hat: sei es durch Wilderei zwecks Fleischbeschaffung, die Gier nach Elfenbein, zum Schutz des eigenen Weideviehs oder durch die internationale Trophäenjagd. Wenig verwunderlich also, wenn das Image der Jagd auf die wilden Exoten ein denkbar schlechtes ist.

Weshalb das Thema Jagen in Namibia so manche Gemüter erhitzt: Einerseits stellt die Jagd von Wildtieren einen nicht unwesentlichen Wirtschaftsfaktor dar, der zahlreiche direkte und indirekte Arbeitsplätze schafft, was für das Land von großer Wichtigkeit ist. Andererseits bringt sie Tierschützerseelen in Wallung, wenngleich eine strikte Gesetzgebung und strenge Auflagen den Abschuss

GUT ZU WISSEN

BERUFSJAGDVERBAND NAMIBIA

Seit 1974 gibt es die Namibia Professional Hunting Association (Napha), die mit striktem Regelwerk dafür sorgt, dass bei der Jagd alles mit rechten Dingen zugeht: Abschüsse sind genehmigungspflichtig, strenge Jagdgesetze überwachen Jagdfarmen ebenso wie professionelle Jäger und ausgebildete und lizenzierte einheimische Jagdführer. Die Abschussgebühren können sich je nach Tier auf 3000 US-Dollar und mehr belaufen, was die Jagdwirtschaft mit zahlreichen Betrieben und Arbeitsplätzen am Leben erhält – und Tierschützer auf die Palme bringt.

von Wildtieren regulieren. Ein spezielles Kapitel in der Geschichte der Wildtierjagd schreiben private Jagdfarmen.

Jagdfarmen und Tierschutz

Die streng kontrollierten Betriebe sind meist traditionsreiche Familienunternehmen und halten Wildtiere auf riesigen Arealen, die sonst durch Menschen, Siedlungen und Viehzucht besetzt wären. Viele dieser Territorien stehen für karge, ausgelaugte Böden, die Farmern und Viehzüchtern eher wirtschaftlichen Ruin als Erfolg brachten. Manche konnten sich durch die rechtzeitige Umstrukturierung zu Jagdfarmen erhalten, was gut für die Wildtiere ist. Während sie vorher als Feinde des Viehbestands ausgerottet wurden, sind Farmer plötzlich am Gegenteil interessiert, nämlich an einem gesunden und attraktiven Wildtierbestand. Ihre Einnahmen ergeben sich aus lukrativen Abschussgebühren durch die Trophäenjagd, dem Gästebetrieb, der auch für jagdfreie Besucher zugeschnitten ist, sowie dem Verkauf und der Eigenverwertung des werthaltigen Bio-Wildfleisches.

Sney Rivier – Luxus in der Wildnis

Auf dem 20 000 Hektar großen Areal an den Ausläufern des Khomas-Hochlands leben etwa zwei Dutzend Wildtierarten, darunter Giraffen, Streifengnus, Bless- und Springböcke, Zebras, Leoparden und Geparden. Die exklusiv ausgestatteten Chalets sprechen vor allem Jäger mit einem hohen Anspruch an ein gediegenes Ambiente an, aber auch vom Luxus verwöhnte Besucher, die mit der Jagd gar nichts am Hut haben. Wanderungen zu den Heißwasserquellen der Farm und zum nahe gelegenen Swakoppoort Dam und Stausee sowie Fotosafaris stehen für sie auf dem Programm.

Nicht verpassen

JAGDFREIE GÄSTEFARMEN

Die meisten dieser Farmen sind luxuriös ausgestattet mit großzügigen Gärten, haben Pool, Terrassen und Spielareale für Kids. Komfort und Service werden großgeschrieben. Viele sind deutschsprachig und geben einen guten Einblick ins Farmleben. Auf manchen kann man sogar mit Hand anlegen, auf dem Traktor fahren oder Kühe melken! Einige führt die Hospitality Association of Namibia unter www.hannamibia.com auf, Agenturen wie www.resdest.com, www.exclusive.com.na und www.finesse-namibia.com vermitteln. Eine Broschüre mit Auflistung ist beim Namibia Tourism Board in Frankfurt/Main erhältlich (Schillerstraße 42–46, Tel. 069/133 73 60, www.namibia-tourism.com). Einen informativen Überblick zum Angebot von vier ausgewählten Gästefarmen geben die nachfolgenden Websites: www.voigt-land.com, www.duesternbrook.net, www.vreugdeguestfarm.com und www.namibgrens.com

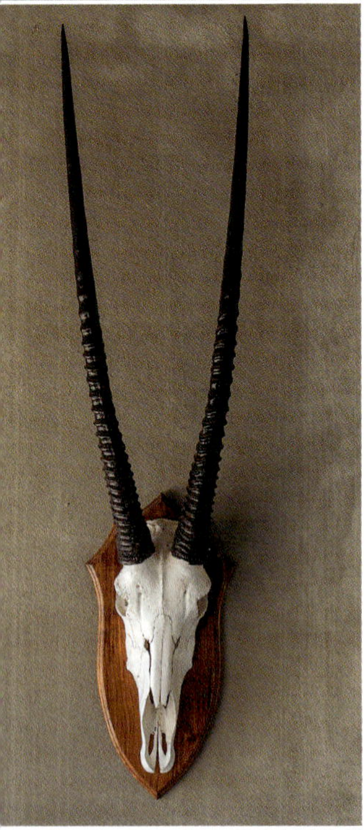

Oben: Eine Zebra-Herde in Hab-Acht-Stellung
Unten: Die Ausfuhr namibischer Jagdtrophäen ist streng geregelt, auch da greift das Artenschutzabkommen.

Immenhof Jagd- und Gästefarm

Der Immenhof bei Omaruru ist seit 1926 im Besitz der Familie von Seydlitz und wird heute von Ria und Friedhelm von Seydlitz als Gäste- und Jagdfarm betrieben. Friedhelm regelt mit Sohn Werner die Trophäenjagd der 250 000 Hektar großen Immenhof-Wildnis, die dichtes Buschland, Dornensavanne, Trockenflussbetten, weite Ebenen und zerklüftete Granitfelsen mit einschließt. Vor allem Springböcke, Oryx, Gnus, Zebras, Giraffen, Elands, Warzenschweine und Kudus fühlen sich hier wohl, aber auch Geparden und Leoparden. Für Kinder gibt's einen Spielbauernhof, für Erwachsene Pool, Wellness und Massage im Haus sowie Tagestouren für Nichtjäger durch die bildschönen Landschaften Zentralnamibias.

Albrechtshöhe & Wildacker

Die 1906 gegründete Farm von Ingrid und Paul-Heinz Meyer liegt kurz vor Karibib zwischen Windhoek und Swakopmund. Als Jagd- und Gästefarm, deren historisches Hauptgebäude von der Deutschen Schutztruppe erbaut und ab 1906 als Dampflok- und Pferdeversorgung genutzt wurde, existiert die Albrechtshöhe seit 1992, bietet zahlreichen Wildtierarten ein Zuhause sowie einem Dutzend Rinder. Besucher profitieren von frischen Milchprodukten und Bio-Wildfleisch.
Die Jagdfarm Wildacker von Karolin und David Muller beherbergt als weitläufiges Wild- und Naturschutzgebiet zwischen Grootfontein und Rundu Antilopen, Giraffen, Zebras, Leopard, Gepard, Tüpfelhyäne, Schakal und Strauße. Für Gäste ohne Jagdambitionen bietet Wildacker einen relaxten Stopover auf der Fahrt in den Caprivi an, mit Gartenanlage und Pool. Während die Jäger auf die Pirsch zwecks Trophäenjagd gehen, werden für waffenfreie Gäste Farmrundfahrten, Wanderungen sowie Fotopirschfahrten organisiert.

Infos und Adressen

ESSEN UND TRINKEN

Heja Game Lodge Restaurant. Spezialität Wildgerichte. Südöstlich von Windhoek in den Auasbergen. Tel. 061/25 71 51, www.hejalodge.com

ÜBERNACHTEN

Albrechtshöhe. Jagd- und Gästefarm südwestlich von Karibib, Paul-Heinz und Ingrid Meyer, Karibib, Tel. 062/50 33 63, www.safariwest.de

Hamakari Jagdfarm. Jagd- und Gästefarm am Waterberg. Familie W.G. Diekmann, Otjiwarongo,
Tel. 067/30 66 33,
www.hamakarihunting.com und
www.hamakari.com

Immenhof Jagd- und Gästefarm. Bei Windhoek. Familie von Seydlitz, Tel. 067/29 01 77, www.immenhofhunting.com und www.immenhofnamibia.com

Jagd- und Gästefarm Otjiruze. Traditionsbetrieb nordwestlich von Windhoek. Familie Rogl, Okahandja, Tel. 062/50 31 06, www.otjiruze.com

Jagd- und Gästefarm Wildacker. Zwischen Grootfontein und Rundu. Familie Karolin und David Muller, Grootfontein, Tel. 067/24 10 04, www.wildacker-namibia.com

Klipkop Lodge & Farming. Zählt zu den ältesten und traditionsreichsten Jagdfarmen in Namibia. Klaus Bross, Otjiwarongo, Tel. 067/30 79 57 und 067/30 20 84, www.klipkop-hunting.com

Sney Rivier Lodge. Ultimativer Luxus bei Okahandja, Tel. 062/50 05 90 und 081/675 33 20, www.sneyrivier.com

AKTIVITATEN

Safari und Wildbeobachtung. Alle Jagd- und Gästefarmen halten für ihre nicht jagenden Gäste Safariprogramme durch ihre weitläufigen Landschaften inklusive Tierbeobachtung zu Fuß oder per Fahrzeug bereit.

INFORMATION

NAPHA – Namibia Professional Hunting Association. 318 Sam Nujoma Dr, Klein Windhoek, Tel. 061/23 44 55, www.napha-namibia.com und www.jagdportal-namibia.eu

Das historische Haupthaus der Jagd- und Gästefarm Albrechtshöhe

ETOSHA

9 Der Waterberg
Nationalpark und Waterberg Wilderness **62**

10 Tsumeb und Grootfontein
Das Tor zur Salzpfanne **66**

11 Etosha-Pfanne
Die Tränke der Wilden Exoten **74**

12 Onguma Game Reserve
When the Lion sleeps tonight **80**

13 Ongava Game Reserve
Wiederauferstandene Wildnis **88**

14 Ovamboland
Wo die afrikanische Seele tanzt **90**

9 Der Waterberg

Nationalpark und Waterberg Wilderness

Profis gehen hier auf den 50 Kilometer langen, viertägigen Waterberg Wilderness Trail on top des Waterbergmassivs, das als grünende Felsinsel bis zu 1900 Meter aus dem ansonsten flachen Wüstenland himmelwärts ragt: Die gewaltige Gebirgslandschaft zusammenhängender Tafelberge erstreckt sich auf 50 Kilometer Länge und 20 Kilometer Breite und ist mit seiner dichten Vegetation ein Paradies für Tiere und Hiker.

Die wuchernde Felswildnis der Waterberg-Region kennt siedelnde Menschen seit langer Zeit, Forschungsreisende berichteten bereits Mitte des 19. Jahrhunderts von Buschmännern auf der Jagd. Vieh züchtende Herero hatten vor dem Anrücken der Kolonialherren Zehntausende Rinder auf grünenden Weiden des wasserreichen Waterbergs. Wo es heidnische Urvölker gab, ließ die christliche Missionierung nicht lange auf sich warten, sodass schon bald nach der Entdeckung der Region die Rheinische Mission eine Niederlassung gründete.

S. 60/61: Am Wasserloch Fisher's Pan
Mitte: Berauschende Ausblicke vom Waterberg-Plateau in die Weite der Omaheke-Wüste
Unten: Zahlreiche Wander-Tracks ziehen Wanderer in den vegetationsreichen Nationalpark.

Massaker am Waterberg

Und wo es die gab, waren andere meist nicht weit, weshalb gegen Ende des 19. Jahrhunderts die deutsch-koloniale Polizei hier einen Posten bezog. Der Konflikt war vorprogrammiert. Einmal im Jahr, am ersten Sonntag nach dem 11. August, findet auf dem Soldatenfriedhof des Waterbergs eine gemeinsame Feier von Deutsch-Namibiern und Vertretern der Herero statt, um der Gefallenen beider Seiten zu gedenken, was eine schöne Geste ist:

Spektakulärer Sonnenutergang am Plateau

Insgesamt 70 000 Herero-Toten stehen nur 750 deutsche Gefallene gegenüber.

Regenmacher

Das Sandsteinplateau ist 200 Millionen Jahre alt und nimmt durch seine porösen Schichten viel Wasser auf, das langsam versickert und von lehmartigen Gesteinsschichten aufgefangen wird. Das Sickerwasser tritt in Form zahlreicher Quellen aus den Berghängen heraus und verhilft einem schmalen Vegetationsgürtel zu dichtem Grün. Dieses bildet einen seltsamen, starken Kontrast zu den felsig-kahlen Bergrücken, die im frühen und späten Abendlicht rötlich erstrahlen wie Australiens Ayers Rock. Als Regenmacher ist das Sandsteinmassiv nonstop im Einsatz, weil der aus der weiten Fläche herausragende Bergklotz vorbeiziehende Regenwolken regelrecht aufspießt und zum Abregnen bringt. Am besten lässt sich die berauschende Natur der Waterberg-Region auf dem 42 Kilometer langen viertätigen Waterberg Trail erschließen: Die geführten Wanderungen finden unter Leitung eines Park Rangers statt. Der kürzeste Trail mit nur einer Übernachtung ist der Mountain View Trail, zahlreiche andere Tracks machen auch Tagestouren möglich.

Nicht verpassen

BERG-ELDORADO FÜR HIKER

Beeindruckende Berglandschaften bietet Namibia im Überfluss. Die Hunsberge am Fish River Canyon erreichen 1398 Meter, der Hochstein daneben immerhin noch 996 Meter. Die Gipfel der Grootkarasberge bei Grünau bilden mit dem Schroffenstein (2202 m), dem Kranzberg (1867 m) und dem Gräberberg (1942 m) durchaus eine Herausforderung. Auch die NamibRand Nature Reserve und der Namib Naukluft Park zeigen Größe: Um Wolwedans ragen Zweitausender auf, das Naukluftgebirge geht noch ein wenig darüber. Eine ganze Reihe weiterer Erhebungen wie der Gamsberg (2347 m), der Hohenstein des Erongo-Gebirges (2319 m) oder die Fahlen Kuppen (1723 m) erinnern an deutsche Zeiten. Und dann gibt es noch jene, welche die Hauptstadt Windhoek umstehen, wie die Auasberge (2479 m), den Großherzog-Friedrich-Berg (2339 m) und den Kaiser-Wilhelm-Berg (1997 m).

Springböcke und Raubvögel lassen sich bequem von der Terrasse der Waterberg Plateau Lodge beobachten.

Wiederauferstehung der Wildnis

Seit 1972 steht das Areal des Waterbergs unter Naturschutz und ist heute Nationalpark. Die Geschichte des Massivs erzählt auch von Wildtieren, die aus angrenzenden Ländern wie Botswana und Südafrika hierher umgesiedelt wurden, um den ursprünglichen Wildbestand wiederherzustellen. Die aufwendigen und kostenintensiven Aktionen haben sich gelohnt: Neben seltenen Antilopenarten und Giraffen leben hier inzwischen wieder Breitmaul- und Spitzmaulnashörner; insgesamt gibt es über 90 Säugetierarten am Waterberg, besser gesagt auf dem Waterberg, denn sie leben auf der Plattform, die ausreichend Raum bietet – auch für Raubtiere wie Leoparden, Löwen und Geparden. Hobby-Ornithologen bekommen reichlich Exotik vor die Ferngläser: Über 200 Vogelarten sind in dem Gebiet heimisch.

Waterberg Wilderness

Neben dem staatlichen Restcamp der Namibia Wildlife Resorts hat sich auf dem angrenzenden Areal der ehemaligen Otjosongombe-Farm die Waterberg Wilderness Private Nature Reserve von Caroline und Joachim Rust etabliert. Das schöne Refugium der Waterberg Wilderness Lodge versteckt sich zwischen Bambusstauden, Avocado- und Papayabäumen und bietet einen Traumblick in die weite Waterberg-Landschaft. In der ganz on top gelegenen Waterberg Plateau Lodge lässt sich das Panoramaerlebnis noch übertreffen: Zu Füßen der steingemauerten und in dichtem Grün am Abgrund versteckten Chalets mit Plunge Pool breitet sich die Omaheke-Wüste aus, die für viele Herero das grausame Ende durch die deutsch-kaiserliche Schutztruppe bedeutete. Und, was kann man hier tun, außer fasziniert zu schauen? Rhino Drive, Rhino Tracking, Plateau Hike und Sundowner Walk stehen auf dem Aktivitätenprogramm.

Infos und Adressen

ESSEN UND TRINKEN

Crocodile Ranch Restaurant. Lohnender Stopover, leckeres Essen und sehr guter Cappuccino. Crocodile Ranch, Otjiwarongo (Stadtmitte), Tel. 067/30 21 31, www.facebook.com/crocfarmotjiwarongo

Kameldorn Garten and Restaurant. Qualitätsstarke Gerichte. 48 Bahnhof St, Otjiwarongo, Tel. 081/244 59 67.

ÜBERNACHTEN

Bernabé de la Bat Restcamp. Mit Restaurant in der ehemaligen deutschen Polizeistation innerhalb des Nationalparks. Namibia Wildlife Resorts, Waterberg Plateau Park, Tel. 067/30 50 01, www.nrw.com.na

Farm Hamakari. Historische Farm der Familie Diekmann an der C 22 südöstlich des Waterbergs. Tel. 067/30 66 33, www.hamakari.com

Okeri Guesthouse. Hübsche B&B-Anlage mit Restaurant. Kinderfreundlich, barrierefrei, auch für Gruppen. Bestens geeignet für Waterberg-Exkursionen wie lohnenswerte Stadterkundung Otjiwarongos. Hindenburg St, Otjiwarongo, Tel. 067/30 49 33.

Waterberg Guest Farm. Geschmackvolles Öko-Camp der Familie Schneider-Waterberg an der C 22. 149 Farm Okosongomingo, Otjiwarongo District, Tel. 081/751 48 66, www.waterbergnamibia.com

Waterberg Plateau Lodge. Steinchalets in Berglage mit Traumblick. Waterberg Wilderness, Tel. 067/68 70 18, www.waterberg-wilderness.com

Waterberg Valley Lodge. Komfortable Cottages am Fuße des Waterbergs östlich von Otjiwarongo. Waterberg Wilderness, Tel. 067/68 70 18, www.waterberg-wilderness.com

EINKAUFEN

Theo's Superspar. Shop of the year 2016. Otjiwarongo, Hage Geingob St, Tel. 067/30 31 87, www.theospar.com

AKTIVITÄTEN

Waterberg Plateau National Park. Wanderern stehen zahlreiche Tracks und Trails zur Verfügung, auch mehrtägige geführte mit Übernachtungen in Hütten.
Info www.nrw.com.na

Waterberg Plateau & Valley Lodges. Rhino Drive, Rhino Tracking, Plateau Hike und Sundowner Walk stehen auf dem Aktivitätenprogramm. Getoppt wird das nur noch durch paradiesische Ruhe, den Genuss einer bestaunenswerten Flora und dem Sound einer exotischen Vogelwelt, www.waterberg-wilderness.com

INFORMATION

Namibia Wildlife Resorts. Waterberg Plateau Park, Tel. 067/30 50 01, www.nrw.com.na

Ganz oben on top: verwunschen in der Welt der Waterberg Plateau Lodge

Mitte: Das Minenmuseum in Tsumeb präsentiert vor allem Bergbaugeschichte.
Unten: Kupferblau, Bergblau oder Azurit: mineralische Kostbarkeit aus Tsumebs Tiefen

10 Tsumeb und Grootfontein

Das Tor zur Salzpfanne

Für Reisende ist das Minenstädtchen Tsumeb die letzte Station vor dem Lindequist Gate, dem östlichen Zugang zum Etosha National Park. Grootfontein, die 1896 mit dem Bau eines deutschen Forts an der großen Quelle gegründete Garnisonsstadt, ist ein lohnendes Stopover-Ziel auf der B 8 Richtung Caprivi. Geschichtlich hat die Region ein trauriges Kapitel zu bieten: Hier nahm das schreckliche Schicksal der Herero im Kampf gegen die Deutsche Schutztruppe seinen Anfang.

Rund 430 Kilometer sind es auf der B 1 von Windhoek bis Tsumeb, das sich auch fahrplanmäßig mit Zügen der TransNamib und mit Linienbussen erreichen lässt (auch im Desert Express, Namibias altertümlichem Sightseeing-Zug). Bis zum Lindequist Gate ist es dann nur noch eine Fahrstunde,

GUT ZU WISSEN

MIT DEM RADL DA

Selbstfahrer- und geführte Tages- sowie mehrtägige Touren bietet Mountain Bike Namibia in verschiedenen Landesteilen an. Auf einer 18-tägigen Tour, die auch zum Etosha National Park führt, können sich konditionsstarke Biker beweisen. Die Klein-Aus Vista-Lodge hält im Sperrgebiet Rand Park 60 Kilometer markierte Mountainbike Trails vor. Lohnendes Ziel ist dort das Oldtimer-Wrack der Diamantenschmuggler in der Geisterschlucht, ein 1934er Hudson Terraplane (www.klein-aus-vista.com und www.mountainbikenamibia.com).

was das Minenstädtchen zu einem preiswerten Ausgangspunkt für Ausflüge in den Etosha National Park macht.

Erschließung von Erzvorkommen

Die Gartenstadt mit den üppigen Grünflächen ist voller feuerrot blühender Jacarandabäume, Flamboyants und Bougainvilleen, liegt auf 1310 Meter Höhe inmitten eines fruchtbaren Acker- und Gemüseanbaugebiets und lebt seit jeher mal besser, mal etwas schlechter von dem, was aus tieferen Lagen ans Tageslicht kommt, nämlich Kupfer und andere Bodenschätze. Schon Ende 1900 betrieb die deutsch-englische Otavi Minen-und-Eisenbahn-Gesellschaft die planmäßige Erschließung von Erzvorkommen. Die wurden zunächst per Ochsenkarren nach Swakopmund und von dort mit der Woermann-Schifffahrtslinie nach Hamburg verbracht. Schon wenige Jahre später fuhr eine Eisenbahnlinie von Tsumeb nach Swakopmund, was den Abbau und Transport im großen Stil ermöglichte. Zwangsarbeit, brutale Landenteignungen und rassistische Rohheiten deutscher Siedler führten zum wachsenden Widerstand der Herero gegen die Besatzer, in der Folge es zu einem kriegerischen Aufstand und der gnadenlosen Vernichtung der Herero in der Schlacht am Waterberg kam.

Sehenswert sind die hübsch restaurierte katholische Barbarakirche (1913) am United Nations Park, die von Rudolf Mann erbaut und der Schutzpatronin der Bergleute geweiht wurde, sowie das historische Anwesen des Minenhotels gleich gegenüber, das Minenbüro (1907) in der First Street und die Direktorenresidenz (1912) in der Hospital Street. Wie sehr Tsumeb mit der Ära der Deutschen verbunden ist, zeigen Ortsnamen wie Hermanstal, Schumannstal und Hohental.

Nicht verpassen

OASE IN DEN OTAVIBERGEN

Zwischen dem 2155 Meter hohen Kupferberg und dem 1875 Meter hohen Otavipass liegt mitten in den idyllischen Otavibergen die 2,5 Kilometer lange und 38 Meter tiefe Ghaub-Höhle mit Felsgravuren auf dem Gelände des Ghaub-Naturreservates. Ghaub, eine ehemalige Missionsstation aus dem Jahr 1895, verzaubert als Oase in den rauen Otavibergen: Urige Farmmauern, hohe Palmen, dichte Büsche und weite Rasenflächen umgeben die liebevoll restaurierten, historischen Gebäude. Das 120 Quadratkilometer große Areal beheimatet Nashörner, Eland- und Oryxantilopen, Impalas, Blessböcke, Strauße, Giraffen und andere Wildtierarten sowie über 250 Vogelspezies. Aktivitäten: Rhino Tracking und Rhino Drive, Hiken, Höhlenexkursionen in die drittgrößte Höhle Namibias – und relaxen!

Ghaub Private Nature Reserve & Farm. Grootfontein, Tel. 067/24 01 88, www.ghaub-namibia.com

Ein Besuch der Ghaub-Höhle ist ein Erlebnis.

Zwei Kirchen, ein Museum (im ehemaligen Deutschen Fort), eine Handvoll Tankstellen und der viel besuchte Hoba-Meteorit 20 Kilometer westlich von Grootfontein sind hier die Attraktionen

Große Quelle

Die Bezeichnung Grootfontein geht auf einen abenteuerlichen Burentreck der Dorstland-Trekker zurück, die sich bei Grootfontein niederließen und die Republik Upingtonia ausriefen. Die verschwand aber schnell wieder von der Landkarte, als sie nur wenige Jahre später mit der deutschen Kolonialmacht konfrontiert wurde, die im Zuge der Caprivi-Politik und wegen reichlicher Kupfervorkommen im Otavi-Dreieck mit schwerem Gerät anrückte. Die sprudelnden Quellen der Region sowie reichhaltige Niederschläge hatten schon frühzeitig Damara und San im Umland siedeln lassen, die den feuchten Platz Gei-|ous nannten, was so viel wie große Quelle bedeutet.

An Sehenswürdigkeiten steht das alte Fort der Deutschen Schutztruppe an erster Stelle. Die im Jahr 1896 errichtete Militärstation diente nach Abzug der Deutschen erst als Gerichtsgebäude, dann als Internatsschule und beherbergt heute das heimatkundliche Museum, das 1983 mit einer Ausstellung der Werke von Georg Hartmann eröffnet wurde. Der deutsche Geologe und Naturkundler hatte bei der Erschließung Deutsch-Südwestafrikas eine bedeutende Rolle gespielt.

Hoba-Meteorit

Nicht weit entfernt liegt auf dem Gelände der Hoba Farm einer der größten je gefundenen Meteorite. Der touristische Glücksfall, der 1920 von Jacobus Brits entdeckt wurde, wiegt über 50 Tonnen. Mit einem Volumen von neun Kubikmetern schlug der zu über 80 Prozent aus Eisen bestehende Gesteinsbrocken vor etwa 80 000 Jahren hier ein. Da immer mehr Souvenirjäger halfen, das Gesamtgewicht Hobas zu verkleinern, wurde der Meteorit zum Nationaldenkmal erklärt und unter staatlichen Schutz gestellt.

Infos und Adressen

SEHENSWÜRDIGKEITEN

Hoba-Meteorit. Der größte bisher gefundene Meteorit befindet sich 20 km westlich von Grootfontein auf dem Gelände der Hoba-Farm in den Otavibergen.

Museum Grootfontein. Geschichte und Relikte aus der deutschen Ära im Alten Fort. Grootfontein, Tel. 067/24 24 56, www.altefortmuseum.de

St. Barbara. Die römisch-katholische Kirche ist ein Blickfang downtown Tsumeb und seit 1990 Nationaldenkmal. President St, Tsumeb, Tel. 067/22 06 90.

ESSEN UND TRINKEN

Purple Fig Bistro. Gutes Essen und schöne Gartenatmosphäre. 19 Hage Geingob St, Grootfontein, Tel. 081/124 28 02, www.facebook.com/purplefigbistro

ÜBERNACHTEN

Minenhotel. Feine Stadtherberge am Park. 7 Omeg St, Tsumeb, Tel. 067/22 10 71, www.minen-hotel.com

Okonjima. Naturschutzgebiet der Tierschutzorganisation Africat (Geparden, Leoparden, Hyänen) mit schöner Lodge. B 1 auf dem Weg nach Tsumeb/Grootfontein, Tel. 067/31 40 00, www.okonjima.com

Seidarap Guesthouse. Großzügiges Anwesen an der C 24, deutschsprachig. Grootfontein, Tel. 067/24 28 17 und 081/240 49 69, www.seidarap.com

Travel North Guesthouse. Mit illustrem Coffeeshop. Dr Sam Nujoma Dr, Tsumeb, Tel. 067/22 07 28 und 081/299 42 14, www.travelnorthguesthouse.com

INFORMATION

Namibia Tourism Board. Haddy & Sam Nujoma Dr, Windhoek, Tel. 061/290 60 00, www.namibiatourism.com.na sowie www.grootfontein.com

Grootfontein zeigt einige koloniale Relikte, der lokale Touch ist eher afrikanisch.

NAMIBIA

auf eigene Faust

Namibia muss man erfahren. Weil der Naturriese zu schön ist, um an einer Stelle zu bleiben.

Nirgendwo sonst im Südlichen Afrika lässt sich ein Land so sicher und bequem auf eigene Faust erschließen. Hervorragend ist die Infrastruktur, freundlich und hilfsbereit sind die Menschen. Weite Landschaftsträume mit wenig Verkehr und eine beruhigend friedliche Sicherheitslage machen das ehemals kaiserliche Deutsch-Südwest zu einem Paradies für Abenteurer und Individualreisende.

Die schnellste, aber auch kostspieligste Art, Namibias riesige Distanzen zu überbrücken, ist das Flugzeug. Damit das funktioniert, verbindet der nationale Carrier Air Namibia die größeren Städte. Hunderte kleinere Airstrips sind über das ganze Land verteilt, die von Charter Airlines bedient werden. Basis für die meisten Urlauber und auch für die namibischen Buschflieger ist Windhoeks Domestic Airport Eros.

Am Steuer durch die Wildnis

Mit über 42 000 Kilometern unterhält Namibia das am besten ausgebaute Straßennetz des gesamten Kontinents. Die hervorragende Infrastruktur für Selbstfahrer beginnt bei erstklassigem Kartenmaterial, das alle Hauptrouten als Teerstraßen, Schotter- und Sandpisten nach unterschiedlicher Qualität und 4x4-Anforderungen kennzeichnet. Die meisten namibischen Strecken sind mit normalen Pkws zu bewältigen, Linksverkehr und Rechtssteuerung aufgrund geringer Verkehrsdichte weitgehend unproblematisch. Aber natürlich besteht auch hier Anschnallpflicht, und der Gebrauch eines Handys am Steuer ist aus naheliegenden Gründen verboten: Wer aus Unachtsamkeit mit einem Elefanten oder einem Nashorn zusammenprallt, fährt nirgends mehr hin, was auch ein Grund dafür ist, keinerlei Fahrten nach Einbruch der Dunkelheit zu unternehmen.

Achtung, Thema Tanken: Einheimische geben Fahrstrecken oft in Zeit/Stunden an, nicht in Distanz, und es kommt vor, dass Tankstellen in abgelegenen Gebieten das Benzin ausgeht – also jede Gelegenheit zum Tanken nutzen und nicht warten, bis die Tankanzeige im unteren Bereich angekommen ist. Ein Netz aus Tankstellen und Übernachtungsmöglichkeiten, Picknickplätzen sowie Wildlife Lodges in Nationalparks und Game Reserves deckt landesweit so gut wie alle Hotspots ab. Zwischen Etosha-Pfanne im Norden und Fish River Canyon im Süden lassen sich die meisten Highlights so einplanen, dass große Distanzen zu moderaten Etappen schrumpfen. Und wer gern outdoor ist, kommt auf den oft sehr komfortabel ausgestatteten Campingplätzen Namibias voll auf seine Kosten, was das Land für Individualreisende zu einem überschaubaren Abenteuer macht.

Mit dem »Desert Express« durch die Wüste

Öffentliche Verkehrsmittel zu nutzen hat auch hier seinen Reiz. Reisebuslinien verkehren zwischen den größeren Städten Namibias sowie nach Südafrika und zu den Victoriafällen. Der Welwitschia

Shuttle-Bus-Service verbindet täglich Swakopmund, Walvis Bay und Windhoek. Namibias Schienennetz hat eine Gesamtlänge von etwa 2500 Kilometern. Speziell auf Reise und Safari zugeschnitten ist der namibische Sonderzug »Desert Express«, der auf historischen Gleisen zwischen Windhoek und Swakopmund sowie auf einigen anderen Strecken verkehrt. Wer die faszinierenden Wüstenlandschaften Namibias kennenlernen und ein illustres Bahnabenteuer erleben möchte, steht mit all den anderen auf dem Windhoeker Bahnsteig, bis der Pfiff kommt und der Ruf »All on board!«. Wobei die Bezeichnung Desert Express ungefähr das Gegenteil von dem suggeriert, was er ist, nämlich eine gemütliche Wüstenschnecke!
Zweimal pro Woche rumpeln die Waggons aus dem Bahnhof der Hauptstadt, um eine spannende Zeitreise in der verlangsamten Perspektive zu zelebrieren. Bei einer Geschwindigkeit von durchschnittlich 40 Stundenkilometern braucht Namibias Luxuszug 20 Stunden bis zur Atlantikstadt Swakopmund (im Vergleich: auf der B1 im Pkw maximal 6 Stunden). Natürlich finden Zwischenstopps statt, zum Beispiel zur Tierbeobachtung auf der Wildfarm Oropoko mit anschließendem Sundowner sowie in den Sanddünengebieten der Wüste, Kletterprobe inklusive. Die Schlafwagenabteile, die bis zu drei Personen Platz bieten, sind voll klimatisiert und verfügen über ausklappbare Betten, ein Bad und sogar über Fußbodenheizung, die in kalten Wüstennächten für warme Füße sorgt. Zu verdanken ist die Traumreise den Deutsch-Südwestlern, die im September 1897 die Arbeit an der alten Staatsbahn von Swakopmund nach Windhoek aufnahmen.

Safari per Zug: Aus dem Rovos Rail lässt sich die Wüstenlandschaft zwischen Windhoek und Swakopmund bestaunen.

Touristische Luxuszüge sind teuer und (nicht nur deshalb) ein grandioses Safari-Erlebnis.

Shongololo Express & Rovos Rail

Zwei weitere Luxuszüge durchqueren Namibia. Der Shongololo Express bindet sogar noch Simbabwe, Botswana und Südafrika an. Reisende können je nach Gusto und Zeitplan verschiedene Touren auswählen und auf bequeme Weise die schönsten Sehenswürdigkeiten des Landes wie das Sossusvlei, Lüderitz, den Fish River Canyon, Mariental, Okahandja, Swakopmund, Otjiwarongo und sogar den Etosha National Park auf Schienen erfahren. Auch der Shongololo bietet Landausflüge an, die sich thematisch um Flora und Fauna drehen, Naturschauspiele ansteuern oder zur Souvenirjagd animieren, wobei Passagieren immer genug Zeit bleibt für Genuss und Relaxen, denn erst am Abend setzt sich der Zug wieder in Bewegung und rattert zur nächsten Destination. Ein anderes Zug-Kaliber bietet Rovos Rail, das sich mit dem Interieur der vorletzten Jahrhundertwende als Nostalgiezug für Eisenbahnfans empfiehlt: Die Luxusherberge auf Schienen könnte es mit dem Orientexpress aufnehmen, der rollende Speisewagen mit einem Sterne-Restaurant. Im Rovos schläft es sich bestens in luxuriösen Suiten, falls dem die Reisekasse nicht entgegensteht.

Wenn die Waggons mal nicht rollen, finden organisierte Landausflüge statt.

Nashorn und Elefant sind in der Etosha-Pfanne garantiert aus nächster Nähe an einem der vielen Wasserlöcher zu sehen.

11 Etosha-Pfanne

Die Tränke der Wilden Exoten

Im östlichen Teil der Etosha tauchen Burgzinnen wie Gipskitsch aus der Savanne auf: Namutoni, das ehemalige reichsdeutsche Fort der kaiserlichen Schutztruppe, ist heute eine von drei staatlichen Lodges im Etosha National Park. Eine Gedenktafel an den geweißten Mauern der historischen Wehrburg erinnert: »Am 28. Januar 1904 ueberfielen 500 Ovambo die Station Namutoni. Sieben tapfere deutsche Reiter schlugen den Angriff siegr. ab. Ehre ihren Namen.«

Einige Hundert Ovambo hatten den Vorposten der deutschen Kavallerie überraschend angegriffen, nachdem die Hauptbesatzung abgezogen war und nur noch ein Notposten Wache schob. Der konnte die erste Attacke der Ovambo-Krieger zwar abwehren, doch zogen es die Soldaten des Kaisers vor, sich im Schutz der Dunkelheit davonzuma-

GUT ZU WISSEN

TOPMODEL UNTERSTÜTZT SAN

Sie lebte mit dem Stamm der Ju/'hoan San und gründete 2011 den Nanofasa Conservation Trust – das norwegische Topmodel Aleksandra Ørbeck-Nilssen. Ihre Stiftung setzt sich für den Schutz der Buschleute ein, in den Lernbereichen Jäger, Sammler und Heiler der Barefoot Academy unterrichten ältere San die Jungen im Spurenlesen und in Jagdtechniken, San-Frauen übernehmen Kurse zu Heilpflanzen und indigenen Heilmethoden, auch der Tourismus steht auf dem Lehrplan (www.nanofasa.com).

chen. Am Folgetag ließ Ovambo-König Nehala die deutsche Wüstenfestung komplett zerstören.

Historisch: Fort Namutoni

Jahre später mussten Zwangsarbeiter das Fort, das seit 1950 unter Denkmalsschutz steht und heute eines der begehrtesten Fotomotive Namibias ist, originalgetreu wiederaufbauen. Im Ersten Weltkrieg wurde daraus ein Gefangenenlager, danach stand es leer. Die Fotografin Ilse Steinhoff besuchte das verfallende Fort 1936, das sie als letzte Polizei- und Grenzstation auf der Überlandstraße nach Angola und Ovamboland beschreibt, wo sämtliche Eingeborenen, die von dort nach Südwest einreisten, ihre Waffen abgeben mussten: »Tausende von wilden Tieren, Zebras, Gnus, Springböcke, Löwen und Giraffen äsen dort im paradiesischen Frieden an der großen Salzlecke, die, fast 150 Kilometer breit, sich an der Nordgrenze von Südwest erstreckt, unerschöpfliche Quelle für Büchse und Kamera.« *(Deutsche Heimat Afrika, 1939)*

Unter Kaisers Naturschutz

Schon 1907 hatte der erste deutsche Zivilgouverneur Friedrich von Lindequist dieses einzigartige Naturphänomen als Heimat von Löwen, Hunderttausenden Flamingos, Elefanten und Spitzmaulnashörnern zum Schutzgebiet erklärt. Seine Sorge um die Dezimierung bestimmter Tierarten war es, die ihn die Etosha-Pfanne samt angrenzender Gebiete zu einem knapp 100 000 Quadratkilometer großen Reservat erklären ließ. Seit 1970 besteht der Etosha National Park in seiner jetzigen Ausdehnung mit einem guten Fünftel der Fläche von damals. Die 5000 Quadratkilometer umfassende Etosha-Pfanne fängt die Abflüsse des

Geheimtipp

SAFARI-ATMOSPHÄRE

Wenn man als Rinderzüchter und Wildfarmer zufällig viel Land direkt vor der Haustür der Etosha besitzt, liegt die Idee nahe, dass Safarigäste mehr Geld bringen als Fleisch, weshalb 1997 auf dem Terrain die familiengeführte Lodge Mushara entstand. Reetgedeckte Architektur, großer Pool, herrliche Gärten und vor allem die Nähe zum nur zehn Kilometer entfernten Lindequist Gate des beliebtesten Etosha-Tierparadieses machten schon bald eine Erweiterung der begrenzten Kapazitäten nötig: 2007 kam im modernen Design die Lodge Mushara Outpost dazu, zwei Jahre später das Mushara Bush Camp in schönster Safariatmosphäre. Mit seinen drei Herbergen bedient Mushara unterschiedliche Ansprüche und Preisebenen. Das Management ist deutschsprachig.

Mushara Safari Lodge,
The Mushara Collection. Tsumeb,
Tel. 067/22 91 06 und
061/24 18 80,
www.mushara-lodge.com

Die luxuriöse Mushara-Lodge nahe Fort Namutoni

Einfach gut!

FAST WIE IN DER TOWNSHIP KATUTURA
Der Begründer der Gondwana Collection Mannfred Goldbeck will nicht nur Betten verkaufen, sondern Geschichten erzählen: Nur neun Kilometer von Etoshas Anderson Gate entfernt können sich Gäste atmosphärisch wie in der Windhoeker Township Katutura fühlen, weil auf einem liebevoll nachgebauten Dorfplatz mit typischen Shebeen-Kneipen (im Orginal: kuriose Wellblechhäuschen mit illegalem Ausschank, von denen es rings um Windhoek Tausende gibt) inklusive Fassbier zu Livemusik die namibische Post abgeht! Tagsüber geben Singvögel wie die Gelbbauchammer, der Rotbauchwürger, die Bergammer und andere ornithologisch interessante Spezies ihr Konzert – zum Röhren der Löwen und Trompeten der Elefanten am nächstgelegenen Etosha-Wasserloch.

Etosha Safari Lodge & Camp. Gondwana Collection, Anderson Gate, Tel. 064/61 42 72 00 und 081/129 24 24, www.gondwana-collection.com

Okavango im Osten und des Ekuma und Oshigambo im Norden auf, meist aber ist sie komplett ausgetrocknet und nur an wenigen Tagen im Jahr eine mit Wasser gefüllte Lagune, die sich dann in ein Nahrungsparadies für Flamingos und Pelikane verwandelt.

Warten am Wasserloch

Den »Ort des trockenen Wassers«, wie die Salzpfanne von den Ovambo genannt wird, erschließen Pisten, die etwa 100 Wasserlöcher mit exotischen Namen wie Olifantsbad, Gemsbokvlake oder Halali verbinden. Für Selbstfahrer reichen normale Pkws aus, Fahrten nach Sonnenuntergang sowie Aussteigen sind natürlich strikt untersagt. Am Wasserloch heißt es warten: Nach kurzer Zeit schon tanzen kämpferische Gnubullen um eine Kuh, Giraffen verrenken die Hälse, scheu treten Oryxantilopen ans kostbare Nass, das gleichzeitig von Springböcken, nervös hin- und herlaufenden Perlhühnern, Schakalen und Zebras besucht wird. Hyänen stören kurzfristig die friedvolle Szene, dabei zeigen über 50 aufflatternde Weißrückengeier beachtliche Flügelspannweiten.

Afrikanisches Dschungelbuch

Die schmalen Vegetationsstreifen am Rande der Etosha – Gras- und Dornsavannen hauptsächlich sowie Buschland und Trockenwald – bilden den Lebensraum einer vielfältigen Tierwelt, die sich aus 340 Vogelarten, 114 Säugetier- und 16 Reptilien- und Amphibienarten zusammensetzt. Einer letzten Tierzählung zufolge leben zurzeit etwa 300 Löwen im Etosha National Park, 8000 Oryx, 700 schwarze und wenige 100 weiße Nashörner, 2500 Giraffen, 4000 Gnus, 6000 Zebras, 2000 Elefanten und um die 20 000 Springböcke, die sich dank artesischer Brunnen und von Grundwasser

Safari für Selbstfahrer

A Etosha Safari Lodge & Camp – Mit Shebeen-Kneipen-Nachbau und der Down Corruption Bar.

B Ongava Game Reserve – Angrenzend an die Etosha-Pfanne mit Ongava Lodge, Little Ongava und Tented Camp.

C Anderson's Gate – Zugang zur zentralen Etosha-Pfanne.

D Staatliches Restcamp Okaukuejo – Mit Tankstelle, Kiosk, Supermarkt und Übernachtung (Namibian Wildlife Resorts).

E Staatliches Restcamp Halali – Mit Tankstelle, Kiosk, Supermarkt und Übernachtung (Namibian Wildlife Resorts).

F Staatliches Restcamp im historischen deutschen Fort Namutoni – Mit Tankstelle, Kiosk, Supermarkt und Übernachtung (Namibian Wildlife Resorts).

G Staatliches Restcamp Onkoshi – Außenposten der Namibian Wildlife Resorts mit 15 strohgedeckten Chalets direkt an der Salzpfanne.

H Onguma Wildlife Reserve – Angrenzend an Etoshas Fisher's Pan mit The Fort, Bush Camp, Tree Top Camp, Tented Camp, Etosha Aoba Lodge sowie den Campgrounds Tamboti und Leadwood ca. 1 km vom Lindequist Gate entfernt.

I Mokuti Etosha Lodge – Außerhalb des Parks, ca. 1 km vom Lindequist Gate entfernt.

J The Mushara Collection – Wenige Kilometer zum Lindequist Gate mit Mushara Lodge, Mushara Outpost, Mushara Bush Camp und Mushara Villa.

Oben: Wie gemalt: Zebras an einem Wasserloch der Etosha
Mitte: Prachtvoll: staatliches Restcamp Fort Namutoni, 1897

gespeisten oder vom Menschen angelegten Tränken prächtig vermehren. Allerdings herrscht in den heißesten Monaten zwischen November und April Regenzeit, in der sich Gewitter entladen. Dann sind die Wildtiere nicht unbedingt mehr nur auf die anzufahrenden Tränklaken angewiesen. Weshalb die beste und kühlste Reisezeit für die Etosha die Trockenzeit zwischen Mai und Oktober ist.

Staatlich oder privat

Den individuellen Game Drive vom Fort Namutoni aus in der Osthälfte der Etosha zu starten, ist historisch korrekt: Die Herberge aus der deutschen Kolonialzeit garantiert geschichtsträchtiges Ambiente ebenso wie Wildlife vom Allerfeinsten gleich vor ihren Toren, beherbergt ein Museum, Unterkünfte vom einfachen Zeltplatz bis zur Suite und hat einen großen Pool. Allerdings: Gut zu wissen, dass die chronisch verschuldeten Staatsbetriebe der Namibia Wildlife Resorts nicht immer den Erwartungen ihrer Gäste entsprechen. Beschwerden enttäuschter Besucher über schlechte Ausstattung, mangelhafte Leistung und nachlässigen Service nehmen zu, weshalb viele Etosha-Besucher lieber in den privaten Lodges vor den Parktoren übernachten.

Infos und Adressen

ESSEN UND TRINKEN

Down Corruption Bar. Shebeen-Atmosphäre im Etosha Safari Camp mit schönem Open-Air-Restaurant. Tel. 064/61 42 72 00 und 081/129 24 24, www.gondwana-collection.com

Restaurants der staatlichen Restcamps. The African Steakhouse/The Fusion in Fort Namutoni sowie die Restaurants im Halali Camp und im Okaukuejo Restcamp. www.etoshanationalpark.org

ÜBERNACHTEN

Staatliche Restcamps im Nationalpark. Fort Namutoni (Lindequist Gate im Osten), Halali und Okaukuejo (Anderson's Gate im Süden) sind die drei Hauptcamps mit Unterkünften, Shops, Tankstelle und Restaurant. Buchung über Namibia Wildlife Resorts, www.nwr.com.na und www.etoshanationalpark.org

Dolomite Camp. Fantastisches Safari-Feeling 45 Minuten vom Galton Gate entfernt. Die Lage ist unschlagbar schön. West-Etosha, www.etoshanationalpark.org

Etosha Village. Schöne individuelle Lodge an der C 38 von Outjo nach Okaukuejo, kurz vor dem Andersson Gate, Tel. 067/33 34 13, www.etosha-village.com

Hobatere Lodge. Herrliches Anwesen auf 9000 ha privatem Konzessionsgebiet am Galton Gate. Tel. 061/22 81 04, www.hobatere-lodge.com

Staatliche Restcamps im Nationalpark. Fort Namutoni, Halali und Okaukuejo sind die drei Hauptcamps mit Unterkünften, Shops, Tankstelle und Restaurant. Buchung über Namibia Wildlife Resorts, www.nwr.com.na und www.etoshanationalpark.org

AKTIVITÄTEN

Game Drives. Safari findet im eigenen Pkw statt. Aussteigen ist verboten, die Gates müssen vor Sonnenuntergang passiert oder eine vorab gebuchte staatliche Lodge im Park aufgesucht sein. www.nwr.com.na und www.etoshanationalpark.org

INFORMATION

Namibia Tourism Board. Schillerstr. 42–44, Frankfurt/Main, Tel. 069/133 73 60, www.namibia-tourism.com und www.info-namibia.com

Top Spot: Gondwana Etosha Safari Lodge und Camp

Großartiges Ambiente sowie architektonisch ein Traum: Ongumas The Fort an der Etosha.

12 Onguma Game Reserve

When the Lion sleeps tonight

Mit 34 000 Hektar feinstem Buschland, das an den östlichen Teil des Etosha National Park unmittelbar anschließt, zählt Onguma zu den ganz großen Playern in der namibischen Wildnis. Mit fünf Lodges und Camps unterschiedlicher Kategorien sowie zwei Campsites bietet die Onguma Collection Individualisten ein feines Stück Safari an: auf eigenem Terrain, aber auch in der Etosha-Pfanne, deren Lindequist Gate gleich um die Ecke ist.

Mit Blick auf Etoshas Fisher's Pan hat sich Ongumas Flaggschiff, The Fort, in unmittelbarer Nähe des historisch-kaiserlichen Forts Namutoni positioniert, was die etwas seltsam erscheinende marokkanisch-maurische Architektur erklärt: Echte Zinnen stehen auch hier hoch über der Savanne, die feinen Interieurs könnten aus Marrakesch stammen. Von den Holzdecks und vom opulenten Infinity-Pool aus lässt sich das nahe Wasserloch

GUT ZU WISSEN

HUMMELDUMM

Wem Gruppenreisen suspekt sind, der könnte hier im gesicherten Modus einer Luxuslodge den Bestseller *Hummeldumm* von Tommy Jaud gut lesen, quasi als Kontrastprogramm: Der Roman handelt von einer neunköpfigen Reisegruppe, die zwei Wochen lang durch Namibia tourt, der Titel sagt alles. Neben der humorigen Geschichte wird jede Menge Namibia in Form von Tierwelt, Menschen und Landschaft vorgestellt.

überblicken wie auch von den großzügigen und mit bodentiefen Panoramascheiben ausgestatteten Chalets, was eine Safari schon vom Bett aus möglich macht.

Ongumas Poesie

Der Top-Safari-Spot bietet mit seiner offenen maurischen Bauweise in der Fläche des Buschlandes eine allerorts kühlende Brise und von seiner Dachplattform einen Rundumblick in die Wildnis. Im Dunkeln ist das Flimmern der Lichter Namutonis in der Ferne zu sehen. In der Sprache der Hereros bedeutet Onguma der »Ort, den niemand verlassen will«: »Hör auf die Worte des Windes, auf die Stimmen, die dir erzählen, wie Sand und Sonne verschmelzen«, wirbt Onguma in sanfter Poesie. Das Onguma Tented Camp (Zelte auf hölzernen Plattformen mit erlesenem Safariambiente) produziert ein feinfühliges Karen-Blixen-Gefühl. Mit dem Champagnerglas in der Hand lässt sich vom Pool aus die Tränke von Zebras, Kudus, Springböcken, Schakalen und manchmal Löwen beobachten. Bildschöne Makalane-Palmen, aus deren Früchten Ombike, ein traditioneller hochprozentiger Schnaps, gebrannt wird, und ausladende Schirmakazien bieten hier ausreichend Wasser und Schatten. Die Nacht wird unruhig auf Onguma, was für ein Löwengebrüll!

Die Hartmann-Farm

»Nur 100 Kilometer – auf selbst für afrikanische Verhältnisse schlechter Straße entfernt«, schreibt Ilse Steinhoff, »wohnen die nächsten Nachbarn der Farm Onguma, Familie Hartmann. Vater Hartmann war einer der sieben deutschen Schutztruppler, die 1904 das Fort Namutoni an der Etosha-Pfanne gegen eine Übermacht von mehr als 500 Ovambokriegern in hartem Kampf sieg-

Nicht verpassen

WALK ON THE WILDSIDE

Eine Spezialität Ongumas ist der morgendliche Wilderness Trail, auf dem keine Umzäunung den Nature Guide und seine Truppe von der Wildnis trennt. Der gewehrgeschulterte Fährtenspezialist ist vom Stamm der Hai-//Khum-San, seine Schützlinge, die im vorsichtigen Gänsemarsch hinter ihm sind, vertrauen auf die Erfahrung, die der Buschmann mit sich bringt. Die Adrenalingeputschten erfahren, was passiert, sollten Löwe, Gepard oder Leopard überraschend aus dem Dickicht auftauchen, und lernen: Wo Schakale, Geier und Hyänen sind, verstecken sich häufig auch Raubkatzen. Er stochert in einem Haufen *elephant droppings* – Elefantenmist birgt gefressene Samen der Makalane-Palmen, die mit den Großohren überall hingetragen und ausgesät werden. Dann, tatsächlich, in 100 Meter Entfernung (was nicht sehr weit ist), schleicht sich eine Löwin durchs hohe Savannengras. www.onguma.com/bush-walks

Für die fröhlichen Hai-//Khum-San-Kids bedeutet Etosha Heimat, die Wildtiere sowie Besucher aus aller Welt gehören zum Alltag.

reich verteidigten.« (*Deutsche Heimat in Afrika*, 1939) Heute umfasst das Onguma-Gebiet ein großes Areal, das einst die Hartmann-Farm war, sowie einen Teil der benachbarten Böhme-Farm. Es ist der Arbeitsplatz des Buschmannes Abram Tsa-ke Tsumib vom Stamm der Hai-//Khum, der gar nicht die zierliche Figur eines San-Mannes, sondern eher kaiserliche Ausmaße hat: Der diplomierte Naturexperte, der in der Etosha-Region geboren und aufgewachsen ist, arbeitet seit 13 Jahren als Field Guide im Onguma-Reservat und hat tatsächlich deutsche Vorfahren.

Hai-//Khum-San

Die meisten sozialen Gemeinschaften, die rings um den Etosha-Park siedeln, gehören zum Stamm der Hai-//Khum-San, die schon seit Tausenden Jahren in dieser trockenen Region als urzeitliche Jäger und Sammler überlebten. Hai bedeutet Baum in der San-Sprache, Khum Schlaf, was die Wohnform früherer Generationen exakt beschreibt: Um Moskitos und Malaria zu vermeiden, bauten sie sich hölzerne Plattformen in Bäumen, darunter brannten nachts Feuer aus Tambotiholz, grüne Zweige des Bitterbuschs sowie Antilopenhörner, deren Qualm die quälenden Blutsauger vertrieb und das Feuer gefährliche Raubtiere. Viele der Hai-//Khum-San arbeiten heute wie Abram in den Reservaten rings um die Etosha sowie im Nationalpark selbst als Guides oder Lodge-Angestellte, ihre Kinder gehen zur Schule, und die Erinnerung an die traditionelle Lebensform verblasst. Und, wer war's? Der bullige Hai-//Khum-Mann lächelt. Frauen waren für die Deutschen zu Kolonialzeiten absolute Mangelware, erzählt er, weshalb der Vater seiner Großmutter deutsch war. Absolut illegal war das damals, deutsches Blut mit Einheimischen zu vermischen – die Großmutter wurde heimlich auf der Böhme-Farm großgezogen.

Infos und Adressen

ESSEN UND TRINKEN

Fort Namutoni/Etosha. African Fusion und The Steakhouse im 1 km entfernten Restcamp Namutoni. www.etoshanationalpark.org

ÜBERNACHTEN

Bush Camp. 16 Zimmer, großer Pool, umzäunt und familienfreundlich.

Etosha Aoba. 11 strohgedeckte Bungalows inmitten dichter Vegetation, Pool und Wasserloch.

Leadwood Campsite. 6 Plätze mit jeweils eigenen Duschen.

Tamboti Campsite. 15 komfortable Plätze mit Restaurant und Pool.

Tented Camp. 7 stylishe Safarizelte auf Holzplattformen, kleiner Pool, originäres Safariambiente.

The Fort. Das Flaggschiff: maurische Architektur, opulente Dachterrasse, Pool, Wasserloch, 11 exzellente Bush Suites, 1 Honeymoon und 1 Sultan Suite, alle mit Blick auf Fisher's Pan.

Tree Top. Nur 4 Zelte auf Stelzenholzplattformen, bildschönes Restaurant-Zelt, Lounge, Bar.

INFORMATION

Onguma Game Reserve. 1 km vom Lindequist Gate entfernt, alle Lodges und Camps sind mit Bar und Restaurant. Tel. 061/23 70 55, www.onguma.com, www.classicsnamibia.com

Ongumas The Fort mit Blick von der Lounge/vom Restaurant auf die Fläche der Salzpfanne.

TROPHÄENTIERE
der Großwildjäger: Big Five

Wer die Lücke in einer dahinwandernden Elefantenherde, die gerade seelenruhig die Schotterpiste kreuzt, zur Weiterfahrt nutzt, und dabei ahnungslos Jungtiere von ihren Kühen trennt, der hat das Adjektiv in The Big Five für alle Zeiten erfasst: Ein stoßzahnbewehrter Bulle wird wie eine tollwütige Dampfmaschine auf die kleine Blechbüchse von Landrover zurasen und dessen Antriebsräder funkensprühend zum Durchdrehen bringen.

Was die Lage für die verschreckten Insassen nicht einfacher macht. Elefanten sind die größten Landsäugetiere, werden bis zu vier Meter hoch, und manche haben ein Gewicht von sechs Tonnen. Dafür müssen die Riesen täglich 300 Kilogramm Grünzeug von den Bäumen rupfen – ein ökologisches Desaster, wenn das zu viele von ihnen tun, was immer häufiger der Fall ist: Ein Abschussverbot stellt Nationalparks und andere Schutzgebiete des Südlichen Afrika vor unlösbare Probleme, die mit der Biodiversität der zu schützenden Natur zu tun haben. Da es immer weniger Löwen gibt und sonstige Feinde der Großohren nicht in Sicht sind, vermehren sich ihre Bestände.

Vereinzelt streunende Elefantenbullen sind mit größter Vorsicht und mit Abstand zu genießen.

Wer kahl abgefressene und von Elefanten zerstörte Landstriche gesehen hat, weiß, dass dort das Überleben von Flora und Fauna nachhaltig gestört ist.

Deshalb wird unter Fachleuten diskutiert, Culling, den gezielten Abschuss zur Dezimierung der Bestände, zuzulassen, um das Gleichgewicht der Natur zu sichern. Rund 200 Liter Wasser müssen Elefanten täglich trinken. Allein das Herz der Großohren, die in Herden zwischen sechs und 200 Tieren umherziehen, wiegt 25 Kilo! Kühe stillen ihre Elefantenbabys vier Jahre lang und werden nervös, wenn sie für ihre Kälber Gefahr wittern.

Kraftpaket Büffel

Obwohl ein Elefantenbulle über drei Meter lange Stoßzähne in Stellung bringen kann, gilt der Dickhäuter als allgemein gutmütig und friedlich, was sich von der Spezies Büffel nicht sagen lässt. Als aggressiver Einzelgänger agiert er mit Hinterlist – erst einmal richtig gereizt, gehört das Kraftpaket zu den angriffslustigsten Tieren im Busch. Auch als Herde ist mit seiner Spezies nicht gut Kirschenessen – eine Büffel-Stampede kennt kein Hindernis. Von einer, auf die geschossen wurde, wird berichtet, dass die Tiere sich erst zu einem Halbkreis formierten, um gleich darauf ihre Jäger anzugreifen. Damit müssen selbst Löwen rechnen, wenn sie es wagen, Büffel anzugreifen. Eine der kuriosesten Big-Five-Geschichten erzählt davon, wie einmal ein Rudel Löwen von 200 Büffeln auf die Bäume gehetzt wurde. Die Könige der Wildnis samt Anhang harrten dort stundenlang missmutig aus, weil die Gehörnten unten nicht daran dachten zu weichen.

Kraftpaket Nashorn: schlecht sehen, hervorragend riechen, gut hören und schnell laufen.

Rhinos sind gefährdet

Wer je ein Rhinozeros mit einem Gewicht von drei Tonnen im rasanten Galopp auf sich zupoltern sah und dabei spürte, wie die Savanne unter den Hufschlägen vibrierte, der weiß den Erfahrungsschatz einheimischer Wildhüter künftig zu schätzen – und deren automatische Gewehre. Hernach ließe sich dem Himmel für das Phänomen der Kurzsichtigkeit danken, das Nashörnern zum Glück ausgeprägt eigen ist. Aber Achtung: Ihre gesunde, rein vegetarische Ernährung beschert den Dickhäutern einen hervorragenden Geruchssinn und ein präzises Gehör, weshalb sie so schrecklich schreckhaft sind. Ihr einzi-

Löwen dösen tagsüber meist träge im Schatten. Streicheln ist dennoch nicht zu empfehlen.

ger Feind ist der Mensch, von dem sie eigentlich nichts wollen, weil er ihnen nicht schmeckt.

Durch ihn sind Nashörner noch immer vom Aussterben bedroht, wenngleich es dank intensiver Schutz- und Aufzuchtprogramme in ganz Afrika immerhin wieder 3700 Spitzmaulnashörner – 1970 waren es noch 65 000 – und über 8000 Breitmaulnashörner gibt. Wobei die Bezeichnung schwarzes und weißes Nashorn nichts mit der Farbe zu tun hat, sondern mit seinem Maul: Aus dem Englischen *wide*, was den großen Mund des Breitmaulnashorns charakterisiert, ist im Laufe der Zeit irrtümlich *white* geworden. Um die Spezies vor dem Abschlachten zu schützen, sind einige Wildparks dazu übergegangen, ihre Rhinozerosse zu betäuben, um ihnen das wertvolle und deshalb verhängnisvolle Horn abzusägen. Wilderer bedienen immer noch den Irrglauben, das pulverisierte Horn sei ein wirksames Potenzmittel, wofür in Asien horrende Summen bezahlt werden.

Löwe und Leopard

Wildtiere sind unberechenbar und können jederzeit angreifen. Wenn Löwen das tun, spurten sie 50 km/h schnell und springen zwölf Meter weit. Bis auf drei Meter Körperlänge wachsen die Riesenkatzen sich aus. Von ihren Opfern fressen sie erst die Eingeweide. Dann arbeiten sie sich langsam vom Hinterteil zum Kopf vor. Solches Detailwissen ist nicht unbedingt tröstlich, wenn man in der letzten Bankreihe eines offenen Safari-Jeeps sitzt und der Fährtenleser mit dem Gewehr ganz vorn. Während Löwen, obgleich Nachtjäger wie die Leoparden, auch tagsüber in großen Rudeln leicht auszumachen sind, gilt die Raubkatze als Höhepunkt jeder Safari. Die Einzelgängerin ist bei Helligkeit wie vom Erdboden verschluckt, was tatsächlich zutrifft, weil sie mit Sicherheit in einer Baumkrone liegt und vor sich hindöst. Nachts bewegt sie sich lautlos am Boden und ist beim Angriff in der Beschleunigung so schnell wie ein Sportwagen.

Mitte: Rhino-Tracking zu Fuß funktioniert nur in privaten Game Reserves, wie hier in Ongava. **Unten:** Die benachbarte Etosha-Pfanne lässt sich ausschließlich im Fahrzeug erkunden.

13 Ongava Game Reserve

Wiederauferstandene Wildnis

Das private Wildschutzgebiet zählt mit über 100 Säugetierarten sowie zahlreichen Vögeln und Reptilien zu den größten Wildreservaten Namibias und erzählt wie viele andere die abenteuerliche Geschichte der Renaturierung. Eine eigene Forschungsstation, das international renommierte Ongava Research Centre, studiert hier unter anderem die Genetik und das Verhalten der Nashörner, die in Ongava zahlreich vertreten sind.

Zur Renaturierung mussten mit immensem Aufwand endlose Kilometer Zäune unprofitabler Rinderfarmen abgebaut und früher ansässige Wildtiere zurückgeholt werden, die sich im gewohnten Habitat hervorragend vermehren. Dazu zählen Löwen, Elefanten, Giraffen, Impala, Antilopen, und – seltene Breitmaul- *(White Rhino)* und Spitzmaulnashörner *(Black Rhino)*, die für die beliebtesten Safariaktivitäten in Ongava sorgen: Rhino-Tracking zu Fuß und Rhino-Game-Drives im offenen Geländefahrzeug, wobei es hautnah an die Kolosse herangeht.

Zurück zu den Wurzeln

Eine Menge ökonomisches Input war nötig, um den gewünschten ökologischen Output zu erreichen, als 1991 verschiedene Investoren riesige unproduktive Areale von vier Rinderfarmen direkt an der Südgrenze der Etosha-Salzpfanne, Namibias grandiosen Nationalpark der Tiere, aufkauften und mit insgesamt 324 Quadratkilometern zu einem der größten Wildschutzgebiete des Landes machten. Heute ist es ein Naturparadies mit einer großen Dichte exotischer Wildtiere samt wunderschöner Safariherbergen. Wo Jäger einst Löwen erschossen, wirbt Ongava für sein Renaturierungskonzept, sind heute Löwen die Jäger – und nicht mehr die Gejagten! Zum Ongava-Safariprogramm zählen Game Drives in den angrenzenden Etosha-Nationalpark sowie auf dem eigenen Terrain, vor allem aber Walks durch die Wildnis mit erfahrenen (und bewaffneten) Guides und Fährtenlesern.

Zu Fuß auf Nashorn-Pirsch

Zu Fuß auf Tuchfühlung mit Rhinos lässt die Nerven vibrieren, es gibt weder Zaun noch Auto oder sonst welchen Schutz außer den beiden Gewehren. Der Fährtenleser beugt sich über Spuren, er flüstert, er würde eins riechen, nur wo ist es? Irgendwo. Im hohen Gras. Die Gruppe marschiert als Gänsetrupp hinter ihm her. Nummer drei tritt auf einen Zweig, der laut knackend zerbricht. In gleicher Sekunde taucht aus der Unterwelt der wahrhaftige Teufel in Form eines beleibten Rhinozerosses auf, dessen Kalb im Halbkreis davonstiebt, die Mutter schnaubend und stampfend hinter ihm her. Einige aus der Gruppe reißen reflexartig ihre Kameras hoch, lassen sie aber gleich wieder sinken, als sich im Sucher abbildet, wie das Kleine abrupt stoppt, sich dann blitzschnell entscheidet, mit einem Haken zu drehen, und geradewegs auf die entsetzte Gruppe zurennt, seinen mütterlichen Aufpasser vollends wild geworden dicht hinter sich. Obwohl der Ranger der Gruppe eingeschärft hatte, in jedem Fall immer dicht zusammenzubleiben, machen sich ihre Mitglieder panisch in alle Richtungen, während Mutter und Kind mitten durch die gerade frei gewordene Lücke hindurchgaloppieren und weiter, Gott sei's gelobt, geradeaus in die freie Savanne davonstampfen.

Infos und Adressen

ESSEN UND TRINKEN

Down Corruption Bar. Shebeen-Atmosphäre im Etosha Safari Camp mit Open-Air-Restaurant unweit von Ongava/Andersson Gate, Etosha, Tel. 064/61 42 72 00, www.gondwana-collection.com

ÜBERNACHTEN

Little Ongava. 3 strohgedeckte luxuriöse Safarichalets, nicht mal ein offener Kamin für kühle Abende fehlt!

Ongava Lodge. Hügellage auf der Ondundozonanandana Range, 14 strohgedeckte Natursteinchalets, großer Pool, Wasserloch für Wildtiere.

Ongava Tented Camp. 8 Zelte und eine aus Naturstein und Zeltplanen konzipierte Hauptlodge machen das Safari-Feeling perfekt.

INFORMATION

Ongava Game Reserve. 102A Nelson Mandela Ave, Suite No. 10, Ausspannplatz, Klein Windhoek, Tel. 083/330 39 20, www.ongava.com

»Safari im Sitzen« in der Hauptlodge Ongumas

14 Ovamboland
Wo die afrikanische Seele tanzt

Etwa die Hälfte der Einwohner Namibias lebt auf weniger als zehn Prozent der Landesfläche im Ovamboland, einem dicht besiedelten Landstreifen, der sich nördlich der Etosha bis zur angolanischen Grenze zieht. Das wasserreiche, tropisch-feuchte und fruchtbare Agrarland, das nur wenig Südwest, dafür aber richtiges Afrika ist, steht kaum auf der Liste der Highlights, wenngleich hier die ethnische Seele kraftvoll schwingt.

Im Ovamboland schlägt Namibias afrikanisches Herz: Rundhütten und bunte Straßenszenen prägen hier ein anderes Bild als die ansonsten menschenleeren Regionen.

In diesem Menschenagglomerat versammeln die Verwaltungsbezirke Oshikoto, Ohangwena, Oshana und Omusati Provinzstädte und Ortschaften wie Ongwediva, Ondangwa, Onaanda, Okalongo, Ongulumbashe, Onamandongo und Ongadjera sowie ein Dutzend weiterer Zungenbrecher mit dem gleichen Anfangsvokal. Auch die Hauptstadt der zentralen Ovambo-Region Oshana, Ondangwa, die größte Stadt des Ovambolandes mit geschätzten 10000 Einwohnern, trägt zur phonetischen Verwirrung bei.

Quirliges Afrika

Esel, Kühe, Ziegen und Hühner spazieren auf den Straßen, Rauch steigt aus einfachen Hütten und auf den Feldern reift Perlhirse, das Hauptnahrungsmittel der Ovambos. Im Schatten einer Makalani-Palme parken zwei pechschwarze lachende Jungs ihren gesammelten Schatz, quietschlebendige Mopane-Würmer, die als proteinreiche Delikatesse in der Bratpfanne landen werden. Die Landschaft ist flach und von zahlreichen Bach-

und Flussläufen durchzogen. Rinder, Ziegen und Schafe grasen auf fruchtbaren Böden, die auch Gemüseanbau erfolgreich machen.

Touristische Terra incognita

Namibias touristisches Herz schlug hier bislang im Dunkeln. Nur selten verirrten sich Reisende in die von der Politik vernachlässigte Ovambo-Region nördlich der Etosha-Pfanne, wo der Strom der Reisenden gewöhnlich endet. Bis auf wagemutige Selbstfahrer, die auf der B1 die Attraktionen am Kunene, dem Grenzfluss zwischen Nordnamibia und Südangola, zum Ziel haben. Doch das soll sich ändern – und das Ovamboland vom touristischen Kuchen profitieren.

Interaktives Museumsdorf

Entlang einer vom Namibia Tourism Board entwickelten Route für Selbstfahrer zeigt sich die Ovambo-Kultur, die auch Veranstalter von Gruppenrundreisen zunehmend im Visier haben. Attraktivster Stopover ist das Nakambale-Freilichtmuseum südlich von Ondangwa, das Einblicke in die traditionelle Lebensweise der Ovambos bietet: Das 1871 errichtete und heute unter Denkmalschutz stehende Gebäude beherbergte zwischen 1880 bis 1926 den finnischen Missionar Matti Rautanen, der es sich zur Lebensaufgabe machte, die *Bibel* in die Ndonga-Sprache zu übersetzen. Möbel und Fotografien sowie kuriose Haushaltsgegenstände, Musikinstrumente und handschriftliche Notizen Rautanens spiegeln die Geschichte der Mission sowie die politische Entwicklung des Ovambolandes. In traditionellen Rundhütten sind Alltagsgegenstände ausgestellt, dort wird auch das typische Ovambo-Bier Ehutu gebraut. Besucher dürfen das Gebräu gerne verkosten und einheimische Cuisine ausprobieren.

Infos und Adressen

SEHENSWÜRDIGKEITEN

Nakambale-Freilichtmuseum. Lehrreicher Zwischenstopp in der ehemaligen finnischen Missionsstation Olukonda bei Ondangwa. Ovamboland, Tel. 065/24 56 68, www.namibian.org/travel/museums/nakambale.html

ESSEN UND TRINKEN

Silver Wolf Spur. Steakhaus. Shop No 41, Maroela Mall, Ongwediva, Tel. 065/23 20 64, www.spurcorp.nl

ÜBERNACHTEN

Etuna Guesthouse. Mit Restaurant, Garten und Pool. Valley of the Leopard St, 5544 Ongwediva, Tel. 065/23 11 77, www.etunaguesthouse.com

Ongula Village Homestead Lodge. Atmosphärisch inmitten einer Ovambo-Siedlung. Ongula Ya-Netanga Village, Ondangwa, Tel. 065/26 45 55 und 061/22 47 12, www.ongula.com

Oshandira Lodge. Gemütliche Herberge in Oshakati am Oshakati Airport. Tel. 065/22 04 43 und 081/886 57 88.

Protea Hotel Ondangwa. Moderner Zweckbau in der Stadtmitte. Main St, Ondangwa, Tel. 065/24 19 00, www.marriott.de

INFORMATION

Ondangwa Town Council. Stadtverwaltung. Main Rd, Ondangwa, Tel. 065/24 01 01, www.ondangwatc.org.na

DAMARA-LAND

15 Damaraland
Der Platz der Götter **94**

16 Brandberg Nature Reserve
Die Welt der Götter **100**

17 Twyfelfontein
Die Felsgravuren der San **102**

18 Palmwag
Drei Tonnen Masse **108**

S. 92/93: Eselskarren sind im Damaraland ein alltägliches Verkehrsmittel.
Bizarre Berglandschaften, Steinwüsten und skurrile Felsskulpturen prägen das Damaraland, das leicht auf Temperaturen von über 50 Grad kommen kann.

15 Damaraland
Der Platz der Götter

Was für eine Landschaft! Mit bizarren Skulpturen und felsigen Kunstwerken, frappierender könnte der Kontrast nicht ausfallen zwischen den flachen, buschbestandenen und lieblichen Landschaften einer weiten Savanne und den unfassbaren Felsmonolithen und Plateaus, die sich im Damaraland wie von Zauberhand auftürmen.

Zurück geht der Begriff Damaraland, das heute zur Provinz Kunene gehört, auf die Volksgruppe der Damara, die eine steinzeitliche Tradition samt eigener Sprache hat. Geografisch zu verorten ist das felsige und heiß gebackene Land zwischen dem klobigen Brandbergmassiv, dem UNESCO-Weltkulturerbe Twyfelfontein und dem Städtchen Khorixas im Osten. Zwischen November und März, dem namibischen Sommer, können die Temperaturen hier über 40 Grad ansteigen. Tieren und Pflanzen bleibt da nur die gnadenlose Anpassung.

GUT ZU WISSEN

REISE IN DIE WELT DER STEINE
Namibias reiche Gesteinswelt bietet Geologen ein interessantes Terrain, in dem Erdgeschichte visuell erfahrbar ist – nicht nur in den zahlreichen Canyons, deren Steilwände die Schichten der Erdkruste gut erkennen lassen. Wer unter fachkundiger Anleitung eine Exkursion durch Namibias Geologie unternehmen möchte, kann mit Terra Africana Safaris auf eine Steinreise gehen und in die reiche Welt der Halbedelsteine, vor allem der Turmaline, eintauchen (www.terra-africana.com).

M'wanes felsige Kunstwerke

Das klobige Unimog-Fahrzeug, das Trockenbettflüsse auch dann durchquert, wenn sich nach Regenfällen rauschende Fluten darin sammeln, mahlt sich mit dicken Ballonreifen durch den trockenen Sand. Eine rötliche Staubpiste schlängelt sich durch bizarre Steintürme aufwärts. Und dann wird aus Landschaft Skulptur: Perfekt rund geschliffene Basaltkugeln, meterdick, warten auf Vorsprüngen, als würden sie in nächster Sekunde losrollen. Manche der Riesenmurmeln klaffen auseinander wie Spaltholz, von Götterhand in zwei gleich große Hälften geschlagen.

Auf der Spitze dieses Felstraumas versteckt sich das Mowani Mountain Camp zwischen Steinquadern, Säulen und Kugeln: Haupthäuser mit Domkuppeln aus Reetgras, vereinzelt Luxuszelte, die auf Stelzenplattformen wie Adlernester über der Tiefebene schwingen. Wer gegen fünf Uhr den Programmpunkt Sundowner auslässt, verpasst auf einem Felsplateau hoch über den Dächern der Lodge die große Attraktion: eine 360-Grad-Vorführung des pastellfarbenen und später glutrot werdenden Bergpanoramas von entrückender Schönheit. Nicht ohne Grund heißt Mowani oder M'wane auf Damara »Platz Gottes«. Der Barkeeper bringt die Eiswürfel zum Gin Tonic zu langsam ins Glas, nichts von diesem Himmelsspektakel, zu dem ausnahmslos alle Gäste erscheinen, ist zu verpassen, jede Sekunde hier oben zählt wie eine Stunde.

Camp Kipwe

Zwischen riesigen Felsbrocken versteckt ist das bildschöne Camp Kipwe mit seinen feinen Natursteinhäusern so um das Basaltgestein herumgebaut, dass riesige Kugeln und Quader

Einfach gut!

WILD-WEST-KULISSE

Schon von Weitem zeigt sich das Wahrzeichen, der Vingerklip, eine riesige natürliche Felssäule, die wie ein erhobener Finger in den Himmel weist. Vor Millionen Jahren zerrieben die wilden Fluten des heute trockenen Ugab River ein Kalksteinplateau. Nur wenig blieb davon übrig, aber das hat es in sich: Infolge der Erosion ragt eine singuläre Felsnadel als steiniger Phallus 35 Meter hoch auf. Wer von der nahen Felsplattform der Vingerklip Lodge die Wild-West-Kulisse ringsum genießt, begreift, warum sie auch »Arizona von Namibia« genannt wird. Das Lodge-Refugium liefert ein phänomenales Ambiente und preisgekrönte Gastronomie, die zum Sonnenuntergang nicht nur Gin Tonic, sondern zum Dinner im irrwitzigen Restaurant Eagles Nest hoch oben auf einer Felskuppe auch feinste Weine vorhält.

Vingerklip Lodge. Abzweig D2743 östlich von Khorixas, Tel. 061/25 53 44, Tel. 067/29 03 19 (Lodge), www.vingerklip.com.na

Wüstenelefanten, Traumlodges und logistische Wunder machen einen Besuch der ariden Skulpturlandschaft zum speziellen Erlebnis.

in den Wohnbereich integriert sind. Schon allein das macht das Damara-Wüstencamp zu einer Attraktion, noch bevor man zur obersten Plattform aufgestiegen ist: Auch hier ist ein 360-Grad-Panorama die allabendliche Unglaublichkeit, wenn Noldes Farbenpinsel über dem steinernen Wüstenland mit betörenden Pastelltönen spielt. Unverwechselbar ist die optische Übereinstimmung des Camps mit seiner faszinierenden Felsumgebung: Offen gestylte Badezimmer zwischen mächtige Steinklötze gesetzt lassen die Landschaftsskulptur keine einzige Sekunde aus den Augen! Abends in der *Boma*, am Feuer, kursieren Geschichten: Du stehst mit dem Gewehr im Anschlag und siehst einen mähnigen Löwen mit Riesensprüngen auf dich zurasen. Du weißt, bei drei Meter Abstand musst du abdrücken, um dich zu retten. Und du hast die Hoffnung im Hirn, dass er sich im letzten Moment doch noch anders besinnt und sich eine andere Beute für den Verzehr sucht.

Damaras Wüstenelefanten

Bekannt ist das Damaraland für seine Wüstenelefanten. Sie haben sich ihrer Umgebung hervorragend angepasst und können lange Strecken ohne Wasser wandern. Im Sandboden verstecktes Nass graben sie mit ihren Rüsseln aus. Wüstenelefanten leben in Gemeinschaften, werden wie ihre Kollegen im Busch bis zu vier Meter groß und bis zu sechs Tonnen schwer. Damit es dazu kommt, müssen sie täglich 300 Kilogramm Grünzeug von Bäumen und Sträuchern rupfen und rund 200 Liter Wasser trinken, was im ariden Damaraland nicht immer regelmäßig gelingt. In Herden zwischen sechs und 200 Tieren ziehen die Dickhäuter durch Trockenbettflüsse und die weiten ariden Landstriche. Auch im nordwestlich gelegenen Kaokoveld, vor allem im Trockenflussgebiet des Hoanib, finden sich die seltenen Tiere.

Infos und Adressen

ESSEN UND TRINKEN

iGowati Lodge. Ideal für ein Stopover: Restaurant und Bar in der Stadtmitte von Khorixas. Tel. 067/33 15 92, www.igowatilodge.com

ÜBERNACHTEN

Damaraland Camp. Sehr stilvolles Zeltcamp in Traumlage an der C 39 nordwestlich von Twyfelfontein am Trockenflusstal des Huab River. Tel. 061/27 45 00, www.wilderness-safaris.com

Doro Nawas Camp. Luxuslodge am Rand der Etendeka-Berge westlich von Khorixas. Off the M126, Tel. 061/27 45 00, www.wilderness-safaris.com

Farm Omburo Ost. Attraktive deutschsprachige Gästefarm der Familie Hendrik Reitz. Outjo, Tel. 081/240 47 19, www.omburo-ost.com

iGowati Lodge. Ansprechende reetgedeckte 2-Sterne-Herberge. Justus Garoeb Ave, Khorixas, Tel. 067/33 15 92, www.igowatilodge.com

Sophienhof Lodge. Schöne Farm mit herrlicher Lodge in einem blühenden Garten. An der C 39 zwischen Outjo und Khorixas, Tel. 067/31 29 99, www.sophienhof-lodge.com

Ugab Terrace Lodge. Felsige Herberge mit Weitblick Nähe Vingklip. Tel. 064/46 16 77 und 081/140 01 79, www.ugabterracelodge.com

Vreugde Gästefarm. Bei Outjo 30 Minuten vom Andersson Gate, Etosha, entfernt. Outjo, Tel. 081/210 76 93 und 081/418 48 65, www.vreugdeguestfarm.com

AKTIVITÄTEN

Vingerklip Trails. Ein Wegenetz rings um den 35 Meter hohen Felsfinger machen die bildschöne Arizona-Landschaft für Hiker und Biker attraktiv.

INFORMATION

Namibia Tourism Board. Schillerstr. 42–44, Frankfurt/Main, Tel. 069/133 73 60, www.namibia-tourism.com und www.info-namibia.com/de/regionen/damaraland

Das Damaraland Camp von Wilderness Safaris

DIE KULTUR der Damara

Junge Damara-Burschen beim Feuermachen im Living Museum Twyfelfontein

Westlich von Khorixas liegt an der Straßenkreuzung D 2612/D 3214 hinter einer engen Felsspalte das Living Museum. Der Nachbau eines traditionellen Damara-Dorfs, in dem eine Familie das ursprüngliche Leben ihrer Volksgruppe darstellt, bietet eine Menge Damara-Kultur inklusive Tanzvorführungen, Feuermachen oder Körbeflechten. Ein Erlebnisbericht.

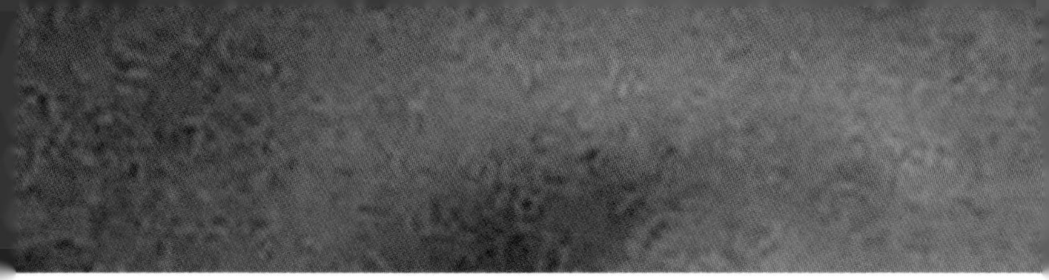

Noch sind wir nicht drin. In einem kleinen Holzverschlag vor dem Felseneingang sitzt eine barbusige Damara und erklärt uns die verschiedenen Tarife. Wir haben nur wenig Zeit, die drinnen auch, es ist bald Feierabend. Aber es könnte sich lohnen, auf die Schnelle einen Blick hinter die Kulissen zu werfen. Wir einigen uns auf eine kurze Stippvisite und werden von einer jungen Damara in das nachgebaute Dorf hinter den Felsen geführt. Alle sind traditionell nur mit Lendenschurz aus Springbockleder bekleidet, die Kinder sind nackt.

Otto von Bismarcks Erben

In einer ersten Hütte erklärt uns ein Damara-Mädchen, welche Medizin sich aus dem Mopane-Baum gewinnen lässt, besonders bei Magenverstimmung zeige das Kauen der Mopane-Blätter schnell Wirkung. Eine andere gerbt Springbockfell und erklärt uns, wie daraus ein Lendenschurz entsteht. In der nächsten Hütte sitzen mehrere Damara-Frauen und wir sehen, wie sie kleine flache Perlen aus Tierknochen hämmern. Außerdem gibt es noch eine Hütte, in der Eisen geschmolzen und Speerspitzen geschmiedet werden. Auf einmal taucht ein älterer Damara-Mann auf, ein verwegener Steinzeitkrieger, er stellt sich vor: »My name is Otto. – You know? Otto von Bismarck.« Wir schauen ihm fassungslos ins Gesicht. Er grinst listig, gesellt sich zu uns und erzählt vom Damara-Leben. Er ist der Chef des Clans. Einer seiner Enkel zeigt uns, wie die Damara früher Feuer gemacht haben: Der Junge zerbröselt getrockneten Eseldung, mischt ihn mit Holzkrümeln und dreht eifrig einen Holzstab schnell zwischen beiden Händen hin und her.

Damara im Outlet-Outfit

Vorsichtig wird das kokelnde Eseldung-Holzmehl von eilfertigen Damara-Jungs auf ein zuvor vorbereitetes Strohhäufchen gehoben, dann wird gepustet, die ersten Flammen flackern. Begeistertes Klatschen, es ist geschafft. Nun fackelt ein kleines Damara-Feuerchen. Ein Blick auf die Uhr, die Zeit ist vorbei, uns hat es sehr gefallen. Die ganze Damara-Familie war mit großem Eifer bei der Sache und auf unsere Frage, welche Zeit besser sei, die frühere oder die heutige, hören wir einstimmig den weltbekannten Spruch: Früher war alles besser. Als das Museumspersonal in normaler Straßenkleidung vor der Pforte erscheint, die barbusigen Frauen in Nike-Schuhen und modischem Spaghetti-Top, wirkt das nicht gerade glaubhaft. Auch Otto von Bismarck sieht gar nicht mehr wie ein Damara aus. Schon eher ein bisschen wie Bismarck. Auf afrikanisch.

Geführte Trekking-Touren, Höhlen-Exkursionen sowie Bushman's Paintings sind die Highlights der Brandberg-Region.

16 Brandberg Nature Reserve

Die Welt der Götter

Wenn sich in der Endlosigkeit von Ocker und Umbra die Silhouette des Brandbergmassivs zeigt mit Namibias höchster Erhebung, dem 2573 Meter hohen Königsstein, dann wird in der abendglühenden Sonne deutlich, warum der »Berg der Götter«, wie die Herero den Riesen benannten, zu den großen namibischen Naturwundern zählt und Besucher so sehr fasziniert. Wer in sein geheimnisvolles Terrain vordringen will, muss gut gerüstet sein!

Auch das ist der Stoff, aus dem Namibia-Träume sind – seine extravaganten Naturräume mit unermesslichen Weiten, aus denen sich gezackte Felsgebirge erheben, aus der Ebene steigende Formationen und platte Tafelberge inmitten rund geschliffener Hügellandschaften. Wer sich einlassen kann, wird einzigartige Outdoor-Paradiese entdecken, die nicht nur Wanderer und Bergsteiger begeistern.

Spirituelle Perspektive

Auf den ersten Blick erscheinen Namibias Bergwelten als brütend heiße, abweisende, ausgebrannte Geröllwüsten, die bis zu 2500 Meter Höhe in den sengenden Sonnenhimmel ragen. Aber der direkte Blick täuscht: Wer in einer Cessna in flirrender Hitze das Brandbergmassiv im Damaraland überfliegt, möchte sich auf keinen Fall in der brutzelnden Steinhölle dort unten wiederfinden. Wer sich auf einer Trekkingtour ebendort aufhält, auf einem Felsvorsprung in luftiger Höhe vielleicht sein Nachtlager aufschlägt, wird für den Rest seiner Zeit das gewaltige Sonnenuntergangsspektakel des hitzeverbackenen Wüstenriesen im Kopf behalten.

Höhlen und Messum-Krater

Das Massiv erstreckt sich über eine Länge von 30 und eine Breite von über 20 Kilometern und ist nur knapp 100 Kilometer vom kalten Atlantik entfernt. Der massige Granitbrocken geht auf vulkanische Aktivität zurück und bietet in seinem zerklüfteten Inneren zahlreiche Höhlen und Überhänge, die einst den San als Unterschlupf dienten. Auch Damaras Messum-Krater besteht aus Granit. Den ehemaligen Vulkankrater mit dem stolzen Durchmesser von 22 Kilometern entdeckte 1848 der Brite Captain W. Messum. Mit seinen schroffen Felswänden und wilden Geröllpisten ist er ein Ziel für Four Wheeler.

Louvre der Wüste

Eine Attraktion sind die zahlreichen Felsmalereien und Gravuren der San, 45 000 sollen es sein. Deshalb wird der Berg der Götter auch als der Louvre der Wüste bezeichnet, dessen bekanntestes Motiv »White Lady« heißt. Die Weiße Dame in der Tsisab-Schlucht (Abfahrt C35, beschildert) soll vor Tausenden Jahren entstanden sein. Womöglich stellt sie gar keine Dame dar, sondern vielleicht einen Schamanen oder Stammeskrieger. Der deutsche Landvermesser Reinhard Maack entdeckte die etwa 45 Zentimeter große Zeichnung 1917 in der Schlucht. Und er war es auch, der am 2. Januar 1918 als Erster den Gipfel des Königsstein bezwang.
Heute stellen sich hier Bergsteiger und Kletterer aus Namibia und der ganzen Welt ein, um wie Maack vor gut hundert Jahren den königlichen Zacken zu bezwingen.

Infos und Adressen

ESSEN UND TRINKEN

Montis-Usti Restaurant. Lokale Spezialitäten und Snacks. Erf 83, Ecke Uis St/Sport St, Uis, Tel. 064/50 42 19.

Die Koekepan. Speiselokal im Brandberg Restcamp. 3 Main St, Uis, Tel. 064/50 40 38, www.brandbergrestcamp.com

ÜBERNACHTEN

Brandberg Rest Camp. Stadtlodge mit Restaurant, Bar und Pool. Uis, Tel. 064/50 40 38 www.brandbergrestcamp.com

Brandberg White Lady Lodge. Chalets, Safarizelte auf Plattformen, Hauptlodge und erstklassiger Campingplatz am Fuße des Brandbergmassivs. Ende D 2359 Richtung Uis, Tel. 064/68 40 04 und 081/791 31 17, www.brandbergwllodge.com

Uis White Lady Guesthouse & Campsite. Rustikale Herberge mit schönem Garten. Uis, Tel. 064/50 41 02, www.uiswhiteladyguesthouse.com

AKTIVITÄTEN

Trekking und Wandern. Einige deutsche Veranstalter wie Hauser-Exkursionen führen mehrtägige Trekkingtouren durch. www.hauser-exkursionen.de

INFORMATION

Abendsonne Afrika. Infos zum Brandbergmassiv. Zur Unteren Mühle 1, Buch, Tel. 07343/92 99 80, www.abendsonneafrika.de

Ein bisschen klettern müssen Besucher, wenn sie nahe an die schönsten Felsgravuren kommen wollen. Was ziemlich schweißtreibend ist, wenn mittags die Sonne sticht.

17 Twyfelfontein
Die Felsgravuren der San

Die Galerie für Rock-Art-Connaisseure Twyfelfontein hütet eine ethnologische Schatzkiste, weshalb der Aufstieg in den Felspark nur in Begleitung eines einheimischen Damara-Führers erfolgen darf. Rundpfade führen durch beeindruckende Formationen riesiger Steinplatten, die wie beiläufig auf ein paar tragende Felsquader geworfen sind – sie scheinen schon im nächsten Moment zu kippen.

Überdimensionale Bilder zeigen sich auf steinernen Flächen, die dem Himmel im Blickfeld liegen: Mehr als 2500 Gravuren und Felsmalereien schmücken die beeindruckend schöne Open-Air-Galerie etwa 90 Kilometer westlich von Khorixas. Manche der Kunstwerke werden auf ein Alter von 5000 Jahren geschätzt, andere archäologische Fundstätten lassen vermuten, dass hier schon vor

GUT ZU WISSEN

SNAKE COUNTRY

Schlangen treten in über 70 Arten auf, zu den gefährlichsten zählen die Gehörnte Puffotter, die Speikobra, die Schwarze Mamba, die Zebra- und die Baumschlange. Die meisten der scheuen Reptilien flüchten. Im Ernstfall sollte man sich das Aussehen gut einprägen, da die Identifizierung der Schlangenart für die Auswahl des Antiserums von großer Wichtigkeit ist. Räumlichkeiten, Schlafsäcke und Schuhe auf unliebsame Besucher zu durchsuchen, kann nie schaden. Im Übrigen gehen Giftschlangen mit ihrer kostbaren Dosis achtsam um, nicht wenige der Bisse sind injektionslose Scheinangriffe.

Die Herero-Frau in Khorixas mit Souvenirs

10 000 Jahren Menschen mit Steinäxten auf Großwildjagd gingen, was Namibias Geschichte einen weiten Horizont verschafft.

Weltkulturerbe der UNESCO

Eine ganz besondere Energie ist in der felsigen Monumentalanlage zu verspüren, die den Besucher schnell erfasst. Was war der Sinn, wird er sich fragen, der die merkwürdigen geometrischen Formen für die Ewigkeit auf die riesigen Felsplatten brachte? Wer auf den Spuren der Rock Art ohne Hut, Wasser, Sonnenschutz und festes Schuhwerk unterwegs ist, wird den Schöpfer der Kunstwerke bald schon verfluchen, weshalb der frühe Morgen oder der späte Nachmittag zur Besichtigung zu empfehlen ist. Die zahllosen Gravuren und Felsmalereien, über deren tatsächliches Alter Experten immer noch streiten, zeigen sich vor allem dann im schönsten Licht.

Weitgehend einig sind sich die Fachleute darin, dass es sich um die Kunstwerke steinzeitlicher San handeln muss, welche die Quelle Twyfelfontein an diesem magischen Punkt inmitten der Geröllwüste hielt. Die heute nur noch unregelmäßig spru-

Geheimtipp

STOPOVER IN DER TOWNSHIP VON KHORIXAS

Freundliche Menschen: Eine Herero-Frau lässt sich vor ihrem Haus beim Zuschneiden eines Stoffes fotografieren. Auf dem Feuer brutzelt im Topf Gemüse und Fleisch. Adrett gekleidete junge Mädchen und Männer und ältere Frauen mit Topfhüten auf den Häuptern schlendern mit *Bibeln* unterm Arm zur Sonntagsmesse in die Kirche. Eine Damara-Seniorin kommt mit drei recycelten Papieralben, sie heißt Theresie D. Haarkuria und hat sie selbst gemacht, wunderschön aus Elefantendung und Gras mit Federn von Perlhühnern verziert. Es ist kaum zu glauben, dass sie so etwas Kunstvolles in ihrer Blechhütte zustande gebracht hat. Ein junges Mädchen, hochschwanger, pumpt an der Quelle Wasser. Dazu steckt sie einen Chip in die Pumpe, den sie für zehn Namibia-Dollar monatlich kaufen kann. Sie wirkt erschöpft, ihr Baby kommt noch in diesem Monat.

Einfach gut!

VOGELGEZWITSCHER UND KRÄUTERDUFT
Unweit von Khorixas residiert im stylishen Lehmbaustil zwischen herrliche Mopane-Bäume gesetzt das Hauptgebäude der Lodge, deren Wände Motive der Felsgravuren von Twyfelfontein schmücken. Die um einen opulenten Swimmingpool gruppierten Steinchalets bieten Aircondition (aber auch ohne angenehme Kühle) und sind von Gemüse- und Kräutergärten umgeben, die dem Küchenchef frische Zutaten liefern. Eine reiche Vogelwelt belebt die grüne Oase, die sich mit herrlichem Baumbestand zwischen felsigen Anhöhen ausbreitet. Bequem sind von hier aus die bekanntesten Highlights des Damaralands zu erreichen: nach Twyfelfontein sind es 130 Kilometer, zum Versteinerten Wald 55 und zur Vingerklip-Felssäule 50 Kilometer, was die atmosphärisch angenehme Herberge zu einem idealen Stopover auf dem Weg zur Etosha macht.

Damara Mopane Lodge. Gondwana Collection an der C 39 10 km östlich von Khorixas, Tel. 067/68 71 85, www.gondwana-collection.com

delnde Quelle versorgte sie vermutlich in früheren Zeiten reichlicher mit dem kostbarem Nass, so zahlreich zeigen sich ihre Petroglyphen, die mit harten Quarzsteinen einige Millimeter tief in weiche Sandsteinplatten geritzt wurden: Giraffen, Oryxantilopen, Springböcke, Strauße, Zebras, Nashörner und Löwen. Am bekanntesten sind der *Tanzende Kudu* und das Bild eines Löwen mit seltsam langem und geschwungenem Schwanz.

Ozeanische Motive

Auch Seelöwen sind in dieser Manege vertreten, was darauf schließen lässt, dass die Künstler Kontakt zur 100 Kilometer entfernten Skelettküste hatten. »Us Ais« nannten die Damara das Felswunder, was so viel wie »Platz zwischen gestapelten Steinen« bedeutet. Ende der 1940er-Jahre tauften europäische Siedler den Platz nach der Quelle, die mit einem Kubikmeter pro Tag nur spärlich Wasser abwarf und ihnen ein Überleben an diesem Ort zweifelhaft erscheinen ließ. Seit 2007 trägt Twyfelfontein offiziell den Titel Weltkulturerbe der UNESCO. Damara wiederum bedeutet »Footprints of the People«, denn eine Legende besagt, dass die ersten Fremden nur Fußspuren an den Wasserstellen der kargen Felswüste gesehen hätten. Selbst nennen sich die Damara Nukhoek, »Schwarze Menschen«, und gehören zur Volksgruppe der San oder Khoisan, der Buschleute. Jene vom Brandberg heißen Dâoure Dama, andere !Kom-Ain, »Vögel des Himmels«.

Musik aus Basalt, Bäume aus Stein

Einen Steinwurf entfernt warten mit den Orgelpfeifen, dem »Verbrannten Berg« und dem »Versteinerten Wald« drei Touristenattraktionen, die

UNESCO-Weltkulturerbe Twyfelfontein

Zweifelsohne zählen die Attraktionen in und um Twyfelfontein zu den Must-does des Rundreisetourismus, sodass sich zeitweise Busse und Pkws auf den Parkplätzen drängen. Individualreisenden sind deshalb die frühen Morgen- und späten Nachmittagsstunden zu empfehlen, wo es zudem das beste Fotolicht und die mildesten Temperaturen gibt.

A **Zugang Twyfelfontein** – Visitor's Centre mit Kartenmaterial und Wandtafeln

B **Lageskizze** – Die markantesten Gravur-Platten.

C **The Living Museum der Damara** – Wenige Kilometer entfernt an der D3254 in der Nähe des Abu Huab Campsite.

D **Verbrannter** Berg

E **Orgelpfeifen** – Lohnender Stopover für geologisch Interressierte.

F **»Versteinerter Wald«** – Zu Stein gewordene Relikte einst beachtlicher Baumriesen.

G **Mowani Mountain Camp** – Als stilvollste Herberge des Damaralands residiert das Camp auf einem Berg zwischen gewaltigen Steinkugeln und Felsquadern.

H **Camp Kipwe** – Bildschöne natursteinerne Chalets sind zwischen beeindruckende Felsblöcke gesetzt.

I **Die Twyfelfontein Lodge** – Die Lodge ist für Rock-Art-Besucher die nächstgelegene Übernachtungsmöglichkeit oder ein netter Stopover zum Lunch im Lodge-Restaurant.

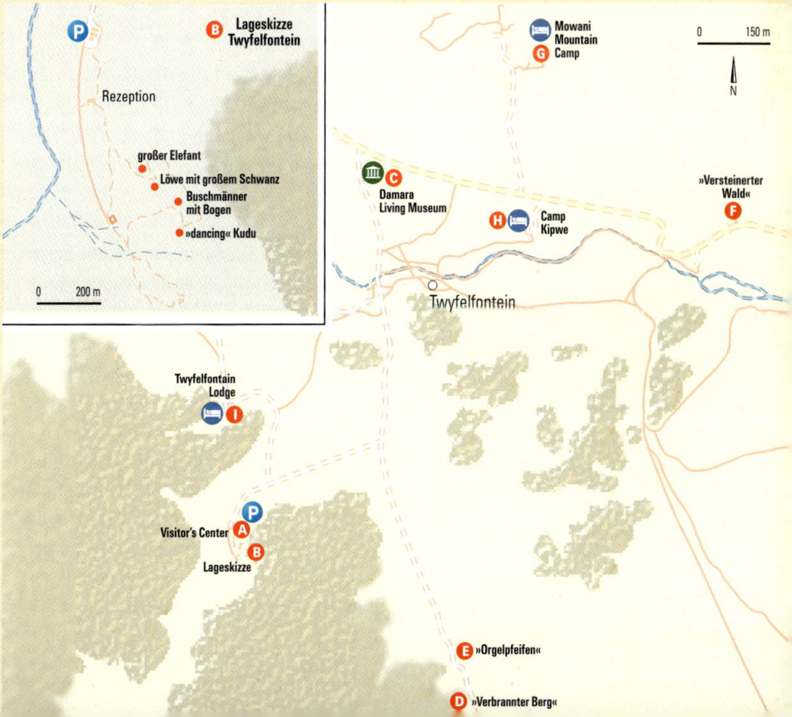

Die monumentalen »Orgelpfeifen« und der »Versteinerte Wald« gehören ebenso ins Besuchsprogramm wie die 2500 Felsgravuren von Twyfelfontein

schon von Weitem durch parkende Reisebusse als solche zu erkennen sind. Die »Orgelpfeifen« bestehen aus ca. fünf Meter hohen Basaltsäulen, die an einer Böschung stehen und durch Anordnung unterschiedlicher Größen tatsächlich aussehen wie die Pfeifen einer Orgel. Vollbracht hat das Werk vor rund 150 Millionen Jahren flüssige Lava, die in eine Gesteinsformation aus Schiefer eindrang und erkaltete.

Das Nationaldenkmal »Versteinerter Wald« besteht aus 50 fossilen Riesen mit deutlich erkennbaren Jahresringen, die vor etwa 250 bis 300 Millionen Jahren einen Wald bildeten. Manche messen 30 Meter in der Länge und bis zu sechs Meter im Umfang! Stellt man sie sich senkrecht mit einer ausladenden Krone vor, hätte der Betrachter recht stattliche Exemplare vor Augen. Entstanden sind die seltsamen Steinzeugen durch langsames Eindringen von Kieselsäure in ihre Holzzellen, die über Millionen von Jahren das Holz ersetzte, sodass sich nun Kieselstein in der Erscheinungsform eines Baumstamms bewundern lässt.

Infos und Adressen

SEHENSWÜRDIGKEITEN

The Living Museum of the Damara. Die Living Culture Foundation Namibia hat eine ganze Reihe solcher lebendigen Museen aufzubieten, die über das ganze Land verteilt sind. 10 km nördlich von Twyfelfontein, Tel. 081/650 86 34, www.lcfn.info/damara

ESSEN UND TRINKEN

Twyfelfontein Country Lodge. Das Restaurant der 3-Sterne-Herberge steht als einzige Verpflegungsmöglichkeit in der näheren Umgebung der UNESCO-Welterbestätte nicht nur Übernachtungsgästen zur Verfügung. Tel. 067/69 70 21, www.twyfelfonteinlodge.com

ÜBERNACHTEN

Camp Kipwe. Stilvolle Natursteinherberge in felsiger Skulpturlandschaft. Tel. 061/23 20 09, www.kipwe.com und www.classicsnamibia.com

Mowani Mountain Camp. Feines Zeltcamp zwischen Granitblöcken mit Ausblick in die Savannentiefebene. Tel. 061/23 20 09, www.mowani.com und www.classicsnamibia.com

Twyfelfontein Country Lodge. Ansprechende Naturstein- und Reetdacharchitektur mit 56 DZ-Chalets, Restaurant und Pool. An der D3214, Tel. 067/69 70 21, www.twyfelfonteinlodge.com

AKTIVITÄTEN

Game- & Nature Drives. Alle Lodges bieten Safaris in der Umgebung an, Wüstenelefanten und Nashörner stehen bevorzugt auf der Liste.

INFORMATION

Namibia Tourism Board. Haddy & Sam Nujoma Dr, Windhoek, Tel. 061/290 60 00, www.namibiatourism.com.na

Henties Bay Tourism Association. Für Reisende, die von Swakopmund aus ins Damaraland fahren. Nickey Iyambo Ave, Henties Bay, Tel. 064/50 11 43, www.hentiesbaytourism.com, www.info-namibia.com

Die Kids im Township von Khorixas haben mit unerwarteten Besuchern mächtig Spaß.

Einsame Fahrt ins Exotenland: Palmwag ist nicht nur berühmt für seltene Spitzmaulnashörner, sondern auch für desolate Landschaftsformen.

18 Palmwag

Drei Tonnen Masse

Die malerische Palmenoase Palmwag am Uniab River bietet samt ihrer bergigen Umgebung, den Grootberg Mountains, ein Paradies für Tierliebhaber einer speziellen Art, nämlich der durch Wilderei bedrohten Spitzmaulnashörner. Das Schutzgebiet liegt auf dem Weg zu dem erst seit 2014 für die Öffentlichkeit freigegebenen und deshalb wohltuend besucherarmen Teil des westlichen Etosha National Park.

Inmitten dieser malerischen Palmwag-Kulisse aus weiten Ebenen, aus denen klobige Steinquader ragen, und glutroten Hügeln, wenn der Sonnenball sinkt, schaffen es Wüstenelefanten, Schwarze Nashörner, Giraffen und Oryxantilopen vor die Kameralinsen. Aber auch Ornithologen bekommen hier Exotisches vor die Ferngläser, sobald die große Hitze im namibischen Sommer verschwin-

GUT ZU WISSEN

MOSKITO-KILLER

Das Strauchgewächs mit den blaugrünen Blättern und zitronengelben Blüten, das als *Sarcocaulon l'heritieri* oder Kerze des Buschmanns im Kampf gegen die blutsaugenden Mücken hilft, wirkt rein biologisch. Wenn man trockene Zweige anzündet, verströmt das einen angenehmen Duft, vergleichbar mit Weihrauch, und vertreibt die Moskitos. Die Buschleute bezeichnen die Pflanze deshalb als Peaceful sleep, wie sich ein bekanntes pharmazeutisches Moskitospray tatsächlich nennt. Ähnliche Eigenschaften hat auch das Holz des Tamboti-Baums.

det: Kreise ziehende Adler und Falken, der gelb gefiederte Bokmakiri und der Monteiro-Toko, der mit seinem großen, gebogenen Schnabel zu den Nashornvögeln zählt. Zum Glück halten sich Schlangen in der Regel vornehm zurück, obwohl sie in diesem heiß gebackenen Felshabitat reichlich vertreten sind. Die meisten verschwinden, wenn sie Besucher wahrnehmen, nur die Puffotter flüchtet nicht, sondern zischt ihre puffenden Laute.

Zwischen Grootberg und Uniab River

Im Nirgendwo der einsamen Landschaft hat sich eine Handvoll luxuriöser Wildlife Lodges etabliert – der älteste ansässige Betrieb ist die Palmwag Lodge am Uniab River. Reetgedeckte Bungalows sowie Zelte gehobenen Standards stehen zur Auswahl, dazu ein großzügiger Zeltplatz für Camper. Vom Pool aus lassen sich am nahen Wasserloch Elefanten und Spitzmaulnashörner beobachten. Wenn sich die Umgebung auch auf einigen schönen Tracks zu Fuß erkunden lässt, ziehen die meisten Besucher im 450 000 Hektar großen privaten Konzessionsgebiet der Wilderness Safaris Lodge organisierte Tagesausflüge im Allradfahrzeug vor – vielleicht, weil auch Raubtiere wie Löwe, Leopard und Gepard auf der Beobachtungsliste stehen.

Mobiles Desert Rhino Camp

Die Entstehungsgeschichte der Lodge ist vor allem mit dem Save the Rhino Trust verbunden, der sich seit über zwei Jahrzehnten für die Rettung bedrohter Schwarzer Nashörner einsetzt. Den engagierten Mitarbeitern des Hauptsponsors des Trusts, Wilderness Safaris, ist es zu verdanken, dass sich der Bestand der prächtigen Tiere, die während

Einfach gut!

ÖKOLOGISCHES NISCHENPRODUKT

Anderthalb Offroad-Fahrstunden von der Palmwag Lodge entfernt hat sich Dennis Liebenberg in Sichtweite der Grootberg Mountains seinen Safaritraum verwirklicht. Das dem Lebensalltag vollends entrückte Etendeka Mountain Camp reklamiert Luxusstatus und ist gleichwohl als ökologisches Nischenprodukt konzipiert. Natürlich gibt es in den acht geschmackvoll eingerichteten Zeltunterkünften zivilisatorische Annehmlichkeiten wie eine Eimerdusche, heißes und kaltes Wasser über eine Solaranlage sowie eine Wassertoilette. Das 400 Quadratkilometer große private Konzessionsgebiet zu Füßen des Grootbergs wird in Zusammenarbeit mit der hier ansässigen Damara-Gemeinde betrieben – für Hobby-Astronomen gehört der Standort zu den bevorzugten Adressen: Der Nachthimmel ist ohne Irritationen – ein starkes Teleskop macht das glasklare Firmament unschlagbar durchsichtig.

Etendeka Mountain Camp. Pick-up ist der Parkplatz der Palmwag Lodge. Tel. 061/23 91 99, www.etendeka-namibia.com

Schwergewichte: Elefanten und vom Aussterben bedrohte Spitzmaulnashörner teilen sich das Palmwag-Terrain friedlich.

der 1980er- und 1990er-Jahre durch Wilderei beinahe ausgerottet waren, wieder erholt hat: Seit Gründung der Organisation im Jahr 1994 hat sich ihre Anzahl beinahe verdoppelt! Da sich in Palmwag fast alles um die weltweit größte frei lebende Spitzmaulnashorn-Population dreht und das Besucherinteresse groß ist, wurde zusätzlich zur Hauptlodge ein mobiles Desert Rhino Camp konzipiert, das sich den veränderten Standorten der Nashörner anpasst und seinen Gästen die größtmögliche Nähe zu den Tieren ermöglicht. Im Mittelpunkt steht hier das Rhino Tracking, bei dem es zu Fuß und deshalb in Begleitung eines erfahrenen Fährtenlesers, des Trackers, auf Spurensuche geht.

Schwergewicht Nashorn

Wenn solch ein Drei-Tonnen-Koloss plötzlich in greifbarer Nähe und auf Augenhöhe vor dem verschreckten Safari-Gast steht, ist ein erhöhter Adrenalinspiegel schon mal garantiert. Zwar sind Rhinozerosse extrem kurzsichtig, dafür haben sie einen ausgezeichneten Geruchssinn und ein präzises Gehör, weshalb sie oft sehr schreckhaft reagieren. Mit etwas Glück durch Flucht in die richtige Richtung, im schnellen Galopp vibriert spürbar der Boden! Durch Wilderei sind die überwiegend friedlichen Vegetarier noch immer stark vom Aussterben bedroht, wenngleich es dank intensiver Schutz- und Aufzuchtprogramme in ganz Afrika wenigstens wieder 1000 Spitzmaulnashörner und 8000 Breitmaulnashörner gibt.
Wer nach einer solch prickelnden Rhino-Begegnung ins Camp zurückkehrt, kann sein *Out of Africa*-Feeling in stilsicherem und vor allem sicheren Ambiente mit eisgekühltem Champagner am Pool genießen. Zweifelsfrei sind die Nashörner Palmwags größte Attraktion, doch auch die umliegende Landschaft ist nicht minder grandios und wird beinahe ausschließlich von wilden Tieren bewohnt.

Infos und Adressen

SEHENSWÜRDIGKEITEN

Otjitotongwe Cheetah Park. Park mit Geparden östlich vom Grootberg. An der C40, 24 km von Kamanjab. www.cheetahparknamibia.com

ÜBERNACHTEN

Desert Rhino Camp. Mobiles luxuriöses Camp in der 450000 ha großen Privatkonzession von Wilderness Safaris. Tel. 061/2745 00, www.wilderness-safaris.com

Dolomite Camp. Bildschönes Zeltbungalow-Camp 45 Minuten vom Galton Gate entfernt, dem westlichen Parkeingang der Etosha. Tel. 061/285 72 00, www.etoshanationalpark.org

Grootberg Lodge. Spektakulär schöne Berglodge an der Abbruchkante eines Plateaubergs mit Blick ins Klip River Valley nahe Grootberg-Pass. Tel. 061/22 81 04, www.grootberg.com

Hoada Campsite. Preiswerte Stellplätze mit Dusche, Außenküche und Pool zwischen herrlichen Felsen. Tel. 061/22 81 04, grootberg.com/de/hoada-campsite

Hobatere Lodge. Nur wenige Kilometer vom Galton Gate zum westlichen Teil der Etosha, der erst seit 2014 zugänglich und wenig besucht ist. Tel. 061/22 81 04, www.hobatere-lodge.com

Palmwag Lodge. Malerische Palmenoase am Uniab River mit Tankstelle, Restaurant und Campingplatz; Nashornpirschfahrten. Tel. 081/620 68 87, www.palmwaglodge.com

INFORMATION

Namibia Tourism Board. Haddy & Sam Nujoma Dr, Windhoek, Tel. 061/290 60 00, www.namibiatourism.com.na

Das Desert Rhino Camp in Palmwag beherbergt seine Gäste in luxuriösen Zeltlodges.

SKELETT-KÜSTE

19 Swakopmund
Der Showroom des Deutschtums **114**

20 Atlantisch golfen
Par 72, Quadbiken und reiten **120**

21 Walvis Bay
Namibias Port am Atlantik **126**

22 Henties Bay und Cape Cross
Die Robbenkolonie am Kreuzkap **130**

23 Skeleton Coast
Die Küste der Wracks **134**

24 Hoanib Skeleton Coast Camp
Exklusiv-Abenteuer im Konzessionsgebiet **140**

25 Skeleton Coast Safaris
Fly-in-Abenteuer im Kaokoveld **144**

Deutsch-namibischen Spuren ist im Touristenmagnet Swakopmund nicht zu entkommen: Von der Buchhandlung bis zum Hansa Hotel ist alles dabei.
S. 112/113: Wrack der »Zeila« vor der Henties Bay

19 Swakopmund
Der Showroom des Deutschtums

Deutsche Architektur schreibt Geschichte: Seit Major Curt von François mit seiner Deutschen Schutztruppe hier anlandete, um einen Hafen zu bauen, der dem britischen Walvis Bay kaiserlich-koloniale Konkurrenz machen sollte, hat die Stadt ihren deutschen Charakter behalten. Allgegenwärtig ist das Erbe der Wilhelminischen Epoche, die dem begehrten Seebad, auch kurz Swakop genannt, sein historisches Stadtbild verschafft.

Geradezu bombastisch kommt die Architektur des Alten Bahnhofs (1901) daher, in dem heute das Swakopmund Hotel & Entertainment Centre residiert, mit Pool zwischen klassischen Säulengängen und einer Roman-Herzog-Suite. Ebenso fotogen ist das Kaiserliche Bezirksgericht (1902), jetzt Sommersitz des Präsidenten. Die Liste architekto-

GUT ZU WISSEN

SWAKOPS TOWNSHIP MONDESA

Bei all dem schönen Jugendstil der gepflegten Seaside Town am Atlantik könnte man fast vergessen, dass viele ihrer einheimischen Einwohner gar nicht darin wohnen: Die meisten leben in der Mondesa-Township, der sogenannten Location. Wer drei Stunden Zeit mitbringt, hat garantiert ein nachhaltiges und sehr positives Erlebnis: Besuch des Marktes, Schule und Kindergarten stehen auf dem Programm, Künstlerprojekte sowie der Besuch eines authentischen Zuhauses (www.nandejexplorertours.com).

nischer Preziosen aus der kolonialen Ära ist endlos.

Nordfriesisches Flair

Immer noch da sind die Bismarckstraße, die Bergstraße, die Bäckerstraße und die Nordstrandstraße. Und natürlich das Hansa Hotel, Baujahr 1905. Die traditionsreichste Herberge Swakops hat laut Gästebuch neben vielen anderen Besuchern wie Aristoteles Onassis, Gunther Sachs, Manfred Krug, Götz George und Oliver Reed gesehen. Innendrin scheint die Zeit stehen geblieben zu sein. Nostalgische Gefühle verursacht auch eine Reihe weiterer Unterkünfte wie das Hotel Europa Hof (bayrisch), Hotel Adler (modern mit Hallenschwimmbad, Fitnessbereich, Sauna) und die Prinzessin-Rupprecht-Residenz (Pension im ehemaligen kaiserlichen Kolonial-Lazarett). Dazu gehören auch die Adler-Apotheke und Drogerie, Emil Kiewitt, wie das Firmenschild neben der stilvollen Eingangstür mit Butzenscheibenglas anzeigt, die evangelisch-lutherische Kirche (1906) in der Poststraße, das Franziskaner-Krankenhaus (1907), das Gebäude der ehemaligen Deutschen Schule (1912), das Amtsgericht (1906, heute Sitz der Stadtverwaltung), die Alte Post (1907), das Hohenzollernhaus (1909) sowie gleich gegenüber der Prima Schlachterei das Alte Gefängnis (1907), das noch immer als Vollzugsanstalt dient.

Mag der Afrika-Kenner Peter Scholl-Latour über die Relikte der deutschen Ära in Südwest auch befinden, dass ihm die künstliche Verpflanzung einer reichlich spießigen Nordsee-Atmosphäre an den Südatlantik – ein bisschen Norderney, ein bisschen Sylt – als ein schwarz-weiß-rotes Disneyland vorgekommen sei: Ganz sicher ist Swakopmund das südlichste Nordseebad der Welt und hat eine bezaubernde Atmosphäre.

Einfach gut!

SWAKOPS ALTER BAHNHOF

Geradezu bombastisch ist die Architektur des Alten Bahnhofs (1901), heute Sitz des Swakopmund Hotel & Entertainment Centre. Am 20. Oktober 1900 wurde der Vertrag zum Bau des Alten Bahnhofs von der Kaiserlichen Eisenbahnverwaltung unterschrieben. Im Januar 1901 begannen die Bauarbeiten an dem prachtvollen Jugendstilgebäude, das zu den schönsten aus der deutschen Ära zählt. Wer seinerzeit mit dem Zug reiste, konnte sein Gepäck durch die Troosche Maultierbahn abholen und zum Bahnsteig transportieren lassen. 1972 wurde der Alte Bahnhof Nationaldenkmal und 1994 vom damaligen Präsidenten Namibias, Sam Nujoma, als die mit Abstand stilvollste Herberge der Stadt eröffnet.

Swakopmund Hotel. Theo-Ben Gurirab Ave, Tel. 064/4105200, www.legacyhotels.co.za

DREIMAL SCHLEMMEN UND GENIESSEN
Auf dem Deck des Tug, einem um einen Schiffsrumpf herumgebauten Restaurant mit Terrasse über der Brandung frische Austern genießen – das hat was!
The Tug. Molen Rd, Tel. 064/40 23 56, www.the-tug.com

Das Jetty's vorn auf der Landungsbrücke und praktisch schon im Atlantik bietet frische Scholle, Seehecht, Seewolf, Seezunge, Tintenfisch, Dorade und Langusten zum Rauschen der See direkt unter der Plattform.
Jetty's 1905. Molen Rd, Tel. 064/40 56 64, www.jetty1905.com

Tiger Reef Beach Bar & Grill zieht vor allem junges Publikum an mit Selfservice in Traumlage – egal, ob Calamari, Austern oder Fisch, alles kommt frisch auf den Tisch.
Tiger Reef Beach Bar & Grill. Suedstrand St, Tel. 081/276 96 09, www.facebook.com/tigerreefswakopmund

Geheimtipp

Von der Namib geküsst

Wind- und gischtumtost spaziert es sich auf seiner Promenade, und wer sich auf der Mole umdreht, blickt zurück auf Swakopmunds Wahrzeichen: den 21 Meter hohen, rot-weiß gekringelten Leuchtturm, der dem Ferienort am Rand der Namib-Wüste seine nördliche Anmutung verleiht. Besonders dann, wenn der Atlantik seine feuchtkühlen Nebelschwaden über die heiße Sandküste schickt und das Städtchen komplett im Dunst versinkt. Die Strände sind endlos an dieser Küste. Nördlich von Swakopmund ziehen sie sich bis zur angolanischen Grenze hinauf, aber die Strandfreuden bleiben meist auf das Sonnenbaden beschränkt. Selbst an den heißesten Sommertagen steigt die Wassertemperatur auf nicht mehr als 15 Grad.

Weniger empfindlich geben sich Pelikane, Flamingos, Kormorane, Enten und Möwen. Und Robben, die sich vor hungrigen Wüstenschakalen in Acht nehmen müssen. Am Swakopmunder Leuchtturm vorbei geht die Rundfahrt über die Hafenstraße zunächst ins Strandviertel Vineta. The Seagull und Sea Breeze sind nur zwei von zahlreichen Pensionen in ansprechendem Boutique-Design. Die Atlantiklage ist so schön, dass sich die feinen Residenzen immer weiter Richtung Norden vorschieben und längst neue Stadtteile entstanden sind namens Vogelstrand, Waterfront und Ocean View. Den frappierendsten Zuwachs stellt zweifelsfrei Swakops Platz am Meer, eine riesige Shopping Mall in Veneta-North – mit Shoppen direkt an der Brandung!

Hansa vom Fass

Von den rund 44 000 Einwohnern wohnt nur die Hälfte hier, weil die meisten Arbeitsplätze anderswo sind. Im wirtschaftlich umtriebigen Walvis

Zu Fuß durchs historische Swakopmund

Nordfriesland lässt grüßen: Mit seinem rot-weiß gekringelten Leuchtturm ist Swakopmund das namibische Sehnsuchtsziel aller deutschen Besucher.

A **Swakopmund Hotel** – Das Hotel ist im Alten Bahnhof untergebracht.

B **Strand Hotel Swakopmund** – Das neue Strandhotel liegt direkt an der Promenade.

C **Hansa Hotel** – Altehrwürdig: Das historische Haus ist heute immer noch ein Renner!

D **Delight Hotel Swakopmund** – Hotel des Safariunternehmens Gondwana Collection.

E **Swakopmund Guesthouse** – Das deutschsprachige Gusthouse ist modern und gemütlich.

F **Café Anton** – Treffpunkt aller Deutschtümelei und mit urdeutscher Torten- und Kuchentheke.

G **Deutsche Bäckerei** – Mit typisch germanischen Produkten wie Körnerbrötchen und Schwarzbrot.

H **The Tug** – Beliebtestes Seafood-Restaurant an der Mole.

I **Jetty's 1920** – Seafood-Restaurant über der tosenden Brandung am Ende der Mole.

J **Kristall Galerie** – Besuchenswert für alle, die glitzernde Steine mögen.

K **Die Muschel** – Buch- und Souvenirladen mit ausgewähltem deutschen Lesestoff.

L **Adler-Apotheke** – Diese historische Apotheke ist immer noch in Betrieb.

M **Hohenzollernhaus** – Mit einem Atlas aus dem Jahr 1905, heute ein normales Mietshaus.

N **Swakops Leuchtturm** – Gleich davor das Museum und die Strandpromenade.

Nicht ohne Grund zieht Swakop, wie die Einheimischen ihr liebliches Seebad am Atlantik nennen, Besucher aus aller Welt an: Architektur, Kulinarik und Ambiente sind hier top!

Bay beispielsweise oder in der etwa 60 Kilometer entfernten Rössing-Uranmine, dem größten Urantagebau der Welt mit über 2000 Beschäftigten. Bis 2005 produzierte Swakopmunds Hansa-Brauerei streng nach Deutschem Reinheitsgebot, worauf man hier mächtig stolz war. Aus Rentabilitätsgründen wurde die Produktion stillgelegt und die historische Einrichtung nebst kupfernem Braukessel ins Braustübchen Raith's Museums Café gebracht. Gleich um die Ecke wirbt das Swakopmund Museum mit dem Slogan »Bauet am Erbe«, der nicht nur auf politische, sondern auch auf knallharte marktwirtschaftliche Realitäten trifft. Ein Glück, dass es trotzdem noch Hansa-Bier in Swakopmund gibt, auch wenn das jetzt aus Windhoek durch die Wüste herangeschafft werden muss. In jedem Fall sollte die Zeit reichen für frischen Kabeljau und ein zünftiges Hansa vom Fass im neuen Strand Hotel mit Blick auf Strandpromenade, Mole und Hafenbecken, in dem sich Delfine und Robben tummeln. Oder für einen Besuch im Café Anton, wo tatsächlich Linzertorte, Apfelstrudel und Gugelhupf angeboten werden. Oder für Kassler, Griebenschmalzbrot und Schweinebraten in der »Weinmaus« gleich nebenan.

Infos und Adressen

ESSEN UND TRINKEN

Café Anton. Die tollste Kuchentheke Swakops. 1 Bismarck St, Tel. 064/40 03 31, www.schweizerhaus.net

Ocean Cellar. Austern und Seafood im Strand Hotel. Molen Rd, Tel. 064/411 44 10, www.strandhotelswakopmund.com

ÜBERNACHTEN

Hansa Hotel. Historisch. 3 Hendrik Witbooi St, Tel. 064/41 42 00, www.hansahotel.com.na

Strand Hotel Swakopmund. Luxuriöse Anlage mit Restaurants, Bars, Lounges, Deli und Seeblick an der Mole. Tel. 064/411 40 00, www.strandhotelswakopmund.com

Swakopmund Guesthouse. Sehr besonderes (deutschsprachiges) B&B in der Hendrik Witbooi St, Tel. 064/46 20 08, www.swakopmundguesthouse.com, www.classicsnamibia.com

The Delight Swakopmund. Gondwanas Design-Hotel vis-à-vis des Alten Bahnhofs. Theo-Ben Gurirab Ave, Godwana Travel Centre, Tel. 061/42 72 00, www.gondwana-collection.com

EINKAUFEN

Kristall Galerie. Schmuck und Edelsteine. Tobias Hainyeko St/Theo-Ben Gurriab Ave, Tel. 064/40 60 80, www.namibiangemstones.com

Die Muschel. Bücher und Kunsthandwerk. Brauhaus-Arkade, Tel. 064/40 28 74, www.muschel.iway.na

Swakopmunder Buchhandlung. Deutsche Bücher und Zeitschriften. Tobias Hainyeko St, Tel. 064/40 26 13.

AKTIVITÄTEN

Sightseeing-Flüge. Mit Eagle Aviation (Sossusvlei, Namib-Wüste, Skelettküste und Cape Cross). Nathaniel Maxuilili, Tel. 064/46 31 26, www.eagleeyeaviation.com.na

Township Mondesa. Explorer Tours. 210 Mondesa Ob St, Tel. 064/46 31 06 und 081/213 44 43, www.nandejexplorertours.com

INFORMATION

Swakop Info. The Courtyard Building, 1 Tobias Hainyeko St, Tel. 081/155 40 00, www.swakopinfo.com

Für Leseratten: Kolonialliteratur, deutsche Zeitungen und Magazine sowie (Taschen-)bücher

20 Atlantisch golfen

Par 72, Quadbiken und reiten

Nur wenige Kilometer sind es von der Stadtmitte bis zum Rössmund Golf Club, wo es sich mitten im Sandmeer hervorragend einputten lässt. Die luxuriöse Oase, die nicht ohne Stolz zu den wenigen Wüstengolfplätzen weltweit zählt, bietet herrliche Fairways und Greens. Das Rössmund-Wunder breitet sich zwischen Hunderten Dattelpalmen aus und gilt mit seinen 18 Löchern (6068 m – Par 72) als einer der schönsten Plätze im Südlichen Afrika.

Nach sieben Kilometern, an denen die Namib schon nagt, der Atlantik aber noch zu riechen ist, kommen eine Reihe eleganter Wohnhäuser, ein Schwimmbad und ein modernes Clubhaus in Sicht: der Rössmund Golf Club. Rund 30 Fahrzeuge sind auf den großzügigen Parkplätzen abgestellt, die Atmosphäre ist locker, ein paar Kids in Markenout-

Palmen und perfektes Grün bietet der Rössmund Golf Club.

GUT ZU WISSEN

SWAKOPS JECKE-SAISON

»Et kütt wie et kütt«, auch in Swakop, und zwar stilecht mit der Wahl des Faschingsprinzen samt Prinzessin im Juni zum KüsKa, dem Küstenkarneval in der wohl jecksten Atlantikgemeinde der Welt, wenn am karnevalistischen Höhepunkt, dem Maskenball, das Hansa-Pils nonstop aus dem Zapfhahn schießt. Damit namibische Jecken nichts verpassen, feiert Windhoek seinen WiKa im April, Walvis Bay den WaKa im August, Lüderitz den LüKa Anfang September und Otjiwarongo seinen im Juli (www.windhoek-karneval.com).

fit haben Spaß auf dem clubeigenen Spielplatz. Jenseits der Gebäude schimmert es grün.

Rössing macht's möglich

80 Kilometer landeinwärts wurde das Geld für die extrem teure Anlage verdient, die 1979 zunächst mit neun Löchern gebaut wurde: in der Rössing-Uranmine. Da die weltweite Nachfrage nach dem Rohstoff damals gut ausgebildete Fachkräfte zur Mangelware werden ließ, sollte ein Golf Course eine Art Lockmittel sein, was funktionierte, weshalb Rössing zehn Jahre später auf 18 Löcher erweiterte. Die Begrünung der Greens erfolgt teils umweltfreundlich durch geklärte Abwässer der Stadt. Das schafft eine üppige Vegetation, die nicht nur den Golfern gefällt, sondern auch Springböcken, die zu Hunderten äsend über das Spielfeld ziehen. Da kann ein harmloser Abschlag schon mal zum Abschuss werden, was Golf-Koryphäen wie Dale Hayes, Gary Parker und andere, die hier im Gästebuch stehen, nicht irritiert. Rössmund zählt mit seinen von bildschönen Dattelpalmen bestandenen Fairways zu den schönsten Plätzen im Südlichen Afrika – und zu den kuriosesten der Welt.

Abschlag in der Wüste

Inzwischen ist ein attraktives Desert Golf Village in einer gefälligen mediterranen Architektur dazugekommen. Die eigentlich als Ferienhäuser für Golfer gedachten Villen haben nicht wenige Swakopmunder zu festen Wohnsitzen gemacht, da es sich in der modernen und stadtnahen Wüstenenklave nicht nur prächtig residieren lässt, sondern die Benutzung des Golfplatzes für Eigenheimbesitzer kostenfrei ist. Golfern, die als Gäste von auswärts anreisen, steht die Rössmund Lodge

Nicht verpassen

REITEN IN NAMIBIA

Zahlreiche Gästefarmen halten Pferde für Reiterferien mit Reitsafariprogrammen vor. Ein absolutes Highlight ist der achttägige Ritt vom Dünenmeer Sossusvlei bis nach Swakopmund auf dem Namib Desert Ride quer durch die Wüste mit der Namibia Horse Safari Company (www.namibiahorsesafari.com). Am Fuße der Naukluftberge praktiziert das die Büllsport-Farm (www.buellsport.com), bei Otjiwarongo die Kambaku Safari Lodge (www.kambaku.com), in der Nähe von Windhoek die Okomitundu-Gästefarm (www.okomitundu.com) sowie die auf Pferdeausritte spezialisierte Okakambe Trails von Kathrin Schaefer-Stiege außerhalb von Swakopmund, die für Ausritte ausgebildete Hannoveraner, deutsche Warmblüter, Vollblutpferde, Araber und Muli auf der Okakambe Farm vorhält.

Okakambe Trails. Okakambe Farm, Swakopmund,
Tel. 064/40 27 99,
www.okakambe.iway.na

Oben: Auf geführten Touren kann man bei Swakopmund mir dem Quad durch die Wüste fahren. **Mitte und unten:** Die Golfanlage bietet ihren Gästen allen Comfort.

mit Schwimmbad und stylishen Chalets mit Blick auf Golfplatz und Wüste zur Verfügung sowie Restaurant, Boutique für Golfausstattung und Konferenzräume.

Quadbiken gleich nebenan

Wer es nach dem Abschlag deftiger braucht, braust mit dem Quadbike durch die Wüste. Beim sportlichen Freizeitspaß geht es wie beim 4x4-Pistenfahren mit Allradantrieb durch den Sand. Davon profitiert Mario Prinsloo mit seiner Firma Duneworx Swakopmund, die Quadbikes verkauft und vermietet, in einer Umgebung, die dafür ideale Bedingungen bietet, weshalb sich der Quadbike-Spezialist, dessen Großmutter vor langer Zeit aus Hamburg nach Südwest kam, in der Swakopmunder Leutweinestraße 6 vor fahrspaßsüchtiger Kundschaft kaum retten kann. Privat benutzt Mario eine Yamaha YFZ 450cc, 45 PS, die auf 121 Stundenkilometer und 60 000 Namibia-Dollar kommt (ca. 17 000 Euro). Touristischen Fun-Ausflüglern verleiht er aber lieber eine handzahme 125er Grizzly-Automatik, die immerhin 85 Sachen schafft. Unternehmen, die im Reisesektor tätig sind, ordern schon mal 30 Quadbikes auf einen Schlag, um Kunden auf mehrstündigen Offroad-Spezialtouren in die Wüste zu schicken.

Infos und Adressen

ESSEN UND TRINKEN

Bar & Clubhouse Restaurant. Blick auf die Greens. Rössmund Golf Resort & Lodge, Swakopmund, Tel. 064/41 46 00, www.rossmund.com

ÜBERNACHTEN

Rössmund Golf Resort & Lodge. Traumhafte Wüstenlage, gepflegtes Ambiente. Swakopmund, Tel. 064/41 46 00, www.rossmund.com

AKTIVITÄTEN

Golfen. Rössmund Golf Course, Swakopmund, Tel. 064/40 56 44, www.rossmund.com

Katamaranfahrten. Mit Ocean Adventures zu Robben und Delfinen. Molen St, Swakopmund, Tel. 064/40 23 77, www.swakopadventures.com

Radtouren durch den Sand. Fat Bike Tours. Daniel Tjongarero Ave, Swakopmund, Tel. 081/395 58 13, www.swakopfatbiketours.com.na

Quadbiken. Mario Prinsloo, Dune Worx Swakopmund, 9 Estorff St, Tel. 064/40 10 81, www.duneworx.com

Sandboarden. Mit 80 km/h 120 Meter hohe Dünen abwärts! Charlys Desert Tours, Sam Nujoma Ave, Swakopmund, Tel. 064/40 43 41 und 081/129 90 76, www.charlysdeserttours.com und Alter Action, 25 Moses Garoeb St, Swakopmund, Tel. 064/40 27 37 und 081/128 27 37, www.alter-action.info

Sightseeing-Flüge. Mit Bush Bird Sossusfly über die Skeleton Coast und das Sossusvlei. 5 Tobias Hainyeko St, Swakopmund, Tel. 064/40 40 71, www.sossusfly.com

Tandemspringen über der Wüste. Ground Rush Adventures, Swakopmund, Tel. 064/40 28 41, www.skydiveswakop.com und Tandem Sky Dive, Swakopmund, Tel. 081/243 62 23, www.tandemskydiveswakopmund.com

Wüstentouren per Landrover. Living Desert Adventures, Swakopmund, Tel. 064/40 50 70, www.living-desert-adventures.com

INFORMATION

Swakop Info. The Courtyard Building, 1 Tobias Hainyeko St, Swakopmund, Tel. 081/155 40 00, www.swakopinfo.com

Sandboarden statt Snowboarden: Hier geht es 120 Meter bergab.

ADRENALINSPORT
zwischen Swakop und Walvis

You name it, they've got it: Ziemlich aufregend ist der sportliche Nervenkitzel am Atlantik!

Verlässliche Windstärken, breite und glatte Sandflächen, riesige Dünenfelder in erreichbarer Nähe – das genau sind die Zutaten für Adrenalinverrückte, die ihre Grenzen austesten wollen. Dass sich der Weg ans Ende der Wüste lohnt, finden immer mehr Anhänger extremer Sportarten heraus, die auf Brandungssurfen, Hobie-Cat- und Regattasegeln, Landyachting, Ballonfahren, Paragliding und Microlighting stehen.

Wenngleich Namibias Nationalsport der Fußball ist, gefolgt von Cricket und Rugby und im Inland Klettern, Reiten und Hiken angesagt sind, ist die Küste an Herausforderungen in sportlicher Hinsicht anders: Gleitschirmfliegen, Abseiling und Bungeejumping gehen hier als top sports ab, weshalb zwischen Walvis und Swakop der Zuschnitt eines sehr speziellen Aktiv-Programms wartet. Neuerdings lassen sich viele Wagemutige sogar zwischen Meer und Sandmeer aus einer fliegenden Cessna kippen – mit Fallschirm natürlich, im Einzel- oder im Tandemsprung.

Nicht nur der Sprung aus dem Flieger

Auch Sandboarding gehört ins Adrenalinrepertoire, wenn es in Schussfahrt mit 80 Stundenkilometern die Riesendünen von Walvis Bay abwärts geht. In steigendem Maß entwickelt sich auch Quadbiken zum sportlichen Freizeitspaß, bei dem es wie beim Four-Wheel-Pistenfahren mit Allradantrieb durch die Wüste geht. Von solcherlei Neigungen profitieren auch Quadbike-Verleiher in einer Umgebung, die für rustikalen Fahrspaß ideale Bedingungen hat. Wer es eine Nummer kleiner und vor allem preiswerter mag, kann sich in der Nähe des Swakopmund Airfield auf Namibias erste Gokart-Bahn begeben, wo man auf Import-Karts made in Germany mit bis zu 70 Stundenkilometern flotte Runden drehen kann.

Sport für Normalos

Natürlich sind an den Küstenabschnitten zwischen Swakop und Walvis Bay auch ganz normale Wassersportarten wie Windsurfen, Wasserski und Segeln angesagt. Der Spruch »Sailors have more fun« gilt für alle, die hier bei steifer Brise und heftigem Seegang ins Regattasegeln einsteigen wollen. Das Kite Surf Center in Walvis Bay bietet während der Feriensaison jeden Tag der Woche Schulungen im Kitesurfen an und vermietet oder verkauft die dazu notwendige Ausstattung gleich mit. Letzter Schrei der verrückten Aktivitäten ist Skilanglauf im Dünensand! Auch Kanu- und Wildwasserfahrer kommen in Namibia voll auf ihre Kosten, sofern sie auf dem Oranje River nicht mit einem sperrigen Diamanten kollidieren oder auf dem Kunene River, einem der krokodilreichsten Flüsse Afrikas, mit einer Riesenechse – was den Pulsschlag erst richtig in die Höhe treibt. Hochseefischen und Angeln ist vor allem bei den Einheimischen ein Thema, denn Namibias Stauseen und Flüsse sowie der Atlantik gelten als außerordentlich fischreich. Der Erwerb eines Angelscheins und die Beachtung saisonaler Fangzeiten sind Voraussetzung.

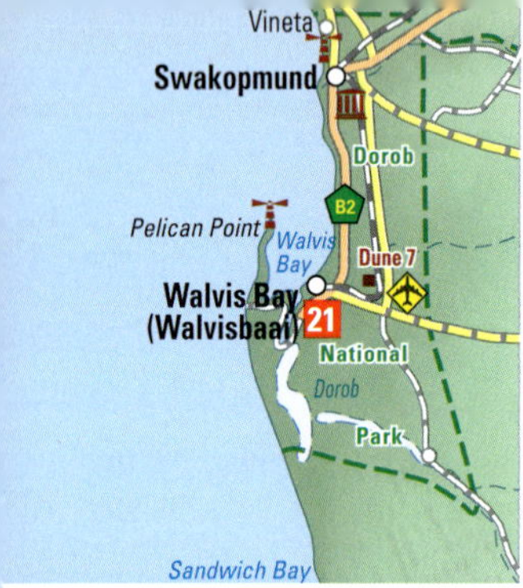

21 Walvis Bay

Namibias Port am Atlantik

Schon lange Zeit vor der britischen Besitznahme 1878 hatten amerikanische und englische Walfänger bei Walvis Bay Stützpunkte, und selbst während der deutschen Kolonialzeit legten in seinem Hafen die Dampfer der Woermann-Linie aus Hamburg an, weil Swakopmund trotz seiner 375 Meter langen Landungsbrücke ungeeignet für Großschiffe war. Erst 1994, vier Jahre nach Erreichen seiner Unabhängigkeit, wurde Walvis Bay an Namibia zurückgegeben.

Der portugiesische Seefahrer Bartolomeu Diaz ankerte schon 1487 hier, einige Jahrhunderte nach Diaz entdeckten die Holländer und wenig später die Briten den strategisch bedeutsamen Naturhafen, der heute neben dem viel kleineren in Lüderitz der einzige an der 1500 Kilometer langen

Mitte: Ein Küstentraum ist The Raft, Restaurant und Bar auf Stelzen in die Lagune gebaut. **Unten:** Um die Ecke brummt Walvis Bays Containerhafen als größter Güterumschlagsplatz des Landes.

GUT ZU WISSEN

OFFROAD ON THE BEACH

Wer als Selbstfahrer in der West Coast Recreation Area unterwegs ist, sollte sich vorher eine kostenfreie Zulassung für Offroadfahrten an den Stränden und in den Dünen zwischen Walvis Bay und Swakopmund besorgen, die bei Dare Devil Adventures (www.daredeviladventures.com) und Desert Explorers (www.namibiadesertexplorers.com) in Swakopmund erhältlich ist. Der Aufwand lohnt sich für den Küstenstreifen aus purem Sand, der zur Skelettküste gehört, aber frei zugänglich und an ausgewiesenen Stellen befahrbar ist, auf jeden Fall.

Küste Namibias ist. Strategisch bedeutsam deshalb, weil sich hier die Schifffahrt von Europa ums Kap der Guten Hoffnung nach Indien kontrollieren und – sofern es sich um eigene Transporte handelte – auch versorgen ließ.

Tor zu den Weltmeeren

Auch deutsche Schiffe mussten zu Kolonialzeiten das britische Walvis Bay anlaufen: »Am 25. Tage nach der Abfahrt aus Hamburg«, beschreibt Walther Wülfing in *Dich ruft Südwest* die Anreise seiner Protagonisten, »steuerte die ›Njassa‹ den Hafen von Walfischbucht an. Dicker Nebel hinderte die Orientierung. Schließlich tauchte der Schlepper der Linie auf, der den Dampfer in das Hafenbecken hineinbugsierte. Als die vor der Küste liegende Nebelbank passiert war, lag die Walfischbucht in hellem Sonnenschein da. Nach dreiviertelstündiger Fahrt, immer an den trostlosen Dünen entlang, waren sie in Swakopmund.« Heute legen in der zweitgrößten und wirtschaftlich umtriebigen Hafenstadt gestandene Tanker und Containerfrachter an, insgesamt ca. 3000 Schiffe pro Jahr. Der Containerterminal kann bis zu 4000 Container verschieben, was das Städtchen zwischen Namib-Wüste, deren riesige Dünenareale bis an die Stadtgrenze heranreichen, und Atlantik zu einer wahren Boomtown macht: Reichlich Arbeitsplätze lassen modernste Shopping Malls aus dem Sandboden poppen, die Infrastruktur ist top, hier lässt sich Geld verdienen, auch in der Fisch- und Meersalzverarbeitung.

Salz und Mineralien

Derzeit produziert Walvis Bay beinahe den gesamten Salzbedarf Südafrikas. Von hier aus werden namibische Mineralien wie Kupfer, Blei und Uran

Nicht verpassen

WALE, ROBBEN UND DELFINE

Walvis Bay wurde schon 1726 von Fangbooten der Dutch West Indian Company angelaufen. Walfangflotten zogen die Riesen der Weltmeere seit Ende des 18. Jahrhunderts massenhaft aus dem Wasser, allein an den Küsten des Südlichen Afrika zwischen 1908 und 1930 an die 75 000! Ihr Tran diente zur Herstellung von Brennstoff für Lampen sowie als Grundstoff für Seife, Linoleum und Arzneimittel, ihre Barten zur Herstellung von Korsettstangen. Die stark dezimierten Populationen erholten sich erst, seit ihr Fang teilweise verboten wurde. Mit etwas Glück sind auch vor den kalten Küsten Namibias die Riesen der Meere zu beobachten, allerdings sind die Chancen auf Sichtung von Robben, Delfinen, Flamingos und Pelikanen bei den angebotenen Boottrips wesentlich größer.

Ehemalige Bucht der Wale, heute der Pelikane und Delfine

Oben und Mitte: Kormorane, Pelikane und Flamingos teilen sich das weitläufige Promenaden- und Lagunengebiet.
Unten: Salzgewinnung in Walvis Bay

exportiert und ein Großteil der Importgeschäfte abgewickelt. Vor der Küste liegen künstliche Inseln, Guano-Plattformen, die Seevögeln als Rast-, Kack- und Nistplatz dienen, sodass jährlich ca. 1000 Tonnen Guano anfallen, die von der namibischen Düngemittelindustrie verarbeitet werden. Wilhelminisch hübsch wie Swakop ist die aufstrebende Seaside Town nicht, aber mit seinem urbanen Input erlebnisreich, was touristische Ambitionen weckt: In weiten Naturschutzgebieten findet jede Menge Wasser- und Adrenalinsport statt, großflächige Lagunen punkten mit einer beeindruckenden Vogelwelt, zuweilen pausieren hier über 200 000 Zugvögel auf einen Schlag! Nicht weit von diesem Spektakel lässt sich mit Dune 7 der höchste und am häufigsten besuchte Sandberg von Walvis besteigen – mit dem besten Ausblick auf Hafen und Stadt. Aus der deutschen Ära ist die Missionskirche von 1880 geblieben, die einst in Form vorgefertigter Einzelteile aus Hamburg kam und am Hafen aufgebaut wurde.

Beach Life und Kulinarik

Liza-Marie Wanamene ist von ihrer Stadt begeistert. Die Freizeithöhepunkte für sie und ihre Freundinnen sind Schwimmen am Independence Beach (wenn der Atlantik zu kalt ist, was meistens der Fall ist, besuchen sie lieber das Freibad), mit Quadbikes durch die Dünen kurven, dem Dolphin Park einen Besuch abstatten oder eine Bootstour unternehmen, um Delfine, Pelikane und Flamingos aus nächster Nähe zu sehen. Nach Sonnenuntergang heißt das Motto der Jugend *go clubby*, dann nämlich ist in Walvis Bays zahlreichen Restaurants und Bars aufregendes Nightlife angesagt. Zum Beispiel im The Raft Restaurant & Bar auf der Pier, die auf Stelzen in der Lagune vor der Promenade steht, oder downtown im »Spur«, wo die besten Steaks auf den Tisch kommen.

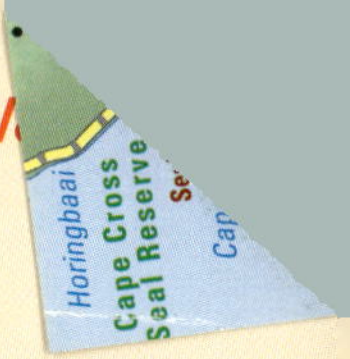

Infos und Adressen

ESSEN UND TRINKEN

Anchors @ The Jetty Restaurant. Top Meeresfrüchte. Esplanade St, Waterfront, Tel. 064/20 57 62, www.anchors-the-jetty-restaurant.business.site

Crazy Mamas. Pizza und Seafood. 115 Sam Nujoma Ave, Tel. 064/20 73 64.

The Raft. Der Platz an/in der Lagune! Plattform-Restaurant auf Stelzen. The Esplanade, Tel. 064/20 48 77, www.theraftrestaurant.com

Willi Probst Bakery, Café & Restaurant. Leckere Versuchung. Theo Ben Gurirab St und 12th Rd, Tel. 064/20 27 44.

ÜBERNACHTEN

Oyster Box Guesthouse. Stylishe Herberge an der Lagune mit Seeblick. Corner 2nd St West/ The Esplanade, Tel. 064/20 22 47, www.oysterboxguesthouse.com

Protea Hotel. Marriott Walvis Bay, The Esplanade, Tel. 064/21 40 00, www.marriott.com

The Rez. Luxuriöses Guesthouse, exquisite Atmosphäre an der Lagune. Mandume Ndemufayo Ave, Tel. 064/22 17 25, www.therez.com.na

AKTIVITÄTEN

Catamaran Charters. Vierstündige Gourmet-Tour mit Austern und Meeresfrüchten. Atlantic St/Esplanade, Tel. 064/20 07 98, www.namibiancharters.com

Dolphin Tours. Bootstouren zu Delfinen und Robben. Marina, Tel. 081/12 491 01, www.dolphintours.com.na

Dune7 Adventure Park. Quadbiken und Sandboarding auf einer Düne ca. 10 km vom Stadtzentrum beim Walvis Bay Airport. Tel. 081/626 17 14, www.dune7adventures.com

Mola Mola. Dolphin Cruise. Atlantic St, Waterfront, Tel. 064/20 55 11 und 081/127 25 22, www.mola-namibia.com

Walvis Bay Kite Surf Center. Cnr Esplanade und Kr Thomas St, Tel. 081/373 94 02 und 081/356 65 18, www.namibiakite.com

INFORMATION

Walvis Bay Tourism Info. Walvis Bay Activity Centre, Cnr Union und 5th Rd, Tel. 064/20 06 06, www.walvisbaycc.org.na

Für Kitesurfer ist Walvis Bays brisensichere Lagune ein windiger und deshalb beliebter *Hotspot*.

22 Henties Bay und Cape Cross

Die Robbenkolonie am Kreuzkap

Nördlich von Swakopmund führt die alte Salzstraße immer am Atlantik entlang durch den frei zugänglichen Teil der Skelettküste, den Dorob National Park. Die sandige Ödnis durchbricht erst Wlotzkasbaken, eine kuriose Strandsiedlung, danach die »Zeila«, tatsächlich ein richtiges Wrack, dann Henties Bay, das auf einem grandiosen Golfplatz den Abschlag am Atlantik möglich macht, zuletzt die Seehundkolonie am Cape Cross.

Als Hans-Otto Meissner vor rund 40 Jahren auf der alten Salzpiste von Swakopmund 130 Kilometer Richtung Norden bis ans Cape Cross wollte, war seine erste Etappe eine Strandsiedlung namens Wlotzkasbaken. Der merkwürdige Name, fand er heraus, ging auf den Tschechen Wlotzka zurück, der einst in einer Hütte aus Treibholz ge-

Ausgeflippte Architektur findet sich in der ehemaligen Strandgutsiedlung Wlotzkasbaken so reichlich wie beißender Gestank in der Robbenkolonie in Cape Cross.

GUT ZU WISSEN

FRESSEN BIS DIE SCHWARTE KRACHT

Robben vertilgen große Mengen Fisch, allein in Namibia mit fast zwei Millionen Tonnen das Dreifache dessen, was die Fischereiflotte an Fang anlandet – was Fischer auf die Palme bringt. Die Überpopulation von rund einer Million Kap-Pelzrobben lässt den Ruf nach Regulierung der Bestände immer lauter werden – was wiederum Tierschützer auf die Palme bringt, aber Hersteller von Robbenfell-Accesoires wie Schuhe und Gürtel freut.

haust und angeschwemmtes Strandgut aufgesammelt hatte, das er dann mit einem Hundekarren nach Swakopmund brachte und dort zum Verkauf anbot. Das wilde Sammelsurium zählte damals 100 Strandhäuser, aber nur einen Bewohner. Alle übrigen Wlotzkasbakener kamen nur zum Wochenende oder zur Ferienzeit. Dann allerdings bevölkerten bis zu einem halben Tausend Menschen den Ort und Strand. Es gab keinen elektrischen Strom, keine Post, kein Telefon, auch kein Kino, Café oder Restaurant, ja, nicht einmal Trinkwasser.

Feine Wohnlage für Golfer

Viel hat sich bis heute nicht verändert in diesem kuriosen Wlotzkasbaken, abgesehen von der verbesserten Küstenstraße, was die paradiesische Aussteigerenklave zwischen dem stahlblauen Atlantik und den riesigen Sandbergen gleich dahinter leicht zugänglich macht. Den Ort ausgefallener Architektur kennzeichnen Wassertanks auf den Häusern, die aus Sperrmüll, Holzplanken, Containern, teils auch schon aus Stein gebaut und bunt bemalt direkt am Strand stehen, der mit Perlmuttmuscheln und Treibholz übersät und zivilisationsmüden Windhoekern zum maritimen Zufluchtsort geworden ist.

Das etwa 35 Kilometer von Wlotzka entfernte Henties Bay war zu Meissners Zeiten bereits ein beliebter Badeort, der richtige Fahrwege, elektrisch heraufgepumptes Süßwasser und sogar ein kleines Esslokal vorweisen konnte. Aufgrund seiner schönen Lage mit weitem Blick auf den Atlantik sowie einer guten Wasserversorgung hat sich aus den anfänglichen Strandhütten mittlerweile eine echte Frontier-Stadt mit ca. 5000 Einwohnern, Tendenz steigend, entwickelt. Sie leistet sich einen eigenen Golfplatz samt Abschlag mit

Nicht verpassen

DAS SCHÖNSTE WRACK

Nach Wlotzkasbaken zeigt sich 14 Kilometer vor Henties Bay tatsächlich ein Schiffswrack in tosender Brandung, es ist das der »Zeila«, eines Fischtrawlers aus Walvis Bay, der auf dem Weg zur Verschrottung auf einem indischen Schiffsfriedhof 2008 hier auf Grund lief, was ganz sicher ein viel besserer Schiffstod ist. Seither dient das stählerne Überbleibsel mit der femininen Bezeichnung als aufregendstes Fotomotiv an diesem für Selbstfahrer leicht zugänglichen Teil der Skelettküste, wozu es eigens eine Parkbucht am Strand gibt. Aber Achtung: Neugierig haltende Touristen werden gleich von Strandhändlern umringt, die Halbedelsteine zum Kauf anbieten, darunter Citriten, Turmaline, Rosenquarz, Kristalle und wunderschöne Helltürkise und Aquamarine aus dem Damaraland. Also das Auto samt Gepäck gut im Auge behalten, derweil sich die Kamera an »Zeila« heiß klickt.

Wrack der »Zeila«: heute Rastplatz für Kormorane

Über hölzerne Laufstege, die auf Stelzen bis ans Wasser gebaut sind, lässt es sich an die müffelnden, aber gleichwohl fotogenen Robben nahe herankommen.

Atlantikblick sowie ein brandneues und sehr effektives Tourism Information Centre, was zeigt, wohin die Reise geht. Einheimische lieben Henties Bay als Anglerparadies, denn Fisch – vor allem Steinbrasse, Barbe und Kabeljau – bedeutet hier alles.

Pelzrobben am Cape Cross

Fremde kamen bislang nur auf dem Weg ins nahe gelegene Cape Cross vorbei, wo der portugiesische Seefahrer Diego Cão 1486 als erster Europäer namibischen Boden betrat und ein Steinkreuz errichtete. Zu besichtigen ist allerdings nur eine Replik, garantiert echt hingegen sind die Zwergpelzrobben der Cape Cross Seal Reserve, der größten Kolonie Namibias. Nasenklammern sollte man griffbereit haben, weil der Gestank von bis zu 200 000 Robben selbst abgebrühten Geruchsorganen zusetzen kann. Etwa 30 dieser für Seelöwen so attraktiven Brutplätze verteilen sich an der gesamten namibischen Küste, zwei weitere findet man in Wolf Bay und in Atlas Bay bei Lüderitz.

»Seit urdenklichen Zeiten leben die Robben am Strand und auf den flachen Klippen der Küste bei Cape Cross«, so Meissner bei seinem Besuch 1970, »ihre Zahl beläuft sich ungefähr auf 50 000. Bis zum Beginn unseres Jahrhunderts wurden die Robben auf grausame Weise verfolgt und fast völlig ausgerottet. Dann endlich griffen die Regierungen ein und stellten den Rest der Pelzrobben unter Naturschutz. Am fischreichen Cape Cross haben sich die Zwergpelzrobben inzwischen so zahlreich versammelt, dass zuletzt während der Paarungszeit zwischen November und Dezember 250 000 Tiere gezählt wurden. Dann sind die Bullen aktiv, die ein paar Wochen bleiben und einen weiblichen Robben-Harem von bis zu 25 Tieren befruchten. Diese Schwerstarbeit reduziert die Fettreserven um etwa die Hälfte auf ca. 180 kg Körpergewicht.

Infos und Adressen

ESSEN UND TRINKEN

De Duine Hotel Restaurant & Grill. Seafront auf der Dünenabbruchkante. Kabeljou, Henties Bay, Tel. 064/50 00 01, www.deduinehotel.com

Fishy Corner. Einfaches Restaurant, Fischimbiss und Takeaway. Frisch und lecker! 19 Benguela (neben Spar), Henties Bay, Tel. 064/50 10 59.

Misty Bay Café. Café und Restaurant mit super Kuchentheke! 2 Jakkalsputz, Henties Bay, Tel. 064/50 13 36, mistybaycafe.wheretostay.na

ÜBERNACHTEN

Cape Cross Lodge. Größere Anlage mit Restaurant, Bar und Campsite, 20 Zimmer, alle mit Atlantikblick. Henties Bay, Tel. 064/69 40 12/7, www.capecross.org

De Duine Hotel. Tolle Lage an der Seafront auf der Dünenabbruchkante. Kabeljou, Henties Bay, Tel. 064/50 00 01, www.deduinehotel.com

Fishermans' Guesthouse. Gepflegte B&B-Anlage 200 m vom Atlantik entfernt. 2007 Auas St, Henties Bay, Tel. 081/303 26 94, huntandfishnamibia.com/wordpress

Ietsiemeer Beach House. Luxuriöses stylishes Beach-Domizil, Eros St, Henties Bay, 081/124 48 47, www.ietsiemeer.com

Jakkalsputz. Gut ausgestatteter Campground direkt on the beach vor Henties Bay. Tel. 061/25 93 72, jakkalsputz.wheretostay.na

Mile 108. Gut ausgestatteter Campground on the beach nördlich von Cape Cross. Tel. 061/25 93 72, mile108.wheretostay.na

AKTIVITÄTEN

Henties Bay Golf & Lifestyle Estate. Atlantischer Abschlag auf bildschönem 9-Loch-Wüstenplatz mit Blick aufs Meer. Henties Bay, Tel. 081/129 19 63, www.hentiesbaygolfestate.com

INFORMATION

Henties Bay Tourism Centre. Gut sortiertes Tourist Information Center. Nickey Iyambo Ave, Tel. 064/50 11 43, www.hentiesbaytourism.com

De Duine Hotel & Restaurant, unmittelbar an der Abbruchkante der atlantischen Dünenlandschaft.

Schier endlos zieht sich das Band der sagenumwobenen Skelettküste am eiskalten Atlantik entlang, und tatsächlich: hier und da sind noch schicksalbeschwerte Relikte zu sehen.

23 Skeleton Coast
Die Küste der Wracks

Im eigentlichen Sinn erstreckt sich die Skelettküste auf die gesamten 1 500 Kilometer Länge des anbrandenden Atlantiks zwischen der Grenze zu Angola im Norden und der südafrikanischen bei Oranjemund im Süden: Schiffswracks und Reste vergangener Strandungen findet man überall. Tatsächlich spricht man aber nur vom Abschnitt nördlich von Walvis Bay und Swakopmund von der Skeleton Coast, deren größten Teil der Skeleton Coast National Park umfasst.

Kaum vorstellbar, aber auch das ist Afrika: Starke Strömungen, heftiger Seegang, Eiseskälte und tückische Untiefen setzten Schiffen ebenso zu wie dichte Nebelbänke, die hier regelmäßig an den Rändern hitzeflimmernder Wüsten über Wasser und Land liegen. Und immer noch fordert die unberechenbare Küste Opfer – trotz modernster Ausstattung mit Funk, Radar und Internet – und stählerner Schiffsrümpfe. Wer hier auf einem

GUT ZU WISSEN

THE FORGOTTEN FIVE

Zu den hässlichen Fünf (Ugly Five) zählen die Familie der aasfressenden Geier sowie die Abscheu erregende Hyäne und der Pavian mit seinem roten Hintern, zu den Forgotten Five das seltene Schuppentier sowie die vom Aussterben bedrohten Wildhunde und zu den Little Five der Engmaulfrosch, der Zwergpython und der Palmatogecko. Safari gibt's für alles und jedes. Wer's nicht glaubt: www.livingdesertnamibia.com.

Quer durchs Land mit Cessna und Landrover

schmalen Strandstreifen unterwegs ist, zur Rechten sandiges, wüstenhaftes Terrain und Dünengebirge, zur Linken den tosenden Atlantischen Ozean, mag sich so lange sicher fühlen, bis plötzlich aufkommender Wind die Brandung mehr und mehr auf das Pistenband drückt, bis es ganz unter dem Wasser verschwindet. Höllensand nannten die portugiesischen Seefahrer ehrfurchtsvoll diesen 100 Kilometer breiten Strandstreifen, der sich zwischen dem Kunene an der angolanischen und dem Oranje an der südafrikanischen Grenze hinter der gesamten Küste hinzieht und eine der fremdartigsten Zonen des Südlichen Afrikas ist.

Eiskalter Atlantik und brutzelnder Sand

Unberechenbar ist der Nebel, der von einer Minute auf die andere von der aquatischen über die sandige Unendlichkeit ziehen kann. Verursacht werden die gefährlichen Schwaden durch den kalten, antarktischen Benguelastrom, der auf das heiß gebackene Inland an diesem endlosen Küstenstrich trifft. Mit Hunderten von Schiffsuntergängen verhalf diese Küste zahlreichen Seeleuten zum allerletzten Landgang, denn wer sich nach

Nicht verpassen

4X4 DURCHS NIEMANDSLAND

Tag eins führt den Konvoi der Geländewagen von Swakop aus an der Skelettküste entlang mit Tankstopp in Terrace Bay bis ins 450 Kilometer entfernte Möwe Bay. Tag zwei präsentiert das grandios schöne Flussbett des Hoarusib River sowie das Grabmal von Matthias Koraseb und die Wrackreste der »Sir Charles Elliot« am Khumib River, die Saruas-Mine und Cape Fria. Tag drei geht bis zur Mündung des Kunene River, wo in Bosluis Bay das Nachtlager aufgeschlagen wird. Tag vier führt durch gewaltige Sanddünengebiete bis ins Hartmanns Valley. Vor der skurrilen Kulisse beeidruckender Bergformationen findet am Khumib River das letzte Camp statt, bevor es auf der D 3737 zurück in die Zivilisation geht.

Omalweendo Safaris. Eros, Windhoek, Tel. 081/122 01 68 und 081/128 62 96, www.omalweendo.com

Einfach gut!

SELFDRIVE BIS TERRACE BAY

Die Skelettküste teilt sich in drei Abschnitte: den zwischen Walvis Bay und Meile 108 bei Durissa Bay frei zugänglichen Dorob National Park (der früheren National West Coast Tourist Recreation Area), wo es jede Menge Fahr-, Sand- und Küstenspaß gibt; den öffentlichen Teil des sich anschließenden Skeleton Coast National Park zwischen Ugab River und Hoanib River auf der Höhe von Möwe Bay, der nur mit kostenpflichtigen Permits sowie Übernachtungsbuchung für Terrace Bay/Torra Bay zu befahren ist; ein privates Konzessiongebiet, das sich bis zur angolanischen Grenze erstreckt und wenigen Veranstaltern von Fly-in-Safaris sowie den Gästen des Hoanib Skeleton Coast Camps von Wilderness Safaris vorbehalten ist. Permits für Terrace Bay/Torra Bay gibt es bei Namibia Wildlife Resorts in Swakopmund und an den Zufahrten des Parks Ugabmund und Springbockwater.

Infos. www.nwr.com.na

Petri Heil: Angeln ist ein beliebtes Hobby unter Namibiern.

einem Schiffbruch vor dem Ertrinken zu retten versuchte und es trotz eisigen Wassers und tosender Brandung ans wärmende Land schaffte, den erwartete dort der Durst- und Hitzetod: In dieser gnadenlosen Sandwüste, die sich nahtlos an die Skelettküste anschließt, gab es keine Chance.

Endstation Schiffsfriedhof

Am Beispiel der »Orion«, eines Ostindienfahrers mit vier Masten, 24 Kanonen und einer Ladung im Wert von drei Millionen Gulden an Bord, beschreibt der Autor Hans-Otto Meissner 1979 in seinem Buch *Traumland Südwest* das grausame Schicksal gestrandeter Seeleute: »Die Schiffbrüchigen teilten sich in feindliche Gruppen, von denen jede versuchte, auf eigene Faust zu überleben. Keinem ist es gelungen, alle sind verhungert und verdurstet. Vermutlich hat mancher, der nichts mehr zu trinken hatte, seinen Kameraden totgeschlagen, der noch ein paar Tropfen bei sich hatte.« Von der sengenden Sonne verblichene Knochen der verdursteten Seeleute blieben aufgrund des trockenen Klimas lange Zeit erhalten, ebenso die Gerippe der gestrandeten Schiffe. Die Skeleton Coast habe mehr Opfer gekostet als jede andere Küste der Welt, so Meissner. Als der Autor die Wracks aufsuchte, machte die Skelettküste ihrem Namen noch alle Ehre: »Sechzig bis siebzig Meilen weit«, schrieb er damals, »ist noch heute der Strand von den zerschlagenen Resten der Segelschiffe bedeckt. Im Sand und zwischen dem Geröll liegen gebleichte Knochen und Menschenschädel.«

Das Grabmal der Knochenküste

Eine der spektakulärsten Rettungsaktionen fand statt, als der britische Frachter »Dunedin Star«

Küste der Ödnis

Um einen Eindruck zu erhalten, reicht eine Fahrt bis Cape Cross vollkommen aus, nach Terrace Bay und Torra Bay machen sich gewöhnlich nur Angler auf. Die schönsten Spots lassen sich nur per Fly-in oder Expedition erreichen.

A Serra Cafema Camp – Das Camp am Kunene River betreibt Wilderness Safaris außerhalb des Konzessionsgebiets an der angolanischen Grenze.

B Hoanib Skeleton Coast Camp – Das Camp von Wilderness Safaris liegt innerhalb des Konzessionsgebiets.

C Möwe Bay – Bis Möwe Bay führt die Piste, darf aber nur mit Sondergenehmigung befahren werden, auch die Ausfahrt aus dem Park nördlich von Möwe Bay durch das malerische Hoarusib-Flussbett ist nur Spezialveranstaltern erlaubt.

D Terrace Bay – Im frei zugänglichen Teil des Nationalparks bietet die Bay ein staatliches Restcamp mit Bungalows, einem Swimmingpool, Restaurant, Bar, Laden und Tankstelle und ist vornehmlich von Anglern frequentiert.

E Torra Bay – Ca. 50 Kilometer südlich von Terrace Bay befindet sich dieses Anglerparadies mit Campingplatz, Kiosk und Tankstelle. Nur Dezember/Januar geöffnet.

F Cape Cross – Das Kap liegt im Dorob National Park und bietet eine viel besuchte Robbenkolonie sowie die Cape Cross Lodge zur Übernachtung. Nördlich von Cape Cross zweigt die Piste D2303 zum Brandberg ab.

G Zeila – Nördlich von Henties Bay zweigt die Piste C35 ins Damaraland via Brandberg ab, einige Kilometer südlich ist das fotogene Wrack der »Zeila« zu besichtigen.

H Wlotzkasbaken – Die wilde Strandsiedlung ist auf jeden Fall einen Fotostopp wert.

Das Grab von Matthias Koraseb inmitten der Skelettküstenwüste, dürfte das meistbesuchte außerhalb Windhoeks sein: Wer hier bei tosender Brandung im sandgängigen Spezialfahrzeug strandet, steht andächtig vor der messingglänzenden Inschrift.

1942 auf Grund lief. Erstmals in der Geschichte der Skeleton Shipwrecks war durch moderne Informationstechnik Hilfe überhaupt möglich.

Trotz des Einsatzes von Lastwagen, Flugzeugen und vier Großschiffen dauerte die Bergung der 100 Passagiere unter schwierigsten Bedingungen wochenlang. Dabei wurde der Harvarieschlepper »Sir Charles Elliot« selbst zum Wrack, ein Zwölf-Tonnen-Bomber der Bauart »Ventura« stürzte beim Hilfseinsatz ab, zwei Matrosen verloren ihr Leben. Einer von ihnen war Matthias Koraseb, der vom Nationalmuseum nachträglich ein solides Steingrab zum ewigen Gedenken erhielt, eine Erinnerungstafel aus glänzendem Messing inklusive. Von Sand und Knochen umweht liegt er in Reichweite der Gischt, stellvertretend für all jene, die es nicht schafften. Vor Rocky Point ragen bei Ebbe die Reste der »Elliot« noch aus dem Atlantik. Neben voluminösen Walknochen findet man verstreut im Sand Motorteile der »Ventura«.

Die meisten Wracks sind Geschichte

Wind, Sturm, Hitze und Fluten haben die meisten Schiffswracks inzwischen beseitigt. Bis auf wenige Ausnahmen gehören die fotogenen Skelette der Vergangenheit an, wie auch existenzielle Szenen, die Meissner so authentisch in die Gegenwart holte: »Noch besaß man Vorräte an Bord, Trinkwasser und Lebensmittel für sechs bis sieben Wochen. Alles wurde an Land geschafft, und zwischen den Dünen entstanden ein paar Hütten aus Decksplanken. Der Kapitän schickte eine Expedition nach der anderen aus. Doch alle kehrten ohne Ergebnis zurück. Stürme zerschlugen das gestrandete Schiff. An Land löste sich allmählich die Ordnung auf. Man stritt sich um jeden Becher Wasser und stahl sich gegenseitig die Rationen.«

Infos und Adressen

ÜBERNACHTEN

Mile 108. Campground nördlich von Cape Cross. Tel. 061/25 93 72 und 081/886 57 88, mile108.wheretostay.na

Terrace Bay Resort. Anglerparadies im Skeleton National Park. Vorabbuchung notwendig bei Namibian Wildlife Resorts, Windhoek, Tel. 061/225 72 00, www.nwr.com.na

Torra Bay Campsite. Angeln im Skeleton National Park, nur Dezember/Januar geöffnet. Vorabbuchung bei Namibian Wildlife Resorts, Windhoek, Tel. 061/225 72 00, www.nwr.com.na

AKTIVITÄTEN

Fly-in-Safari. Bush Bird (www.bush-bird.de) und Eagle Eye Aviation (www.eagleeyeaviation.com.na) bieten von Swakopmund aus Sightseeing-Flüge über die Skelettküste, die Dünenwelten der Namib und zu verbliebenen Schiffswracks an.

Eiskalter Atlantik und brutzelnde Wüste erinnern an schiffbrüchige Schicksale.

INFORMATION

Namibia Wildlife Resorts. 181 Gathemann Building, Independence Ave, Windhoek, Tel. 061/285 72 00 oder Bismarck St, Swakopmund, Tel. 064/40 21 72, www.nwr.com.na

Flugsafaris sind keine preiswerte Unternehmung, bleiben aber im Kopf für alle Zeit.

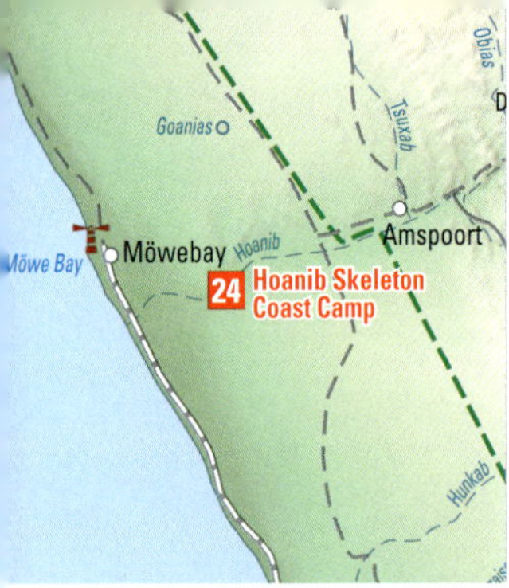

Starke Sache: Im vierradgetriebenen Spezialfahrzeug durch die Sandberge der Skeleton Coast

24 Hoanib Skeleton Coast Camp

Exklusiv-Abenteuer im Konzessionsgebiet

Ausschließlich per Kleinflugzeug ist das private nördliche Konzessionsgebiet Palmwag Concession zu erreichen oder auf abenteuerlichen Pisten quer durch die Wildnis: ein Privileg für gebuchte Gäste des Lodge-Unternehmens Wilderness Safaris, das sein Hoanib Skeleton Coast Camp im malerischen Tal des Trockenflussbettes des Hoanib River im Nirgendwo der gruseligen Knochenküste versteckt.

Gleichmäßig brummt die Cessna über dem Blau des Atlantiks parallel zur Brandung. Dahinter: nichts als Sand. Berge von Sand und endlose Dünenfelder. Der Blick auf die Struktur dieser Küste des Todes lässt Flugpassagieren das Blut in den Adern gefrieren. Hier konnte es für Schiffsbrüchige in der Tat kaum ein Entrinnen geben:

GUT ZU WISSEN

ROARING DUNES

Mit Genehmigung lassen sich von Terrace Bay aus unter Führung der Hoarusib Canyon und die Singing Dunes besuchen. Wenn in den dortigen Sandbergen auf der windabgewandten Seite der steilen Hänge die Sandkörner ins Rutschen geraten, generiert das ein deutlich vernehmbares Geräusch. Die rätselhaft brummenden Dünen geraten in akustische Schwingungen, so eine Theorie, wenn sich die Sandkörnchen aneinanderreiben und die Luft aus den Zwischenräumen entweicht.

Eine Cessna von Wilderness Safaris

Wer es trotz eisigen Wassers schwimmend ans wärmende Land schaffte, fand im hitzebrütenden Wüstengürtel unmittelbar dahinter ganz sicher weder Schatten noch Wasser und keinen Ausweg irgendwohin.

Privileg privates Konzessionsgebiet

Heute steht das einzigartige Areal als Skeleton Coast National Park unter strengem Naturschutz, weshalb sich der größte Teil davon ausschließlich als Fly-in-Safari mit Spezialgenehmigung zum Landen und Campen erschließen lässt. Oder nur aus der Vogelperspektive, wenn es sich um das private Konzessionsgebiet von Wilderness Safaris handelt. Das vom Staat unter strengen Auflagen verpachtete Territorium der Palmwag Concession ist für die Öffentlichkeit gesperrt und deshalb eines der unberührtesten Regionen Namibias geblieben, ein Natur-Nirwana zwischen brandungsumtoster Küste, beeindruckenden Dünenfeldern, zersägten Gebirgsketten, desolaten Geröllwüsten und lieblichen Trockenflusstälern. Das seit jeher als Sperrgebiet vom Rest des Landes abgetrennte Wildnisgebiet ist mit seinen unermesslich riesigen Arealen zwischen Atlantik und Wüste das unge-

Geheimtipp

ZEIT ZUM LESEN
Hans-Otto Meissner, *Traumland Südwest.* Walther Wülfing, *Dich ruft Südwest.* Margarethe von Eckenbrecher, *Was Afrika mir gab und nahm* (Erlebnisse einer deutschen Ansiedlerfrau in Südwestafrika 1902–1936). Ilse Steinhoff, *Deutsche Heimat in Afrika.* Olga Levinson, *Diamanten im Sand* (Die Geschichte von August Stauch). Georg Hartmann, *Meine Expedition 1900 ins nördliche Kaokofeld*, in: Geographische Charakterbilder, Friedrich Brandstetter, Leipzig. Henno Martin, *Wenn es Krieg gibt, gehen wir in die Wüste* (Zwei deutsche Geologen verstecken sich vor der Internierung). Uwe Timm, *Morenga* (Roman über den Krieg gegen die Hottentotten und Hereros). Lucia Engombe, *Kind Nr. 95. Meine deutsch-afrikanische Odyssee* (Geschichte einer namibischen Rückkehrerin, die als Waisenkind in der DDR aufwuchs). Peter Stark, *Der Weiße Buschmann* (Eine Etosha-Geschichte).

Erstaunlich, wie sich im kargen Niemandsland der Skelettküste eine reichhaltige Tierwelt halten kann: Elefanten, Antilopen, Giraffen und eine bunt schillernde Vogelwelt.

störte Terrain von Elefanten, Giraffen, Löwen, Hyänen, Antilopen, Leoparden und Geparden.

Hoarusib-Canyon

Der Flusslauf des 300 Kilometer langen Hoarusib ist neben seinem Trockenflussbruder, dem Hoanib, eine der schönsten Flussoasen – mit seinen ursprünglichen Feuchtgebieten und einer beeindruckenden Fauna. Das Tal dieser Lebensader ist ein gesuchtes Ziel fliegender Skeleton-Coast-Safaris inmitten einer sonst ockerfarbenen Umgebung mit saftiger Grünvegetation da, wo sprießendes Schilfgras aus den hügeligen Uferlandschaften ragt. In einer Cessna über den sich windenden Trockenflusslauf zu gleiten und den kurvigen Canyon nach Elefantenherden, Springböcken und Oryxantilopen abzusuchen gehört zu den herausragendsten Erlebnissen. Ab Purros sind auch Ausflüge über Land ins Flusstal des Hoarusib im Angebot des dortigen Himba Campground sowie der Okahirongo Elephant Lodge.

Nur für gut zahlende Gäste

Das hochpreisige Hoanib Skeleton Coast Camp, das seine Besucher mit der eigenen Airline ins private Konzessionsgebiet einfliegt, besteht aus sieben geräumigen Zelten auf hölzernen Plattformen mit stilvollen sich daran anschließenden Bädern, residiert in traumhafter Lage mit Blick auf die unberührten Landschaften des Hoarusib und bietet seinen Gästen Out of Africa-Feeling vom Allerfeinsten. Von hier aus starten ganztägige Exkursionen in vierradgetriebenen Fahrzeugen zu den Highlights der verbotenen Küste, dem Hoarusib River, den Flechtenfeldern, Seehundkolonien und zu den Resten gestrandeter Wracks am legendären Rocky Point. Auf dem Weg dorthin finden wilde Sandfahrten durch riesige Dünenfelder statt, deren höchste Erhebungen den Blick über ein unendliches Meer aus Sandbergen freigeben. Und tatsächlich lassen sich an diesem sagenumwobenen Höllenstrand bei Rocky Point neben riesigen Walknochen noch immer einzelne Motorteile der abgestürzten »Ventura«, eines Rettungsflugzeugs, besichtigen und Reste der gestrandeten »Elliot«.

Mysteriöse Dünensandburgen

Während der Rückfahrt vom windumtosten Höllenstrand ins Camp präsentiert die Skelettküste ihre Landschaftsbilder. Keine Spuren. Nirgendwo. Nicht mal an den vertrockneten Ufern des Hoarusib River, dessen versteckter spärlicher Wasserlauf sich nur durch ein schmales Band grüner Vegetation verrät. Historische Wasserfluten haben skurril geformte Gesteinsgebilde herausgewaschen, die aussehen wie Burgen am Rhein. Es sollen Reste einer gewaltigen Düne sein, die vor 1000 Jahren den Canyon des Hoarusib verschloss, bis eine große Regenflut den natürlichen Damm mit einer Flutwelle hinwegfegte und nur die seltsamen Sandburgen stehen ließ. Im Anschluss wühlt sich der klobige Geländewagen über Hochebenen mit weiten Wüstenlandschaften, rot farbener Sand umzingelt Inselberge, Granitklötze und Basaltkugeln – hier ist eine Welt geformt wie die eines fremden Planeten. Was den Ort, an dem nichts ist, zu einem der aufregendsten im Südlichen Afrika macht!

Infos und Adressen

ESSEN UND TRINKEN

Wilderness Safaris. Alle Speisen und Getränke sowie Aktivitäten sind inklusive. Ab Eros Airport, Windhoek, www.wilderness-safaris.com

ÜBERNACHTEN

Hoanib Skeleton Coast Camp. Stylishes Hauptcamp mit 8 Luxuszelten zwischen dem Skeleton Coast National Park und der Palmwag-Region. Wilderness Safaris, www.wilderness-safaris.com

AKTIVITÄTEN

Game & Nature Drive. Ausfahrten zur Skeleton Coast und Rocky Point, den Lehmschlössern des Hoarusib und in die Dünengebiete. Siehe Information.

Fly-in Safari. Durch den Hoarusib Canyon und entlang der brandungsstarken Küste. Siehe Information.

INFORMATION

Wilderness Safaris Namibia. Cnr Merensky St und Schinz St, Windhoek, Tel. 061/27 45 00, www.wilderness-safaris.com und www.abendsonneafrika.de

Von A nach B zu fliegen, ist für Buschpiloten normaler Alltag.

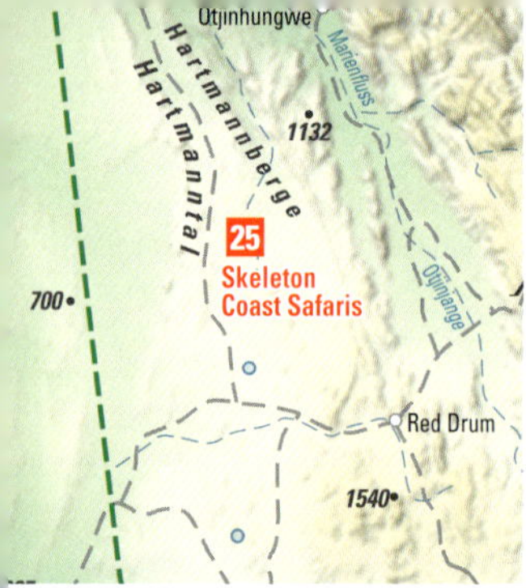

Mitte: Nichts als das Säuseln des Winds. Das Rauschen der nahen Brandung. Das leise Rieseln des Sands. Der Schrei einer einsamen Möwe. In Menschenleere.
Unten: Ganz wichtig: die Trinkpause

25 Skeleton Coast Safaris

Fly-in-Abenteuer im Kaokoveld

Das Lebenswerk des Skelettküsten-Pioniers Louw Schoeman begann, als er sich unsterblich in das von Menschenhand noch beinahe unberührte Territorium am eisigen Atlantik verliebte und es ihn immer wieder in die einzigartige und naturbelassene Einsamkeit zog. In der Folge spielte er eine bedeutende Rolle bei der Entstehung des Skeleton National Park, der die Naturschätze zwischen Wüste und Küste schützt.

Längst hat der Name des Fly-in-Pioniers Schoeman, der in den 1960er-Jahren in Begleitung knallharter Business-Wölfe in winzigen Einmotorigen die Skeleton Coast abflog, um nach wertvollen Mineralien zu suchen, im namibi-

GUT ZU WISSEN

NAMIBIAS SCHUTZZONEN

Wer die unberührte Natur der Skelettküste verlässt, weiß zu schätzen, was namibischer Naturschutz bedeutet: Trotz handfester wirtschaftlicher Interessen ließen sich die Naturschutzgebiete des Landes auf 15 Prozent der Gesamtfläche ausweiten, was 123 640 Quadratkilometern oder einem Drittel der Fläche Deutschlands entspricht. Insgesamt gibt es rund 20 staatlich geschützte Gebiete inklusive Nationalparks sowie Meeresschutzzonen, Wildparks und Reservate. Seit 2008 steht die neueste Errungenschaft, der Sperrgebiet National Park südlich von Lüderitz, auf der Liste (www.met.gov.na).

schen Reisesektor Kultstatus erlangt. Als Anwalt sollte er seine Klienten im Schürf- und Abbaurecht beraten und im Bedarfsfall juristische Fragen klären. Im Zuge der geschäftlichen Exkursionen setzte sich Schoeman nachdrücklich für die Erschließung und Nutzung der Bodenschätze ein und damit für die generelle Entwicklung des desolaten Areals. Sogar der Bau eines Hafens in Möwe Bay stand schon auf der Agenda. In der Folge besetzte der Business-Visionär einen Direktorenposten bei der Westies Minerals Company und gründete die Entwicklungsgesellschaft Sarusas Development Corporation.

Legendär: der Pionier der Wildnis

Dann erfolgte die Wandlung vom Saulus zum Paulus: Während seiner Flüge durch das einsame Land erkannte Schoeman, um was für eine wunderbare Ressource es sich bei dem, was er da unten sah, tatsächlich handelte. Immer stärker entflammten Herz und Seele für die herbe und ganz eigenartige Schönheit der sandigen und felsigen Küstenlandschaft. Immer häufiger flog er nun mit Freunden und Bekannten für ein paar Tage zum Fischen und Relaxen an die Skelettküste, bis die Idee eines riesigen Schutzgebiets geboren war, das 1971 nach langem Kampf als Skeleton Coast Park auf die namibische Landkarte kam. Als Schoeman im Jahr 1977 die Konzession erhielt, als Einziger ein Areal im nördlichen Teil des Nationalparks touristisch nutzen zu dürfen, war das Familienunternehmen Skeleton Coast Safaris schnell gegründet.

Der Kick im Abseits

Schoemans Frau Amy beschreibt ihn als Entdecker mit Pioniergeist, der seinen Gästen nicht nur eine

Geheimtipp

EIN PIONIERLEBEN

Ein aufregendes Stück Biografie hat die Ehefrau von Louw Schoeman, Amy Johanna Schoeman, seit der Gründung des Familienunternehmens miterlebt: die großen Skeleton-Coast-Momente Anfang der 1970er-Jahre und die eng damit verbundene Entstehung des Skeleton Coast Park. Auf Notizzetteln notierte die britischstämmige Autorin damals akribisch alles, was eines Tages für die Geschichte des Naturschutzes an der Skelettküste wichtig sein würde. Daneben gibt es interessante Kapitel über historische und moderne Namibia-Pioniere: Von Bartolomeu Diaz über Georg Hartmann bis Hans-Otto Meissner – der an der Skelettküste eine Bruchlandung hinlegte – ist so mancher Haudegen vertreten. Erstmals wurde das Buch 1984 publiziert. Jetzt ist es als Neuauflage mit aktuellen Zahlen und Fakten wieder zu haben: Amy Schoeman, *Skeleton Coast*, Windhoek 2010.

Bertus Schoeman, Pilot und Guide, in einer Cessna

Unfassbare Weiten produziert die unwirtliche Skelettküste, die hier einen verrosteten Schiffscorpus preisgibt, namenlos, aber mit einem Schicksal dahinter. Manchmal noch zeigen sich Fragmente einstiger Katastrophen.

tolle Tour bietet, sondern auch in der Vermittlung des Naturschutzgedankens anspruchsvolle Maßstäbe setzen wollte.

1987 rief Louw Schoeman die Namibia Nature Foundation ins Leben. Das Wissen um die Geologie der Region, um Flora und Fauna, um die besonderen klimatischen Gegebenheiten und die ökologischen Aspekte seiner geliebten Skelettküste waren ihm Herzensangelegenheiten, die er seiner gut zahlenden Kundschaft vermitteln wollte. Zahllose Anekdoten sind über den engagierten und überall im Lande bekannten Mann alter Schule im Umlauf. Zum Beispiel, dass er nie ohne Kehrbesen auf seine Safaris ging, um vor dem Abflug mit seiner Cessna oder der Abreise im Landrover die Fuß- und Reifenspuren der Zivilisation noch schnell verwischen zu können. Oder dass er die Zigarettenkippen seiner Safarigäste stets eigenhändig aufsammelte, um sie in Windhoek zu entsorgen.

Veteran der Wildnis

Als Schoeman im Jahr 1993 seine Konzession an einen deutschen Reiseveranstalter verlor, grämte ihn der Verlust vielleicht zu sehr – er starb bald darauf an Herzversagen. Heute verwalten die Schoeman-Söhne André, Léon, Henk und Bertus als Piloten und Ranger sein Erbe. Schoemans Skeleton Coast Safaris, die per Cessna und Landrover in die abgelegensten Ecken des Kaokovelds und der frei zugänglichen Areale der Skelettküste gehen, begeistern immer noch eine zahlungskräftige Kundschaft. Auch wenn nicht der Luxus, sondern Wanderungen durch die Wildnis und Übernachtungen in mobilen Zeltcamps zum Skelettküstenabenteuer à la Schoeman im Vordergrund stehen. Natürlich schon auch ein wenig eiskalter Champagner, solange die Kühlbox mitmacht.

Infos und Adressen

ESSEN UND TRINKEN

Skeleton Coast Safaris. Alle Speisen und Getränke sowie Camps und Aktivitäten sind inklusive. Ab Eros Airport, Windhoek, www.skeletoncoastsafaris.com

AKTIVITÄTEN

Safari A. Skelettküstensafari ab Windhoek. Dauer 4 Tage und 3 Nächte, Kuidas Camp am Huab River, Leylandsdrift, Camp im Hoarusib Valley, Kunene, River Camp – Region Kunene/ Skeleton Coast nördlich von Swakopmund.

Safari B. Skelettküstensafari kombiniert mit Dünenspektakel, Sossusvlei ab Windhoek. Dauer 4 Tage und 3 Nächte, mit Stopover in Sesriem sowie einem Nature Drive durch die Dünen des Sossusvlei.

Safari C. Skelettküstensafari kombiniert mit Sossusvlei und dem Etosha National Park ab Windhoek. Dauer 4 Tage und 3 Nächte, mit Stopover in der Etosha-Pfanne und Game Drive durch den Nationalpark.

INFORMATION

Skeleton Coast Safaris. Skelettküstensafari kombiniert mit Sossusvlei und dem Etosha National Park ab Windhoek. Dauer 4 Tage und 3 Nächte, mit Stopover in der Etosha-Pfanne und Game Drive durch den Nationalpark.

Begeistert *on roof top* eines 4x4-Spezialfahrzeugs beim Durchqueren der Knochenküste

KAOKOVELD UND HIMBALAND

26 Kaokoveld
Expedition ins Niemandsland **150**

27 Purros
Im Zentrum des Nichts **154**

28 Serra Cafema
Flussparadies am Ende der Welt **158**

29 Epupa und Ruacana Falls
Wasserkraft im Grenzgebiet **164**

Heiß gebackener Sand und Spuren ins Nirgendwo, oder doch, wie hier bei Purros, die Zufahrt zu einem Himba-Kral? Wo es Leben rettendes Know-how in der Sandwüste gibt.
S. 148/149: Stolze Himba-Frau

26 Kaokoveld
Expedition ins Niemandsland

Liebhaber skurriler Küstenstrecken, die es von der Jugendstilperle Swakopmund bis nach Cape Cross geschafft haben, können die sandige Eintönigkeit auf der Route der Wracks noch bis Torra Bay genießen. Von da ab führt die Strecke in die Welt der Himba im unfassbar wilden und abgelegenen Kaokoveld, wo auf erfahrene Lenker ein maßgeschneidertes 4x4-Terrain wartet.

Am rechten Wagenfenster zeigen sich die aufsteigenden Sandberge der Wüste, am linken stahlblaue Aussichten auf den Atlantik – sofern nicht beides der berüchtigte Nebel der namibischen Küste verhüllt. Sonst gibt es hier wenig zu sehen außer Robben, flatternde Seevögel und – mit viel Glück – ab und an ein Schiffswrack in tosender See. In Torra Bay wird sich der eintönige Coastal Ride nach dem Abzweig auf die C39 in einen

GUT ZU WISSEN

RARE EXOTEN

Endemisch ist das Hartmann-Bergzebra, von dem es nur noch rund 13 000 gibt. Oder die vom Aussterben bedrohte Damara-Seeschwalbe sowie die Sandechse, die problemlos im Wüstensand taucht und schwimmt. Fernglasbewehrte Ornithologen gehen nicht nur wegen Sekretären, Flamingos, Pinguinen, Riesentrappen, Adlern, Geiern, Marabus sowie bunt schillernden Enten- und Gänsearten auf die Pirsch. Von 887 geschützten Vogelarten im Südlichen Afrika stehen allein zwei Drittel auf der namibischen Liste, elf Arten gelten als endemisch.

fordernden Mountain Drive verwandeln, ein wildes Gebirgsland verbreitet sich jenseits des Wüstengürtels, der die atlantische Küste mit hitzebrütenden Sandbergen und Geröllebenen im Würgegriff hält.

Abenteuer im Nowhereland

Der Aufstieg führt über Palmwag und Warmquelle nach Sesfontein, wo die deutsche Kolonialregierung 1896 einen Militärposten errichtete. Von dort sind es auf der gut befahrbaren Piste bis nach Opuwo im zentralen Kaokoland (nach moderner Lesart die Provinz Kunene) noch 123 Kilometer, die zu den schönsten Fahrabschnitten im ganzen Land zählen. Auf dem Weg wechselt alle 100 Meter die Farbe des Bodens – mal erscheint die Piste in Rot, dann wieder in Schwarz, Orange, Dunkelgrau oder Braun. Gesteinsschichten aus Granit, Quarz, Sandstein, Dolomit und Schiefer liefern die Zutaten. Die Strecke verläuft in ständigem Auf und Ab durch Hügel und sanfte Täler, in der Ferne steigen die Giraffenberge jenseits des Hoarusib River aus hitzeflirrendem Dunst, bizarre Felsformationen, vulkanartige Kegel und Tafelberge zeigen sich auf beiden Seiten. Opuwo, das Hauptstädtchen der Kunene-Provinz, ist recht trostlos, aber die einzige größere Ansiedlung weit und breit mit Tankstelle, Supermarkt und einigen gut sortierten Shops. Ansonsten zeigt die Frontier-Stadt einen wilden Mix aus Himba-Hütten, notdürftigen Quartieren und schmucklosen Betonbauten. Immer noch tauchen im Straßenbild halbnackte Himba sowie stolze Herero in wilhelminischer Tracht auf.

Im Land der Himba

Die halbnomadischen Viehzüchter leben wie eh und je in einer extrem trockenen Region, die

Geheimtipp

CAMPS AM ENDE DER WELT

Hinter dem Van Zyl's Pass und auf der Piste zwischen Hartmannberge und Marienflusstal liegt Camp Okarohombo, das lokale Himba aus der angestammten Dorfgemeinschaft am Fluss als Zeltplatz mit Grillstelle, Wasseranschluss, Duschen und WC betreiben. »There is a paradise at the end of the world, that has a name: Marienfluss Valley«, bewerben sie ihr ungewöhnliches Projekt und beschönigen dabei nichts. Eine ebensolche Traumlage bieten die Bungalows des Camps Syncro für Selbstversorger mit vier Zeltplätzen inmitten einer unberührten Wildnis an den Ufern des Kunene. Wandertracks, der Besuch von Himba-Kralen sowie Bootsfahrten stehen auf dem Aktivitätenprogramm, das die schwierige 4x4-Anfahrt kompensiert.

Camp Okarohombo und Camps Syncro. www.campsyncro.com und www.info-namibia.com

Die Okahirongo Elephant Lodge in Purros, Kaokoveld

Oben: Stolz und anmutig: Himba-Frau
Unten: Überlebenskünstler: Farbschillernder Wüsten-Lizard

mit 50000 Quadratkilometern größer ist als die Niederlande. Weitab vom Rest der Welt zwischen Skeleton Coast, Etosha und der angolanischen Grenze konnte sich der Volksstamm der Himba seine kulturelle Eigenständigkeit weitgehend bewahren. Über den Nervenkitzel abenteuerlicher Geländeexpeditionen und die Freude am lokalen Wildlife hinaus ist diese letzte nahezu unerschlossene Region eine der attraktivsten Landschaften Namibias – mit violett und grünlich schimmernden Granitbergen, tief eingeschnittenen Trockenflussbetten und einer einzigartigen Wüstenvegetation. Wüstenelefanten, Spitzmaulnashörner, Oryxantilopen, Bergzebras, Giraffen und Kudus haben zwischen den Tönnesenbergen, den Giraffenbergen und den Schwarzen und Fahlen Kuppen ihr malerisches Revier. Im Norden trennt der Kunene Namibia von Angola in einem Streifen üppig-grüner Vegetation.

Expeditionserfahrung gefragt

Wer gerne selbst am Steuer sitzt, aber nur wenig geländeerfahren ist, kann sich bis Opuwo wagen, sollte sich abseits der Hauptstrecken lieber einem Konvoi anschließen und auf jeden Fall gutes Karten- und Infomaterial sowie GPS und ausreichend Wasser-, Nahrungsmittel- und Treibstoffvorräte mitführen. Hindernisse, die sich im Kaokoveld auftun, sind unberechenbar; wer sich als Unbedarfter dem berüchtigten Van Zyl's Pass nähert, möchte beim Anblick der Strecke am liebsten sofort wieder umkehren. Das Zielgebiet des Marienflusstals liegt ca. 230 Kilometer nördlich von Opuwo, ist über die D 3703 via Otjitanda/Van Zyl's Pass zu erreichen oder auf der D 3707 ab Purros. Geübte Offroad-Enthusiasten fordert die dürftige Infrastruktur mit ihren teils schwierigen Verkehrswegen, die fast ausschließlich aus Sand- und Schotterpisten bestehen, erst richtig heraus.

Infos und Adressen

SEHENSWÜRDIGKEITEN

Ovahimba Living Museum. Interaktives Museum mit Programm. 42 km nördlich von Opuwo auf dem Weg nach Epupa Falls an der C 43, www.lcfn.info

ESSEN UND TRINKEN

Fort Sesfontein Restaurant. Gediegene altehrwürdige Atmosphäre. Sesfontein, Tel. 065/68 50 34, www.fort-sesfontein.com

ÜBERNACHTEN

Camp Aussicht. Marius Steiners Wüstendomizil südlich von Opuwo bietet 4 Zimmer, Camping und eine außergewöhnliche Erfahrung im absoluten Abseits. Tel. 061/23 43 42, www.info-namibia.com

Fort Sesfontein. Komfortable Lodge mit Pool, Innenhof und Garten im ehemals deutschen Fort. Sesfontein, Tel. 065/68 50 34, www.fort-sesfontein.com

Opuwo Country Hotel. Mit Pool, Campingplatz und Spa. Opuwo, Tel. 064/41 86 61 und 065/27 34 61, www.opuwoLodge.com

Uukwaluudhi Safari Lodge. 85 km östlich von Opuwo. Tel. 061/40 12 84 und 081/224 48 48, www.uukwaluudhi-safarilodge.com

AKTIVITÄTEN

Fort Sesfontein. Die Hoanib Tour, die Himba-Tour und die Felsgravuren-Tour der Lodge sind zugleich Pirschfahrten durch das Terrain von Wüstenelefanten, Giraffen und Löwen. www.fort-sesfontein.com

Expeditionen. Unter sachkundiger Leitung im Kaokoveld, Namibia Tracks & Trails, www.namibia-track-and-trails.com

INFORMATION

Fort Sesfontein. Sesfontein, Tel. 065/68 50 34 und 081/831 69 44, www.fort-sesfontein.com und www.info-namibia.com

Kral-Bewohnerinnen, die aus Leder, Muscheln und hölzernem Strandgut gefertigte Mitbringsel an Besucher verkaufen.

27 Purros

Im Zentrum des Nichts

Ohne Vierradantrieb ist Purros, eine lockere Siedlung hier ansässiger Himba inklusive eines von der Community betriebenen Campground sowie eines Traditional Village mit Souvenirshop, nicht zu schaffen, weshalb sich der Verkehr in Grenzen hält. Die meisten Besucher fliegen auf dem bildschön gelegenen Airstrip ein, um sich erst mal im Pool der luxuriösen Okahirongo Elephant Lodge zu kühlen.

Mitte: Anflug über das Trockenflusstal des Hoarusib River
Unten: Elefanten durchkämmen die karge Vegetation nahe Purros.

Unwirklich die Szenen, während die Cessna im Tiefflug durch den Canyon des Hoarusib River kurvt, schon der Anflug gerät zum Bildertraum: An den Wasserlachen zeigen sich Wüstenelefanten, Schwarze Nashörner, Giraffen, prächtige Oryxantilopen, Springböcke und manchmal auch Löwen. Saftiges Grün säumt das Flussbett, das sich als Vegetationsstreifen durchs aride Felsland windet. Der Hoarusib fällt nie ganz trocken, unterirdische

GUT ZU WISSEN

WÜSTENLÖWEN AUF DER SPUR

Seit Langem ist der namibische Biologe, Tierforscher und Gründer der Desert Lion Conservation Dr. Philip Stander mit den Wanderrouten der Wüstenlöwen des Kaokoveld vertraut. Einer seiner Beobachtungsexemplare, ein stattlicher Mähnenlöwe mit der Nummer Xpl-68, so wusste die *Abendzeitung* zu berichten, hatte auf dem Weg nach Angola den Kunene durchschwommen und in 25 Tagen 658 Kilometer zurückgelegt. Im ganzen Jahr sollen es insgesamt 6000 Wanderkilometer der Wüstenkatze gewesen sein!

Eine Cessna auf dem Flugfeld von Purros

Sickerquellen lassen reichhaltige Flora sprießen und weit ausladende Schatten spendende Anabäume wachsen.

Topspot für Landschaftsästheten

Auf einer von Bergketten gesäumten Sandebene, die ein schlapper, roter Windsack als Airstrip von Purros kennzeichnet, kommt die Cessna zwischen Palmenhainen und Himba-Siedlungen zum Stehen. Wer tatsächlich gefahren ist, hat ein außerordentliches 4x4-Pistenerlebnis hinter sich: Auf der rustikalen Sand- und Schotterpiste ab Sesfontein geht ohne Vierrad und gute Bodenfreiheit zuweilen nichts. Zu den Highlights einzigartiger Landschaftseindrücke in diesem absoluten Nirgendwo gehören die Vertreter der Volksgruppe der Himba, die hier in unmittelbarer Nähe in ihren Kralen leben. Nicht wenige dieser Ockermenschen ziehen ihre traditionelle Lebensweise der modernen Welt, die immer näher an sie heranrückt, ganz bewusst vor. Andere schicken ihre Kinder lieber in die Schule, um ihnen die Chancen in einem sich rasant entwickelnden Namibia nicht zu verbauen. In einem der Krale führt eine barbusige Himba vor einem heiß gebackenen Lehmhäuschen sitzend Besuchern vor, wie Himba-Frauen ihre Körper

Einfach gut!

PURROS FLY-IN

Nicht daran zu denken, erzählt der gebürtige Swakopmunder Leander Borg, als er mit Abschluss der südafrikanischen Stellenbosch-Universität zurück nach Namibia kam, dass er mal mit einer zwölfköpfigen Crew eines der renommiertesten Safariunternehmen mit Schwerpunkt Flugsafari auf die Beine stellen würde. Sechs feste Fly-ins sind im Programm, darunter die beiden einwöchigen Northern Highlights und Namibian Treasures ins wilde Kaokoveld mit Stopovers in Purros und beim Kunene River. Ganz Namibia gibt es auch maßgeschneidert je nach Wunsch, wobei der Pilot am Boden immer dabei ist und Routen wie Abflugzeiten variabel bleiben. Wer das macht, muss die Wildnis auch spüren, erklärt Mountainbiker Borg.

NatureFriend Safaris.
546 Dante St, Prosperita, Windhoek, Tel. 061/23 47 93, www.naturefriendsafaris.com

Oben: Die moderne Welt hat Einzug gehalten: Anreisende im 4x4-Fahrzeug

Mitte: Okahirongo Elephant Lodge mit Pool bei Purros

Unten: Das Kontrastprogramm: Ein Himba-Kral bei Purros ohne Strom, WC und Fließendwasser

mit Ockerfarbe bemalen, und posiert geübt für die obligatorischen Fotos. Die sich sofort oder im Anschluss in klingende Münze verwandeln, weil in der Nachbarhütte gleich nebenan selbst gebastelte Souvenirs zum Verkauf gebracht werden. Wobei existenzsichernde Teilhabe am Tourismus dem modernen Blickwinkel umweltverantwortlicher Politik exakt entspricht: Tier- und Naturschutz funktionieren langfristig nur so – durch Einbindung statt Ausgrenzung in der Region ansässiger Volksgruppen.

Camping bei Himba-Kriegern

Das irgendwie aus der Welt gefallene Purros ist aus den Ansiedlungen der Himba entstanden. Wer zum Campground der Community will, muss einer einzelnen Fahrspur folgen, die mit Glück ausgeschildert ist, oder sich durchfragen, falls sich überhaupt ein Mensch an diesem Ende der Welt zeigt und der Wagen nicht im tiefen Sand stecken bleibt. Unter ausladenden Kronen Schatten spendender Bäume betreiben Einheimische diesen idyllischen Platz, der großzügige Zeltparzellen mit Grillvorrichtung, fließendem Wasser, Dusche und Wassertoilette bietet. Es gibt sogar eine Bar mit gekühlten Getränken, was im trockenheißen Ambiente auf einem Zeltplatz in Purros der wahre Luxus ist. Freundliche Himba-Guides stehen bereit, um auf Nature Walks und bei Kral-Besuchen ihre Heimat zu erklären, und für geführte Nature

Drives ist das bildschöne Hoarusib-Flusstal nicht weit. Übrigens: Wüstenelefanten können in Purros jederzeit auftauchen, auch mitten im Zeltcamp.

Skelettküste nebenan

Nur 65 Kilometer entfernt brandet der Atlantik an die geheimnisumwitterte Skeleton Coast, der man sich hier nicht entziehen kann, weshalb vom Purros-Airstrip Sightseeing-Flüge zur Küste starten. Da kann es passieren, dass der Pilot, der seine Wracks genau kennt, nicht nur von historischen Unglücksfällen zu berichten weiß: Selbst modern ausgerüstete Schiffe mit Stahlrümpfen nebst Funk und Radar versinken vor Namibias Küsten immer mal wieder. Und auch Flugzeuge trifft der Fluch der magischen Küste. Am 13. September 1997 stieß hier eine Transportmaschine der Bundeswehr mit einem amerikanischen Airlifter zusammen, beide Flugzeuge stürzten vor der Skelettküste ins Meer.

Okahirongo Elephant Lodge

Von der Landepiste aus schon sichtbar, thront sie erhaben auf einem Bergrücken über dem Purros-Tal, die Okahirongo Elephant Lodge. »Rooms with a view« – also Zimmer mit Aussicht auf die skurrilen Landschaften ringsum bieten die neun eigenwillig gestylten kubischen, ocker-, honig- und sandfarben gehaltenen 50 Quadratmeter großen Wohnwürfel des noblen Wüstencamps. Es verwöhnt seine Gäste in diesem entlegenen Abseits des Kaokoveld mit allem erdenklichem Luxus der Moderne – Bücherei und türkisfarbener Pool inklusive. Die meisten kommen per Fly-in oder aus Sesfontein her. Aktivitäten sind Game Drives zu Nashörnern und Elefanten, Besuche der Himba-Krale sowie Fly-in-Ausflüge zu den besten Skelettküsten-Spots.

Infos und Adressen

ÜBERNACHTEN

Community Campground. Toiletten, Dusche, Bar, betrieben durch die ansässige Himba Community. 2 km nordöstlich von Purros (beschildert), Zufahrt nur mit 4x4. www.info-namibia.com

Okahirongo Elephant Lodge. Kubische Architektur mit Weitblick. Purros Conservancy in the Kunene Streek, Tel. 061/23 72 94 und 065/68 50 18/20, www.okahirongolodge.com und www.classicsnamibia.com

AKTIVITÄTEN

Himba-Krale. Die Okahirongo Elephant Lodge sowie die Guides des Community Campground in Purros führen Walks, Game Drives und Scenic Drives mit Besuchen von Himba Communities und der Erkundung des Hoarusib River Valley durch.

Safari zu den Wüstenlöwen. Conservancy Safari Namibia, Swakopmund, Tel. 064/40 61 36, www.conservationsafaricompany.com

INFORMATION

Namibia Tourism Board. Haddy & Sam Nujoma Dr, Windhoek, Tel. 061/290 60 00, www.namibiatourism.com.na

Genügsame Oryxantilope im sandigen Habitat

28 Serra Cafema
Flussparadies am Ende der Welt

Unglaublich, unwirklich und am Ende der Welt: Serra Cafema am Kunene River, ein Traum im namibisch-angolanischen Grenzgebiet – mit 100 Prozent *nature untouched.*

Eine der frappierendsten und komprimiertesten Landschaften hält in der nordwestlichen Ecke des Kaokoveld die Serra Cafema Lodge besetzt. Vom Hartmanns Valley Airstrip geht es noch eine Stunde per Landrover offroad durch eine obskur schöne Welt aus zersägten Bergketten und gewaltigen Sandpaketen mit Blick auf die 2000 Meter hohen Cafema Mountains jenseits der angolanischen Grenze.

Wenn sich der allradgetriebene Geländewagen eine Sandpiste mit extremem Gefälle vorsichtig hinuntertastet, beginnt die Zufahrt zum Wundertal: Tief unten glitzert der Kunene River in Dunkelgrün, im Terrain der Krokodile tauchen zwischen hohen Papyrusstauden die strohgedeckten Dächer der Luxuslodge auf. Acht großzügige Pfahlbauten

GUT ZU WISSEN

CAMP-LOGISTIK

Das Öko-Camp erzeugt Strom und warmes Wasser über Solaranlagen. Das Wasser wird per Traktor und Tankwagen aus einer 90 Kilometer entfernten Quelle antransportiert. Frische Ware wie Gemüse, Fisch, Fleisch und Obst kommt mit dem Flugzeug. Alle festen und haltbaren Güter erreichen das Camp einmal pro Monat auf 4x4-Spezialtrucks, die für knapp 1000 Kilometer ab Windhoek 48 Stunden und eine Spezialgenehmigung des Ministeriums für Umwelt und Tourismus zur Durchfahrt benötigen. Zurück nehmen sie dann den säuberlich getrennten Müll mit.

Der Kuene River in voller Pracht

mit jeweils 100 Quadratmetern Wohnfläche und geschmackvoll afrikanischen Interieurs sind zwischen Sanddünen und Ufervegetation versteckt und produzieren ein filmreifes Ambiente. Bergtouren, Bootsfahrten und Besuche umliegender Himba-Krale vermitteln auf berührende Weise den Zauber eines unberührten Garten Edens.

Kunene und das Ende der Welt

An Ursprünglichkeit und Menschenleere lässt sich die abgelegene und völlig wilde Gebirgsregion am Kunene River kaum überbieten. »An diesem Rande, der hier den Namen Kaokofeld führt«, schrieb Georg Hartmann begeistert von der überschwänglichen Natur in sein Kunene-Tagebuch, »beginnen die Flüsse netzartig Hunderte von Rinnen und Tälern einzusägen.« Als der Geologe, der im Jahr 1900 im Auftrag der deutschen Kolonialregierung unterwegs war, den angolanisch-namibischen Grenzfluss erreichte, notierte er, dass der Kunene immerfort Wasser habe und sich selbst durch die Küstenwüste als ein breiter Silberstreifen mit frisch-grünen Schilfflächen zu beiden Seiten hindurchziehe. Hier also fand sein Wildafrika statt mit undurchdringlichen Dornbuschsteppen,

Geheimtipp

OKAHIRONGO RIVER CAMP

Der aquatische Ableger der Okahirongo Elephant Lodge in Purros liegt ebenfalls in der Marienflussregion und direkt am Ufer des Kunene an der Grenze zu Angola. Gäste schweben in der Regel per Kleinflugzeug ein. Echte Abenteurer nehmen von Purros die D3707 Richtung Orupembe bis zur Rooi Drom, einer roten Orientierungstonne. Von dort sind es noch 60 Kilometer bis zum Marienfluss. Ein halbes Dutzend Luxuszelte residieren auf Holzdecks in idyllischer Traumlage an den vegetationsstrotzenden Ufern des Kunene. Hölzerne Laufstege verbinden die Hauptlodge mit den Zeltdomizilen und einem opulent großen Pool, weil sich ein Sprung ins kühlende Nass wie von selbst verbietet (Nilkrokodile).

Okahirongo River Camp. Kunene River, Tel. 065/68 50 91 und 065/68 51 08, www.okahirongolodge.com

Oben: Serra Cafemas Chalets stehen auf Stelzen im Uferbewuchs nahe am Wasser.

Mitte: Boat-Trip zum Sunset auf dem Kunene

Unten: Das Nilkrokodil ist das größte Krokodil Afrikas.

Felsgebirgen, Tafel- und Sandbergen, mit einem Reichtum an exotischen Wildtieren und den stolzen Himba, die sich in der namibisch-angolanischen Grenzregion ihr Refugium weitgehend erhalten konnten.

Hartmanns Wildafrika

Georg Hartmann, 1865 in Dresden geboren und mit Anna Woermann, der Tochter des Schiffsreeders Adolph Woermann aus Hamburg verheiratet, gab nicht nur dem bedrohten Hartmann-Zebra seinen Namen, sondern auch einer malerischen Bergkette, den Hartmannbergen, und dem Hartmannstal. Der Anflug auf Hartmanns Valley Airstrip wird zu einem landschaftlichen Hollywood-Spektakel mit verlockenden Einblicken ins bezaubernde Marienflusstal. Zugestaubt parken am Rand der Landepiste ein Geländewagen und eine Cessna. Sie gehören der alteingesessenen Schoeman-Familie, die maßgeschneiderte Safariexpeditionen in diesem Bilderinferno veranstaltet. Noch eine Stunde im Landrover durch Welten aus wüstenhaften Hochebenen, weiten Tälern und zerklüfteten Felskämmen, die aus gewaltigen Sanddünden herausragen. Auf der angolanischen Seite erheben sich bis zu einer Höhe von 2000 Metern die Cafema Mountains.

Auf Augenhöhe mit riesigen Crocs

Bei sternenklarer Nacht, wenn die Fluss- und Bergszenerie ein Erlebnisfeld der Sinne ist, wird die Stille hin und wieder unterbrochen vom Geräusch zuschnappender Krokodile. Vor Kurzem, trägt der Game Ranger vor, brachen zwei junge Himba durchs seichte Wasser zur anderen Flussseite auf. Doch nur einer kam drüben an. Nilkrokodile werden bis zu sechs Meter lang, weshalb die Lodge, die mit der ansässigen Himba-Marienfluss-Community eng kooperiert, jederzeit Fährdienste anbietet. Aber Himba sind traditionsbewusst. Sie fahren nicht Motorboot. Vom Boot aus ist ein Rinderkalb zu sehen, das von der steilen Flussböschung gerutscht ist und bis zum Bauch im Ufermorast steckt. Es ist klar, was gleich passiert. Grausam sei das, merkt jemand im Boot an. »Nicht für die Crocs«, sagt der Bootsführer. So ist die Wildnis.

Nichts als Erinnerung

Berta Tjiundiro lacht herzlich, wenn man sie Tizee ruft. Das hübsche Himba-Mädchen ist gerade 21 Jahre alt, gehört zur Marienfluss-Community und absolviert in der Serra Cafema Lodge eine Ausbildung zur Köchin. Sie kann weder schreiben noch lesen, behält aber jede zubereitete Rezeptur fotografisch im Kopf. Tizee ist glücklich. Sie sagt, ihr Sprung in diese neue Welt sei vor allem gut für die Zukunft ihrer Kinder. Wenn es Zeit wird, stehen die Abreisenden mit traurigen Augen neben ihrem Gepäck, das im Stauraum einer Cessna verschwindet, seelenwund in dem Bewusstsein, jetzt einen jener ganz besonderen Orte, die voller spiritueller Kraft sind, für immer zu verlassen. Garantiert jeder wird den Wunsch in seinem Herzen haben, hierher zurückkehren zu wollen. Aber nichts als Erinnerung wird dem Abreisenden bleiben.

Infos und Adressen

ÜBERNACHTEN

Serra Cafema. Eines der schönsten Camps Namibias: 8 Luxuschalets im typisch afrikanischen Stil am Kunene River, Anreise per Flugzeug. Wilderness Safaris, Cnr Merensky St und Schinz St, Windhoek, Tel. 061/27 45 00, www.wilderness-safaris.com

AKTIVITÄTEN

Kunene-Exkursionen. Krokodile und seltene Wasservögel sind die Attraktion auf den angebotenen River Cruises der Lodge. Siehe Information.

Himba Community. Besuche von Himba-Dörfern, die sich in der weit abgelegenen Region ihre halbnomadischen Traditionen und Lebensweisen erhalten haben. Siehe Information.

INFORMATION

Wilderness Safaris Namibia. Cnr Merensky St und Schinz St, Windhoek, Tel. 061/27 45 00, www.wilderness-safaris.com und www.info-namibia.com

Tizee von der Himba-Marienfluss-Community ist Lern-Köchin.

LETZTE KRIEGER der Wildnis

Himba-Frauen posieren im traditionellen Outfit für Kameralinsen aus aller Welt.

Bis gegen Ende des 19. Jahrhunderts waren die Stammesvölker noch weitgehend unabhängig, dafür gab es immer wieder kriegerische Auseinandersetzungen untereinander. Erst mit dem Vorrücken der Europäer begann ein gemeinsames Schicksal. Möglicherweise hätten sie den Verlauf der Geschichte zu ihren Gunsten beeinflussen können, wenn sie es vermocht hätten, vereint aufzutreten.

Aber den Verlockungen der westlichen Zivilisation und der modernen Waffentechnik waren die Bewohner der namibischen Weiten leichte Beute. Außerdem war die Strategie der Europäer nach dem Grundsatz »Teile und herrsche« erfolgreich. Die weißen Kolonialisten konnten sich über erbitterte Kämpfe zwischen Nama und Herero nur freuen, vortrefflich ließen sich die rivalisierenden Gruppen gegeneinander ausspielen und mit beiden profitabel Geschäfte machen.

Während die Herero zunächst mit den Deutschen paktierten, überfielen die Nama unter ihrem legendären Führer Hendrik Witbooi erst ihre Herero-Brüder und dann die Deutsche Schutztruppe – und erlitten dabei eine verheerende Niederlage.

San, Himba und andere Ethnien

Den Herero erging es im Verlauf der Entwicklungen trotz ihres Wohlverhaltens kaum besser: Sie wurden durch Rinderpest, Malaria, Typhus und Heuschreckenplagen dezimiert, während die deutsche Kolonie erstarkte. Schließlich lehnten sich die Herero-Krieger unter ihrem Häuptling Samuel Maherero in einem Verzweiflungsakt gegen die Kolonialmacht auf, die sie als Zwangsarbeiter beim Eisenbahn- und Bergbau missbrauchte, schlecht behandelte und ihnen ihre Frauen nahm. Ein schlimmes Schlachten begann, das Generalleutnant von Trotha im Frühjahr 1904 mit einem gezielten Massaker an den unterlegenen Herero beendete. Weitgehend unberührt von den Wirren der Kolonialzeit blieben die im Norden siedelnden Ovambo, die so kriegerisch waren, dass sich die Kolonialen nicht mit ihnen anlegen wollten. Auch die im nördlichen Kaokoveld lebenden Himba-Stämme blieben nahezu unbehelligt. Die Ockermenschen, die ihre Haut mit einem Gemisch aus eisenoxidhaltiger Erde und Ziegenbutter vor der brennenden Sonne schützen, führen bis heute in abgelegenen Bergregionen eine steinzeitliche Existenz in lehm- und dungverputzten Rundhütten.

Tabus und böse Geister

24 Stunden am Tag brennt dort das heilige Feuer Okuruwo, damit im Makera-Ritual der Sippenführer oder Headman die Vorfahren darum bitten kann, die Milch seiner Kühe vor bösem Tabu zu bewahren. Als Halbnomanden, die von Schafen, Ziegen und Kühen leben, ziehen die Männer mit ihrem geheiligten Vieh durch das trockene Land, während Frauen und Kinder im Kral verbleiben. Möglicherweise ist es nur noch eine Frage der Zeit, wie lange sich die Himba als letzte Krieger der Wildnis den Verlockungen der modernen Welt entziehen können. Schon jetzt präsentieren hübsche Himba-Mädchen ihre Nacktheit immer häufiger anrückenden Kameralinsen – gegen Entlohnung. Und dort, wo Kontakt zur anderen Welt besteht, in der Nähe von Siedlungen und Lodges, werden längst Souvenirs zum Verkauf dargeboten. Auch gehen immer mehr Himba-Kinder im Rahmen staatlicher und privater Förderprogramme zur Schule, was die kulturelle Eigenständigkeit der Himba weiter bedroht.

Wasser ist die treibende Kraft der Ruacana- und Epupa-Fälle am Kunene.

29 Epupa und Ruacana Falls

Wasserkraft im Grenzgebiet

Sesfontein und Opuwo sind die Stationen unerschrockener Pistenfahrer auf dem Weg ins Kunene-Grenzgebiet zu Angola, wo mit den Epupa- und den Ruacana-Fällen eindrucksvolle Wasserspiele warten. Hier, am absoluten Nordende des Kaokoveld, präsentiert der Kunene seine üppig grünenden Ufer in ockerfarbener Landschaft und rauschende Stromschnellen, die 40 Meter tief in eine Schlucht abstürzen.

1901 ließ Oberstleutnant Franke einen Weg von Outjo aus bis ins oasenhafte Tal der sechs Quellen, Sesfontein, bauen, um für die Deutsche Schutztruppe 1896 einen Militärposten zu bauen, um Baumaterial von dort per Ochsenkarren für ein geplantes Fort transportieren zu können. 1902 entstand ein erstes Stationsgebäude, 1906 das Fort, das heute Nationaldenkmal ist und Reisenden als luxuriöse Lodge einen Zwischenstopp auf dem Weg ins Kaokoveld und zur Skelettküste ermöglicht. Als Oase empfängt das Örtchen Warmquelle südlich von Sesfontein seine Gäste mit dem Ongongo-Wasserfall, den hundertjährige Feigenbäume umgeben.

Off the beaten track

Die Piste von Sesfontein nach Opuwo zieht sich wie ein rotes Sandband durchs trockene Buschland, wechselt aber je nach mineralischer Beschaffenheit des Untergrunds immer wieder die Farbe. Die Hauptstadt der Kunene-Region, die Cessnas auf ihrer Route zum abgelegenen Kunene als wichtigen Tankstopp inzwischen anfliegen, ist wirtschaftliches Zentrum der Region, in dem auch heute noch Himba-Eingeborene halbnackt zwischen traditionellen Krals und schmucklosen Betonbauten unterwegs sind. Die Vier-Sterne-Lodge Opuwo Country Hotel, die wie eine Fata Morgana aus dem staubigen Land ragt, dient durch die trockene Wildnis kurvenden Pistenfahrern als Übernachtungsetappe.

Epupa Falls

In der Sprache der Herero bedeutet Epupa »fallendes Wasser«, und wer sich auf der landschaftlich beeindruckenden Strecke der D 3700 mit Blick auf die Zebraberge hierhin verirrt hat, wird durch die Wassermassen, die über 40 Meter in eine felsige Schlucht stürzen, mehr als belohnt. Wie an den Ruacana-Fällen war auch hier ein gewaltiger Staudamm zwecks Energiegewinnung geplant, was große Proteste bei Naturschützern und Einheimischen auslöste und wohl deshalb vorerst nicht verwirklicht wurde.

Ruacana Falls

Ca. 160 Kilometer östlich von Epupa stürzten die Wassermassen des Kunene an den Ruacana-Fällen auf 700 Metern Breite über 120 Meter in die Tiefe. Allerdings schluckt das größte Elektrizitätswerk Namibias einen beträchtlichen Teil des aquatischen Nass vorher weg, um seine Kraft zur Stromerzeugung zu verwenden. Nur bei Hochwasser ist noch zu erleben, wie spektakulär der Ort einst war, bevor der Calueque Dam den Kunene zivilisierte. Wer ausschließlich der Fälle wegen herkommt, wird eher enttäuscht sein. Etwa mittig zwischen Epupa und Ruacana Falls liegt am Flusslauf die Kunene River Lodge, die mit Raften, Kanu- und Angeltrips sowie Mountainbiking für sportliche Aktivitäten sorgt.

Infos und Adressen

ÜBERNACHTEN

Epupa Camp. Lodge mit Zeltunterkünften Pool und Restaurant direkt am Fluss. Abzweig von der D 3700, Epupa Falls, Tel. 061/23 72 94, www.epupa.com.na

Epupa Falls Lodge & Campsite. Bildschönes Safariambiente, 200 m von den Fällen entfernt. Epupa Falls, Tel. 081/250 82 25, Campsite 081/361 17 99, www.epupafallslodge.com

Kapika Waterfall Camp. Schöne Natursteinchalets und Restaurant mit Blick auf den Kunene River. C 43/D 3700 Richtung Epupa Falls, Opuwo, Tel. 065/68 51 11, www.epupalodge.com

Kunene River Lodge. Schöne Flusslodge 65 km westlich von Ruacana. Tel. 065/68 50 16, www.kuneneriverlodge.com

Ruacana Eha Lodge. 21 DZ, Pool und Restaurant in ansprechendem Ambiente. Springbok Ave, Ruacana, Tel. 065/27 15 00, www.ruacanaehalodge.com.na

INFORMATION

Namibia Tourism Board. Schillerstr. 42–44, Frankfurt/Main, Tel. 069/133 73 60, www.namibia-tourism.com und www.info-namibia.com

DIE NAMIB

30 Über die Pässe zur Namib
Abenteuer für Schwindelfreie **168**

31 Namib Naukluft Park
Nichts außer Wüste und Sand! **172**

32 Sossusvlei
Sandpakete und Dünenspektakel **176**

33 Im Ballon über der Wüste
Schweben über dem Sossusvlei **180**

34 NamibRand Nature Reserve
Wo der Wolf tanzt **186**

35 Gondwana Desert Collection
Vier auf einen Schlag **190**

S. 166/167: Wanderer auf einer Sossusvlei-Düne

Teststrecken für mutige Lenker: Ein halbes Dutzend *Pads*, ungeteerte Pisten, ziehen sich durch eine berauschende Bergwelt und verbinden Windhoek mit Walvis Bay und dem Naukluft.

30 Über die Pässe zur Namib

Abenteuer für Schwindelfreie

Nicht die bequemste Anreise zur Namib-Wüste und ins Sanddünenmeer des Sossusvlei ist diese Teststrecke für mutige Lenker, aber eine der schönsten – selbst begabte Fahrer werden die abenteuerliche Pässetour durch das Naukluftgebirge als nicht geringe Herausforderung erfahren. In jedem Fall aber als Training eiserner Disziplin, wenn an zahlreichen steilen Haarnadelkurven traumhafte Aussichten zu einem riskanten Blick verlocken.

Gleich hinter der Hauptstadt geht es los mit der zackigen Bergwelt: zur Linken der Großherzog-Friedrich-Berg (2339 m), zur Rechten der Kaiser Wilhelm Mountain (1997 m). Zwischen den Steinriesen mit der deutsch-kolonialen Namensgebung hindurch führt die C26 als Erstes über den Kupferbergpass durch beeindruckende Gebirgs-

GUT ZU WISSEN

WENN ES KRIEG GIBT, GEHEN WIR IN DIE WÜSTE

Der dokumentarische Roman erzählt das abenteuerliche Schicksal zweier frisch gebackener Geologen, Henno Martin und Hermann Korn, die sich 1935 von Nazideutschland auf den Weg machen, um im Naukluftgebirge Forschungen zu betreiben. 1940 holt sie der Zweite Weltkrieg ein, sie verstecken sich vor der drohenden Internierung zwei Jahre lang im Kuiseb Canyon, wo sie wie die Buschleute als Jäger, Fallensteller und Sammler ums nackte Überleben kämpfen.

landschaften. Nach der Gästefarm Weissenfels beginnt die Anfahrt mit bis zu elf Prozent Steigung zum Gamsbergpass, einem der bekanntesten Pässe Namibias: Auf 2334 Metern Höhe zieht seine Trasse nur knapp unterhalb des 2347 Meter hohen Tafelbergs vorbei, bei klarer Sicht werden Passfahrer mit einem herrlichen Ausblick über die Namib-Wüste belohnt.

Tor zur Namib: Gamsberg

Das Naturerlebnis ist Panorama pur: Grüne, gefaltete Berge auf der rechten Seite, tiefe Schluchten, ausgetrocknete Flussbetten, glänzende Quarze. Eine kleine Windhose fegt über die Straße, was für eine Fahrt! Fände sie nachts statt, Gott bewahre! Es wäre eine Reise ins Licht der Sterne, denn auf dem Gamsbergpass glitzert der Nachthimmel so intensiv wie nirgendwo sonst. Der Sterne-Film *Die Wiederkehr des Mars* ist hier gedreht worden und das Max-Planck-Institut hat auf dem Berg eine Sternwarte eingerichtet. Im Bereich des Passes liegen zahlreiche Gästefarmen wie die Rooisand Desert Ranch, die Corona Guest Farm und die Ilala Private Game Reserve.

Für hartgesottene Lenker: Spreetshoogte

Wer es gleich eine Spur herausfordernder braucht und zudem rund 100 Kilometer sparen will, der könnte bei Göllschau von der C26 abbiegen und Kurs auf den Spreetshoogte Pass nehmen. Die Trasse führt an der Namibgrens Guest Farm vorbei mit Blick auf einen Gebirgssee und hohen, alten Baumbestand. Dann geht es richtig los: Während der Fahrer sein Lenkrad hoffentlich fest im Griff hat und mit allen Pedalen gleichzeitig jongliert, kommen die Momente der Beifahrer – wenn es

Geheimtipp

GALAKTISCH FÜR ASTRO-FANS

Das wüstenhafte Land im äußersten Südwesten Afrikas kennt kaum Licht- und Luftverschmutzung, weshalb seine meist wolkenlosen Nachthimmel ein Paradies für Astro-Fans sind. Mit modernstem technischem Equipment ausgestattete Sternwarten bieten Profis wie Hobby-Astronomen einen glasklaren Blick in den Kosmos. Einige Gästefarmen im Hochland um Windhoek, in den Rant- und den Naukluftbergen, den Otavibergen und der Gamsbergregion haben sich auf die exzellenten Sichtverhältnisse spezialisiert, stellen Teleskope und kleine Sternwarten zur Verfügung und verschaffen ihren Gästen beeindruckende Bilder von Galaxien, Gasnebeln und Sternhaufen. Überall werden Sternengucker in den der Küste abgewandten Gebieten fündig. Reiseveranstalter nehmen deshalb bereits Sternenbeobachtungsbausteine in ihre Programme auf (www.astronomische-reisen.de).

Astro-Farmen. www.astro-namibia.com, www.tivoli-astrofarm.de und www.hakos-astrofarm.com

Berauschende Naturbilder tun sich auf der Passstrecke nach Süden auf, deren begehrteste Stopps die beiden Tankstellen in Sesriem und Solitaire sind.

über die zweitsteilste Bergtrasse des Landes geht, die sich auf 1780 Meter Höhe windet und den Bremsbelägen bei der Abfahrt eine Steigung von 23 Prozent bietet. Dabei zieht ein berauschendes Bergpanorama vorbei, das von den Mitfahrern möglichst still zu genießen ist, während sich neben den Radkappen Abgründe auftun. Bloß jetzt nicht die Konzentration des Fahrers von der kurvigen Pistenstrecke ablenken – so könnte der rettende Imperativ lauten. Entlang des Spreetshoogte Pass führt die Piste immer wieder an Guesthouses vorbei, vor allem aber an Farmen wie Swartsfontein und Alberta. Rinderherden grasen, Wasserräder lassen auf reichhaltiges Grundwasser schließen, die Hochebene des Passes ist üppig bewachsen, sattgrün im Vergleich zur Ebene tief unten.

Walvis oder Sesriem

Wer das sehr spezielle Fahrabenteuer Spreetshoogte mit Härtegrad lieber sein lässt, fährt nach dem Gamsbergpass einfach weiter auf der C26 und kann sich am Kuiseb Pass entscheiden: entweder an der Henno-Martin-Höhle vorbei und dann quer durch die Wüste bis nach Walvis Bay oder weiter nach Süden über den relativ harmlosen Gaub Pass, der zwischen den Kam- und den Wittbergen verläuft. Nach kurvigem Spektakel werden sich die Wagemutigen und die normalen Passfahrer ohnehin an der Tankstelle in Solitaire wiedertreffen. Von hier aus führt die C14 auf der letzten Etappe an den 1965 Meter hohen Naukluftbergen vorbei bis nach Sesriem. Die Naukluftberge sind für Wander- und Naturfreunde eine Empfehlung: Auf dem Waterkloof-Wanderweg (20 km), dem Oliven-Wanderweg (10 km) und dem Naukluft-Wanderweg (120 km) lässt sich eine der schönsten Gebirgslandschaften auf zum Teil mehrtägigen Tracks mit Übernachtungen in Hütten erschließen.

Infos und Adressen

ÜBERNACHTEN

Ababis Guest Farm. Außenstation des ehemaligen Kaiserlichen Landgestüts Nauchas und Pferdewechselstation der Deutschen Schutztruppe aus dem Jahr 1898, 12 km südlich von Solitaire an der C 14. Kathrin und Uwe Schulze-Neuhoff,
Tel. 063/29 33 62,
www.naukluft-experience.com

Büllsport Naukluft Guest Farm. Die Pferde- und Schafzucht war schon 1930 Anlaufstelle von Ochsenwagentrecks zwischen Walvis Bay und der Südregion, Tel. 063/29 33 71, www.buellsport.com

Hacos Astrofarm. Am malerischen Gamsbergpass zwischen Weissenfels und Kuiseb Pass. J. W. Straube, Tel. 062/57 21 11, www.hakos-astrofarm.com

Namibgrens Guestfarm. Vier sehr unterschiedliche Unterkünfte auf dem Spreetshoogte Pass, D1275, Tel. 061/304 051 mobil 081/127 86 59, www.namibgrens.com

Namib Naukluft Lodge. Ideales Stopover direkt an der C 19 nach den Pässen. Tel. 061/37 21 00, www.namib-naukluft-lodge.com

AKTIVITÄTEN

Wandern im Naukluft Park. Waterkloof Trail (schwierig, 17 km, 6–8 Stunden), Naukluft Trail (4/8 Tage), Olive Trail (10 km), Namib Naukluft (Trail für Allradautos, 73 km, 2 Tage). Anmeldung über Namibia Wildlife Resorts, Tel. 061/285 72 00, www.nwr.com.na

INFORMATION

Namibia Tourism Board. Haddy & Sam Nujoma Dr, Windhoek, Tel. 061/290 60 00, www.namibiatourism.com.na

Sesriem Canyon ist einen Ausflug wert, bevor es weiter ins Sossusvlei geht.

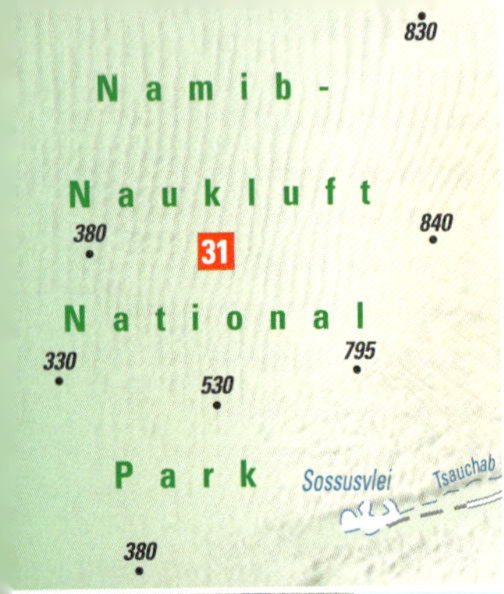

31 Namib Naukluft Park

Nichts außer Wüste und Sand!

Liebhaber menschenentleerter Wüstenregionen kommen in Namia auf ihre Kosten: Seine Namib ist mit 20 Millionen Jahren sowohl die älteste als auch die trockenste Wüste der Welt. Ihr sandiges Terrain regiert die optische Schönheit mit dem darwinistischen Imperativ, was bedeutet: Wer sich nicht anpasst, ist schon im nächsten Moment tot. Was das menschliche Leben ebenso wie die Existenz von Flora und Fauna betrifft.

In der Swakopmunder Buchhandlung, die es schon seit 1900 gibt, finden sich nicht nur *Brigitte*, *Der Spiegel*, die *Sport Bild* oder der *Große Ravensburger Weltatlas*. Verlockender sind hier Publikationen wie *Die ältesten Reiseberichte über Namibia* von Prof. Dr. E. Moritz, *Aus alten Tagen in Südwest* von Pastor Walter Moritz oder *Elf Jahre Gouverneur in Deutsch-Südwestafrika* von Theodor

Die eigenwillig schöne Natur des Nationalparks zu entdecken, lässt sich durch erfahrene Buschpiloten noch toppen

GUT ZU WISSEN

LEGENDÄR: SOLITAIRE

Die winzige Siedlung an der Straßengabelung der C19/C24, die das Namib-Areal über die Pässe nach Windhoek oder nach Walvis Bay anbindet, ist ein beliebter Angelpunkt für streckenmüde Lenker: Berühmt für köstlichen Kuchen eigener Herstellung ist die kleine Bäckerei mit angeschlossenem Café, das sich inzwischen zu einem modernen Raststopp gemausert hat. Die Tankstelle mit Reifenwechselservice ist in der Wüste überlebenswichtig, woran zahlreiche Oldtimer-Wracks auf dem Gelände erinnern (www.solitairenamibia.com).

Ein Bildertraum: Namib Naukluft aus der Luft.

Leutwein, Generalmajor und Gouverneur a.D., die ihre Leser in hochkarätige Spannung versetzen, kurz vor dem Abheben.

Optisch die beste Option: Fly-in

Auf dem Flug ins Herz der Namib zieht Walvis Bay unten vorbei, das nur 30 Kilometer von Swakopmund entfernt liegt. Südlich der Stadt brechen The Falling Dunes, riesige Sandfelder, steil zum Atlantik ab. Dann taucht das Wrack des Fischtrawlers »Shaunee« auf, den die Brandung tief in den Sand getrieben hat. Im Tiefflug geht es anschließend über die »Edward Bohlen« hinweg, einen Frachter, der 1909 mit Whisky und Trinkwasser beladen von Walvis Bay nach Lüderitz unterwegs war und bei Nebel auf eine Sandbank lief. Weiter im Inland zeigen sich unten Reste von Diamanten-Camps, Häuser und Hütten, halb verschüttet. Verloren steht ein Ochsenkarren dort im Sand, als wäre er gestern noch gefahren. Und was für eine Wüste: Sand, nichts als Sand! Sie erstreckt sich zwischen Angola und Südafrika über zwölf Breitengrade hinweg auf einer Länge von 1500 Kilometern und mit einer Fläche von 95000 Quadratkilometern, was mehr als das Doppelte der Schweiz ist. Mit unendlich weiten, in erdigen Farbtönen leuch-

Nicht verpassen

NAMIB FÜR EINSTEIGER

Einsteiger könnten den Desert Express von Windhoek nach Swakopmund nehmen, einen Rundflug mit Bush Bird (www.bush-bird.de) von Swakopmund aus über das Dünenmeer der Namib und die Skelettküstenareale unternehmen oder im regulären Bus die preiswerteste Art der Wüstenannäherung erfahren: TransNamibs Star-Line (www.transnamib.com.na) verkehrt fahrplanmäßig zwischen Windhoek, Swakopmund und Walvis Bay auf einer Strecke, die mitten durch die Sandpakete der Namib führt. Organisierte Touren durch die Wüste sind zahlreich zu haben: Wandern, Safari mit Pferden, Offroad-Fahren sowie Campingtouren sind bei Naukluft Experience (www.naukluft-experience.com) und vielen anderen Anbietern im Programm. Fly-in-Safaris in die NamibRand Reserve und das Sossusvlei bietet die Dunehopper Collection an (www.dunehopper.com).

Pistenabenteuer: am besten geländegängig und mit viel Bodenfreiheit.

Einfach gut!

SELFDRIVE QUER DURCH DIE WÜSTE

Wer über das Sanddünenmeer der Namib einfliegt, sollte unbedingt per Auto in die Zivilisation zurückfahren: Die Route führt von Sesriem über den Kuiseb Pass zur 150 Kilometer langen Pistenstrecke C14 quer durch die Namib bis nach Walvis Bay und ist die einzige Strecke quer durch den Nationalpark, die ohne Permit funktioniert. Wer ausreichend Zeit hat, entscheidet sich für eine Schleife über die Pässe Spreegthoogte und Gamsberg und erlebt ein Fahrpanorama erster Güte, das sich am Kuiseb Pass fortsetzt: Von dort geht es zunächst an der Henno-Martin-Höhle vorbei, die Landschaft weitet sich, im Hintergrund zeigen sich rote Felsengebirge, entlang der Piste kleinere Tafelberge. Konzentration ist angesagt, wenn der Wagen auf sandigem Untergrund am 527 Meter hohen Vogelfederberg vorbeirauscht und sich am Horizont das silbrige Glitzern des Atlantiks zeigt.

tenden Dünenfeldern, deren Sandgipfel mit über 300 Metern zu den höchsten der Welt zählen. Mit Trockenflussläufen, die jahrelang schlafen, aber bei starken Regenfällen zu reißenden Strömen anschwellen. Mit bizarren Felsformationen, mit Sand gefüllten Tälern, Trockenseen und Salzpfannen.

Einzigartiges Ökosystem

Dabei führt auch hier der kalte südatlantische Benguelastrom den Zauberstab, weil er feuchtkühle Nebelschwaden über den Sand schickt und so ein komplexes Ökosystem unterhält: Im Wasser bieten die stickstoffhaltigen Fluten einer Fülle von Meerestieren reichlich Plankton, die auf der Speisekarte der Fische stehen und den Seevögeln als Nahrung dienen. Auf die wiederum spekuliert der Wüstenschakal, der sich vor der Zwergpuffotter und noch giftigeren und größeren Verwandten, die in der Namib einen idealen Lebensraum haben, in Acht nehmen muss. Auf diese Weise versorgt der feuchte Nebel auch Springböcke, Zebras, Oryxantilopen, Tüpfelhyänen, Leoparde, Strauße und Paviane. Welch ausgefuchste Überlebensstrategien es hier gibt, zeigt der Tok-Tokkie-Käfer

(Onymacris) auf ziemlich ausgefuchste Weise: Nachts, wenn die Nebelschwaden heranziehen, steht er mit hochgerecktem Hinterleib da, sodass die vorbeiziehende Feuchtigkeit an seinem Körper zu Wasser kondensiert und tröpfchenweise an ihm entlang und direkt in die Mundöffnung läuft. Bis zu 40 Prozent ihres Körpergewichts können sie an Feuchtigkeit speichern.

Seit 1907 Schutzzone

Ganze Armeen der kuriosen Nebeltrinkerkäfer sind in der merkwürdig schrägen Haltung auf den Dünenkämmen zum Durstlöschen angetreten. Bereits 1907 erkannte die deutsche Verwaltung die Einzigartigkeit der Namib-Region und stellte die Wüste östlich von Swakopmund und Walvis Bay unter Naturschutz. Später kamen weitere Schutzzonen hinzu durch aufgekaufte Farmgebiete oder dem Naturschutz abgetretene Territorien einstiger Diamantensperrgebiete. Heute ist der Namib Naukluft National Park mit rund 50 000 Quadratkilometern Fläche das größte Wildschutzgebiet Afrikas und das viertgrößte der Welt, in das einmal ganz die Schweiz und 16-mal der Bodensee hineinpassen würden. Wobei das weiche Formenspiel der Sanddünen durch immer neue Entwürfe fasziniert – nicht nur die höchsten, sondern auch die schönsten der Welt produzieren ein unverwechselbares Design im Namib Naukluft, der mit heiß gebackenen Sandpaketen auf einen eiskalten Atlantik trifft.

Namib für Anfänger

Wer nicht selbst durch die Wüste fahren will, kann einfach den Bus nehmen: Zweimal in der Woche verkehrt die Star-Line zwischen Walvis Bay und Mariental mitten durch den Namib Naukluft Park hindurch.

ESSEN UND TRINKEN

Cafe van der Lee/McGregor's Bakery. Legendäres Café und Restaurant an der Wüstenkreuzung mit Tankstelle, Reifenwerkstatt und Herberge. Tel. 063/29 36 21.

ÜBERNACHTEN

Desert Homestead Lodge. Bei Sossusvlei/Sesriem. Tel. 061/24 00 20, www.deserthomesteadlodge.com

Solitaire Lodge & Desert Farm. An der C14. Tel. 063/29 36 21 und 062/57 20 24, www.solitairenamibia.com

AKTIVITÄTEN

Reitsafaris. Auch mehrtägige Touren mit Übernachtungen in der Wüste für Anfänger und Profis. Bei Sossusvlei/Sesriem, Tel. 061/24 00 20, www.deserthomesteadlodge.com

INFORMATION

Solitaire. Roadstop mit Lodge, Tankstelle und Café. Tel. 063/29 36 21, www.solitairenamibia.com und www.info-namibia.com

Solitaire: Tankstopp und Café mit fotogenen Autowracks

Das Dünenspektakel zu Fuß erleben hat schon was! Aber Achtung: Je nach Tageszeit und Sonnenstand kann die Hitze ziemlich lästig werden.

32 Sossusvlei

Sandpakete und Dünenspektakel

Das touristische Herz der Namib heißt Sossusvlei: Mit außerordentlichen Sandpaketen und bis zu 388 Meter hohen Dünengipfeln ist es Namibias beliebtestes Ausflugsziel. Noch rund 70 Kilometer führt die Straße vom Parktor in Sesriem – wo es nicht viel mehr als das Nationalparkbüro, einen kleinen Laden, einen Campingplatz und die Sossusvlei Lodge gibt – zum Trockensee des Tsauchab River und des Aub River.

Genug Zeit also für Pkw-Reisende, um sich der sandigen Märchenwelt langsam zu nähern und die zunehmende Landschaftsdramatik zu spüren. Allerdings drängelt sich schon vor sechs Uhr früh der Besichtigungstourismus in Sesriem in ungeduldiger Erwartung, dass der Park seine Tore öffnet. Dann setzt sich eine Fahrzeugkarawane in Gang, um pünktlich zum Sonnenaufgangsspektakel in den Sandbergen zu sein.

Zarte Pastellbilder

Das sanfte Licht frühmorgens und zum Sunset spätnachmittags begeistert nicht nur die Fotografen: wenn das weiche Formenspiel durch immer neue Entwürfe besticht und nicht nur die höchsten, sondern auch die schönsten Sanddünen der Welt ihr unverwechselbares Design in dieser speziellen Ecke des Namib Naukluft National Park produzieren. Wobei die letzte Etappe auf dem Weg dorthin in jedem Fall die Spreu vom Weizen trennt: Nur mit Vierradantrieb ausgestattete Offroad-Fahrzeuge mahlen sich durch den dicken

Ab durch die Dünen

Wer die attraktiven Pastellfarben sucht und zugleich die Hitze des Tages vermeiden will, muss früh aufstehen. Das tun ziemlich viele, weshalb man sich auf Schlangestehen und Wartezeiten am Parkeingang in Sesriem gefasst machen muss. Je nach Saison setzen sich nach Öffnung der Tore Autokonvois in Gang, bevor mit Big Mama und Big Daddy das Ziel sandiger Träume im Dead Vlei erreicht ist.

A **Sossusvlei Lodge** – Die Unterkunft punktet, weil sie zeitsparend direkt vor dem Parktor residiert – und ihre Gäste deshalb zu den ersten beim frühmorgendlichen Einlass am Gate gehören.

B **Sesriem Campingplatz und Sossus Dune Lodge** – Beide gehören zu den staatlichen Namibia Wildlife Resorts (www.nwr.com.na), liegen auf dem Nationalparkgelände und bieten einen noch schnelleren Zugang.

C **Elim-Düne** – Für Lichtfanatiker, die nicht erst eine Stunde fahren wollen, bevor sie auf den Kameraauslöser drücken, macht die Düne, die sich Besuchern gleich nach Passieren des Gate zeigt, fototechnisch ausreichend was her.

D **Kulala Desert Lodge und Little Kulala** – Beide gehören zum Konzessionsgebiet von Wilderness Safaris und haben einen eigenen Zugang zum Sossusvlei.

E **Aussichtspunkt Sossuspoort** – Nur 20 Kilometer vom Parkeingang entfernt lässt sich von hier das gesamte Tal des Tsauchab-Flusses wunderbar überblicken.

F **Düne 45** – Die Düne liegt 20 Kilometer vom Parkeingang entfernt, ist 170 Meter hoch und sehr frequentiert, weil sie von der Straße aus leicht zu erreichen ist.

G **Parkplatz** – Für normale Pkws, weiter geht es nur per Shuttle Service, zu Fuß durch den Sand – oder per Allrad.

H **Parkplatz für Allradfahrzeuge** – Fünf Kilometer vom Parkplatz für normale Pkws liegt die Endstation für 4x4-Fahrzeuge im Zentrum der Dünenwelt.

I **Dead Vlei** – Die größten Sossusvlei-Dünen ragen im Dead Vlei ins Azurblau des Himmels, die am meisten heimgesuchten sind Big Daddy mit 350 Metern und sein Pendant Big Mama.

Sand der verbleibenden fünf Kilometer bis ins Dead Vlei. Ein normaler Personenwagen hat keine Chance und muss auf den Parkplatz. Unerschrockene machen sich zu Fuß auf den Weg, die Mehrheit nutzt einen Shuttle-Taxi-Service, der die größte Menge sandwütiger Besucher an die schönsten und attraktivsten der Sandberge bringt.

Wo es den Sand auf die Spitze treibt

Während der Fahrt zur Endstation des Sossusvlei zeigen sich zu beiden Seiten des Dünenkorridors gewaltige Sandgebilde in windmodellierten Mustern, die sich täglich aufs Neue erfinden. Dann ragen sie auf, die ganz Großen des Sossusvlei, im Dead Vlei – wo sich die Besichtiger alle wieder vereinen: die schweißgetränkten Individualisten, die es zu Fuß geschafft haben, die 4x4-Priviligierten sowie die Shuttle-Passagiere – inmitten einer einzigartigen Sandlandschaft, deren Foto auf keiner Reisebroschüre Namibias fehlt.

Big Daddy und Big Mama

Nur zur frühen Stunde fällt das erste Licht aus einem beinahe waagerechten Winkel auf Sossusvleis Sandberge, aus dem die fotogensten Dünentürme Big Daddy und Big Mama über 300 Meter hoch herausragen. Goldgelb leuchten die bestrahlten Hälften, die vom Licht noch abgewandten Rückseiten sind dunkle Schattengebilde. Es sind diese ersten zaghaften Strahlen der Sonne, in denen sich die Sterndünen mit exakt gezogenen Schattenbereichen in einem stündlich wechselnden Kaleidoskop von Farben bewegen. So weit das Auge reicht, bauen sich die Sandtürme mit ihren vom Wind unterschiedlich modellierten Flächen neben- und hintereinander auf.

Geheimtipp

RUNDREISE FÜR AUSSTEIGER

Ein zweiwöchiges Reisepaket schnürt das Windhoeker Tourunternehmen NatureFriend Safaris in einer Kombi aus Selfdrive und Flugzeug. Die Tour beginnt am Hosea Kutako International Airport, lässt Zeit für Sightseeing in Windhoek und führt dann zu den nördlichen Highlights Waterberg, Etosha und Damaraland. Ab Swakopmund geht es per Flieger über die Skelettküste und das Sanddünenmeer der Namib zum Sossusvlei und in die NamibRand Reserve. Das Angebot ist in drei unterschiedlichen Preiskategorien erhältlich. Zu den Unterkünften zählen Lodges und Camps wie Onguma, Mowani und Wolwedans, die sich an den schönsten Topspots des Landes befinden. Wer nicht selbst hinters Steuer will, kann einen Fahrer als Guide zubuchen.

NatureFriend Safaris. 546 Dante St, Prosperita, Windhoek, Tel. 061/23 47 93, www.naturefriendsafaris.com

Dünen-Cruising und Tierbeobachtung mit NatureFriend Safaris

Infos und Adressen

ÜBERNACHTEN

&Beyond Sossusvlei Desert Lodge. 5-Sterne-Traumlodge an der C 27 zwischen Namib Rand und Sesriem. Tel. 0027/11/809 43 00, www.andbeyond.com

Sesriem Canyon Restcamp. Schöne Campinganlage mit Pool, Bar und Shop. www.nwr.com.na

Sossus Dune Lodge. An der C 27 nahe der Ballonflugstation. Namibia Wildlife Resorts, Sesriem, Tel. 063/69 32 57/8 und 061/285 72 00, www.nwr.com.na

Sossusvlei Lodge. Herrliche Anlage am Gate zum Sossusvlei. Sesriem, Tel. 063/29 36 36, www.sossusvleilodge.com

The Elegant Desert Lodge. An der C 19/D 854, Buchung über The Elegant Collection, Von Eckenbrecher/56 Ziegler St, Klein Windhoek, Tel. 061/30 19 34, www.elegant-desert-lodge.de

INFORMATION

Namibia Tourism Board. Schillerstr. 42–44, Frankfurt/Main, Tel. 069/133 73 60, www.namibia-tourism.com und das Infoportal www.sossusvlei.org

Die Sossusvlei Lodge wartet mit kühlendem Nass vor den Toren des Sossusvlei.

Top Spots für Ballonflieger sind Sossusvleis Dünenlandschaft sowie die endlose Weite der Naukluft-Wüste, die aus der Vogelperspektive wie ein Spielzeugland wirken.

33 Im Ballon über der Wüste

Schweben über dem Sossusvlei

Mit bis zu 388 Meter hohen Riesendünen ist das Sossusvlei Namibias beliebtestes Ausflugsziel. Wer die spektakuläre Strecke vom Parkeingang bis zu Big Daddy und Big Mama im Dead Vlei am frühen Morgen in Angriff nimmt, wird durch zarte Pastellbilder der riesigen Sandgebilde reich belohnt. Ohne Alternative ist aber die Vogelperspektive in absoluter Stille – in einem Heißluftballon!

Die sandigen Wunderwerke aus der himmlischen Distanz zu betrachten, gehört zu den ganz großen Erlebnissen der Namib, das Teilnehmern für immer im Gedächtnis bleiben wird. Allerdings ist die einstündige Ballonfahrt keine preiswerte Veranstaltung, jedoch ein kompaktes und intensives Abenteuer, wenn unten zackige Gebirgsketten vorüberziehen und dann ein Ozean aus Sanddünen auftaucht.

GUT ZU WISSEN

ROTWEIN AUS DER WÜSTE

Knapp 100 Kilometer vom Sossusvlei entstand 1894 die Neuras-Farm auf einem von lokalen Quellen gespeisten Areal. Heute stehen in dieser Wüstenoase Rebstöcke in Reih und Glied. Mitten im Sand reifen jährlich Tausende Liter Namib Red und Neuras Shiraz heran, mit großem Erfolg. Und klar liefert auch die Wüste zünftige Weinproben, Übernachtung vorher klären! www.neuraswines.com

Die Schlucht des Sesriem Canyon lässt sich am besten in morgendlicher Kühle erkunden.

Heißluft von unten

Als ganz persönlicher Traum fängt so etwas an, erzählt der Firmeninhaber Eric Hesemans, den der Belgier aus Zaire in erster Linie für sich selbst verwirklichen wollte. Seit beinahe zwei Jahrzehnten ist sein Unternehmen Namib Sky Balloon Safaris im Sossusvlei professionell im Einsatz. Sechs Luftgefährte, die mit je 80 000 bis 100 000 Euro zu Buche schlagen, gehören zur Ausstattung, dazu kommen 15 Geländefahrzeuge und 25 Angestellte. Das hat seinen Preis. Nicht zu vergessen sind dabei die hohen Versicherungskosten und teuren Sicherheitsstandards sowie pro Fahrt bis zu 15 Kilogramm Propangas, das aus Windhoek herangeschafft werden muss, damit sich die notwendigen 6500 Kubikmeter Heißluft im 1200 Quadratmeter großen Hyperlast-Polyestersegel zu einem tragfähigen Ballon aufbauen können.

Früher Vogel fängt den Wurm

Frühaufsteher sollte man sein, denn je kühler die Luft, desto besser die Thermik, umso leichter steigt der Heißluftballon in den Himmel über der Wüste. Wenn die ersten Sonnenstrahlen die Spitzen der

Nicht verpassen

DURCH DIE SCHLUCHT

Bestandteil der Sandwundertour ins Sossusvlei ist die eindrucksvolle Schlucht des Sesriem Canyon, der vor drei Millionen Jahren entstand, als eine tektonische Verwerfung tiefe Einbrüche hervorbrachte, die dem Tsauchab River den Weg bahnten. Während einer feuchteren Phase grub sich der Fluss in ein bis zu 30 Meter tiefes Bett durch schieferartige Geröllschichten. Nach Westen zu verbreitert sich der Felsgraben als malerischer Canyon und bildet ein weites Trockenflusstal, das sich bis zu den Dünenfeldern des Sossusvlei erstreckt. Die Ortsbezeichnung Sesriem geht übrigens aufs Wasserschöpfen aus dem Canyon des Tsauchab zurück: Dazu wurden Eimer an sechs verknoteten Ochsenriemen vom Rand der Schlucht hinuntergelassen und gefüllt wieder heraufgezogen.

Sesriem Canyon.
www.nwr.com.na

Schweben in absoluter Stille: Nur das bollernde Rauschen des Gasbrenners ist beim Dahinsegeln zu hören. Bis nach gelungener und meist punktgenauer Landung zum Wüstenfrühstück die Champagnerkorken knallen.

umliegenden Bergketten in magisches Licht tauchen und der Horizont zu glühen beginnt, also um sechs Uhr früh, ist es trotz Tagestemperaturen bis zu 40 Grad noch bitterkalt. Beim Kommando »Leinen los!« verliert das monströse Luftgefährt die Bodenhaftung und steigt auf. Astrid Gehrhardt, Fluglehrerin und Weltrekordlerin im Ballonfahren der Ballonsportgruppe Stuttgart, ist heute die Pilotin. Auf 450 Meter Flughöhe explodiert der Sonnenball, während die Welt tief unten zur Miniatur zusammenschrumpft. Nur hin und wieder wird die Stille beim Dahinschweben vom brüllenden Fauchen des Gasbrenners durchbrochen, wobei die Passagiere im Lastkorb auf prickelnde Weise verspüren, dass sie nicht wirklich viel Materie von dem da unten trennt.

Auf 1000 Meter, der maximalen Steighöhe, erweitert sich der Horizont zur Unendlichkeit. Düne Nr. 1 präsentiert sich in rötlicher Pracht, dann rückt Nr. 45 ins Blickfeld, die meistfotografierte und am meisten bestiegene, weil sie die einzige ist, an die man ganz mit dem Wagen heranfahren kann. Mit 30 Stundenkilometern schwebt der Ballon über das Dünenmeer – und 360-Grad-Ausblicken. Zu dieser Zeit sind die Selbstfahrer auf der 70 Kilometer langen Strecke vom Parktor in Sesriem, das erst bei Sonnenaufgang öffnet, gerade unterwegs zum Sandspektakel. Wir schweben bereits oben drüber: acht Passagiere im Korb, Pilotin inklusive, in der Tiefe die anrückende Blechkarawane.

Aufregend, bis die Korken knallen

Die Pilotin erklärt Luftverhältnisse und Gesamtwetterlage: »Alles viel stabiler als in Europa«, sagt sie, nur der berüchtigte Küstennebel und der Wind, der alles bestimmt, lassen rund 30 Fahrtage im Jahr ausfallen. Dreht der auf eine ungünstige Richtung, muss der Ballon sofort wieder herunter. Für jedweden Flugverkehr gilt striktes Landeverbot in den Dünen des Sossusvlei National Park, und prompt folgt die Geschichte einer unglücklichen Landung mitten im Tsauchab River. Heute soll der Touchdown punktgenau auf dem Trailer des Namib-Sky-Geländewagens erfolgen. Tatsächlich geht der Korb nach einer Stunde Traumfahrt zielsicher auf dem Anhänger nieder, der neben dem obligatorischen Frühstücksbuffet parkt. So will es der Brauch nach einer aufregenden Ballonfahrt: Minuten später knallen die Champagnerkorken in den Himmel der Wüste, denn nach dem Ballonspektakel gibt es Champagnerfrühstück, bevor sich die Passagiere in die jeweilige Lodge ans Lunch-Buffet machen.

Bildschön und praktisch: Kulala Wilderness Reserve

Wer sich mit langen Anfahrten zu unchristlichen Zeiten nicht zu sehr quälen will, sollte eine Herberge in nächster Nähe von Namib Sky wählen, nicht nur, um in den Genuss des Pick-up Service der Ballonfahrer zu kommen. Am nächsten dran sind zwei Wüstendomizile, die auf dem 22 000 Hektar großen privaten Konzessionsgebiet der Kulala Wilderness Reserve des Lodgeunternehmens Wilderness Safaris miteinander konkurrieren: das im Modern-Afro-Design gestaltete Little Kulala Camp am Flussbett des trockenen Auab River sowie die im Out of Africa-Stil gehaltene Kulala Desert Lodge. Durch ein Zugangs-Gate zum Namib Naukluft Park sind die Gäste der beiden Luxusdomizile sofort mittendrin im Sandspektakel und nur Fahrminuten vom Startplatz der Ballonfahrer entfernt. Nachteil: Die zwei Wüsten-Refugien warten mit einem Ambiente auf, in dem jede Stunde auswärts schmerzlich fehlt.

Infos und Adressen

ÜBERNACHTEN

Kulala Desert Lodge/Little Kulala. Zwei 5-Sterne-Herbergen auf dem privaten Konzessionsgebiet der Kulala Wilderness Reserve mit eigenem Zugang zum Sossusvlei. Wilderness Safaris, Cnr Merensky St und Schinz St, Windhoek, Tel. 061/27 45 00, www.wilderness-safaris.com

Le Mirage Resort & Spa. Ungewöhnliche maurische Architektur in bildschöner Lage mit Gartenoase und Pool. C 27 nahe der Ballonflugstation bei Sesriem, Tel. 063/68 30 19, www.mirage-lodge.com

Desert Camp. Das Camp liegt zusammen mit der Sossusvlei Lodge direkt am Gate. Beide bieten relativ preiswerte Übernachtungen in ansprechendem Ambiente an. D 826/C 27, Sesriem, Tel. 063/29 36 36, www.sossusvleilodge.com

AKTIVITÄTEN

Namib Sky Balloon Safaris. C 27, Sossusvlei, Tel. 063/68 31 88 und 081/304 22 05, www.namibsky.com

Die Wüstenlodge Little Kulala besticht durch stylische Architektur.

SEHNSUCHTSZIEL

Safari

König der Wildtiere: Selbst Giraffen, Elefanten und Hippos sind vor ihm nicht sicher.

Seit seiner Unabhängigkeit 1990 kann sich Namibia als Senkrechtstarter in Sachen Wildlife-Tourismus freuen – und über eine stetig wachsende Zahl herrlicher Lodges und Camps. Jene, denen Atmosphärisches besonders gut gelungen ist, werden Namibia-Reisenden für immer im Kopf bleiben – als verlangsamte Bewegung zwischen Raum und Zeit, abseits einer immer hektischer rasenden Zivilisation.

Als der Frankfurter Zoodirektor und Tierforscher Professor Bernhard Grzimek medienwirksam im zebragestreiften Jeep in der tansanischen Serengeti herumkurvte und der Großwildjäger und Bestsellerautor Ernest Hemingway in kenianischen Savannen, wuchs weltweit eine Sehnsucht nach der wilden Natur und den darin lebenden Tieren. Das Verlangen nach der Exotik der ursprünglichen Wildheit ist den Zivilisierten bis heute geblieben, es wurde nach der Verfilmung von Karen Blixens *Jenseits von Afrika* mit Meryl Streep und Robert Redford in den Hauptrollen romantisch beflügelt und immer stärker.

Die Traumlodge als Endprodukt

Längst hat auch Namibia seine Filmszenen gefunden, die sich zwischen Zeltplanen, Klappstühlen, lodernden Lagerfeuern und Gläsern mit perlendem Champagner abspielen, mit Blick auf krokodilbesetzte Seeufer und planschende Flusspferde. Nun sollten romantische Bilder dieser Art nicht darüber hinwegtäuschen, dass sich die Wildtiere in einem profitablen Vermarktungszustand befinden. Hunderttausende Besucher fliegen aus aller Welt ein, um auf Kameralänge an Giraffen, Zebras, Löwen und dahinziehende Gnuherden zu kommen. Ganze Fernsehserien (*Meine Heimat Afrika* mit Christine Neubauer) helfen, die Sehnsucht zu befeuern, die den Safaritourismus zu einer der wichtigsten namibischen Industrien macht. Inzwischen hat das kraftvolle *Out of Africa*-Feeling seine ökonomischen Triebe in die abgelegensten Dschungel- und Buschlandschaften Namibias gebracht: Dort findet das Endprodukt statt, das Verweilen in einer Wildlife Lodge. Reisemultis wie Spezialveranstalter, Fluggesellschaften, gastronomische Großunternehmen sowie Transport- und Logistikfirmen – unermesslich riesig stellt sich der Markt dar, der sich um diesen Wirtschaftszweig dreht. Wobei Lodges und Camps im ökonomischen Kreislauf der Wildnis das letzte Glied sind, untrennbar verbunden mit den werthaltigen wilden Statisten und deren Schutz.

Verlangsamte Zeit

Zum ökonomischen Input gehört der Aufkauf unrentablen Farmlands samt Renaturierung zu neuer (alter) Wildnis ebenso wie die Aufzucht und der An- und Verkauf von Büffeln, Nashörnern und Giraffen, das Errichten und Betreiben von Lodges und manchmal eben auch gewinnbringende Abschusslizenzen, denn Wildschutzgebiete sind kostenintensive Großbetriebe: Personal, vom Zimmermädchen bis zum diplomierten Game Ranger, will bezahlt sein. Zudem stehen Dienste von Tierärzten und Hubschrauberpiloten auf der Ausgabenliste, Tiertransporte, safaritaugliche Geländefahrzeuge sowie eine aufwendig zu schaffende und zu unterhaltende Infrastruktur aus Straßen, Landepisten, Strom, Wasser und Kommunikation. Ganz zu schweigen von Hunderten Kilometer stabiler Schutzzäune. Auch wenn das, was dahintersteckt, rational gesteuert ist: Die Sehnsucht nach der verlangsamten Bewegung zwischen Raum und Zeit abseits einer immer hektischer rasenden Zivilisation bleibt. Wer auf Safari geht, verlässt den schnellen Takt für Momente und macht sich vielleicht auf die Suche nach der eigenen verlorenen Zeit.

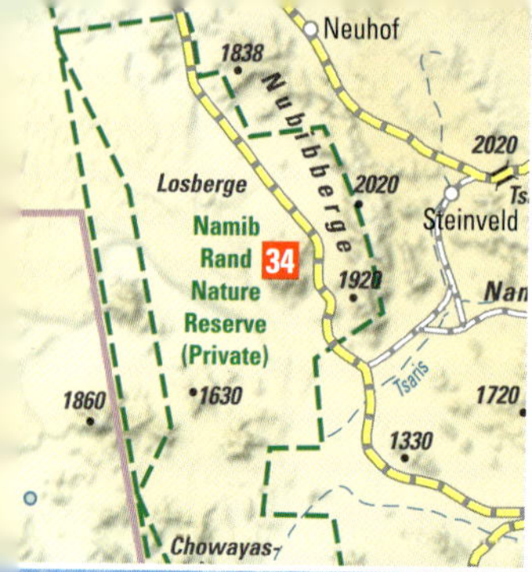

34 NamibRand Nature Reserve

Wo der Wolf tanzt

In einem der landschaftlich reizvollsten Gebiete der Namib-Region hat der deutschstämmige Südwestafrikaner Albi Brückner durch Aufkäufe unrentablen Farmlands die NamibRand Nature Reserve erschaffen. Sie grenzt an den östlichen Teil des unermesslich riesigen Namib Naukluft National Park und behütet als nationale Stiftung einen an Schönheit kaum zu beschreibenden Naturschatz.

Der erstreckt sich über 120 Kilometer von Nord nach Süd und lockt mit einer vielfältigen Tierwelt: Oryxantilopen, Springböcke sowie Zebras und Strauße haben bei der letzten Zählung neben zahlreichen anderen Tierarten einen stattlichen Bestand ergeben. Herzstück der Brückner-Stiftung ist die Wolwedans Dunes Lodge, ein Wunderwerk rustikaler kubischer Bauten und feiner *Out of Africa*-Zelte auf hölzernen Plattformen, durch

Wolwedans Dune Camp residiert auf einer Hochebene, von seinen Zeltplattformen sind ziehende Wildtierherden (im Bild: prächtige Oryxantilopen) ganz ohne Safari zu beobachten.

GUT ZU WISSEN

NACHTS IM RESERVAT

Wenn es Nacht wird in der NamibRand Reserve und der Wolf tanzt, dann funkeln der Südliche Fisch und die Silberdollar-Galaxie für Sternegucker. Abermilliarden glitzern da oben, nicht nur die Milchstraße strahlt: Geringe Luftverschmutzung, Luftfeuchtigkeit und Bewölkung machen das Areal in beinahe 300 Nächten des Jahres zu einem von elf ausgezeichneten internationalen Dark-Sky-Reservaten, was für Astronomiefans den Himmel auf Erden bedeutet (www.darksky.org).

NamibRand Reserve

Laufstege auf Stelzen miteinader verbunden und fachgerecht von versierten Zimmerleuten aus Ostdeutschland in 240 Meter hohe Dünen gesetzt. Dort, »wo der Wolf tanzt«, also am Ende der Welt, stehen Brad Pitt und Angelina Jolie im Gästebuch, aber sicher haben auch andere VIPs schon den besonderen Luxus genossen, dass der Lodge weitgehend die Wände fehlen. Vom Bett aus geht ein Panoramablick auf die umliegenden Bergketten, auf dahinziehende Antilopen- und Zebraherden vor rot schimmernden Wüstendünen. Auf den Holzdecks schwingen Hängematten im sanften Wind, geschmackvolle afrikanische Interieurs lassen die Erinnerung an alte Safarifilme aufsteigen, vor der Bar lodert eine Feuerstelle, umgeben von Sesseln mit Blick auf die Weite des NamibRand-Reservats.

Renaturierte Wildnis

Damit dieser Traum von einer unberührten Natur überhaupt möglich wurde, mussten 1600 Kilometer Schafzäune weichen und 120 Kilometer Straßen stillgelegt werden, bis das Lebenswerk Albi Brückners auf 180 000 Hektar renaturierter Wildnis (dreieinhalbmal die Fläche des Bodensees) wachsen konnte. 1984 wurde die erste von dreizehn Farmen gekauft. Dann die nächste, wenn wieder einmal einem Farmer das Wasser in der Wüste bis zum Hals stand und das wirtschaftliche Ende nahte. Weil sich dem trockenen, staubigen Sandboden der Namib-Region bei viel zu geringen Niederschlägen ohnehin nur schwer überlebensfähige Erträge abringen ließen. Karakulfarmen waren die meisten, also Schaffarmen, die ihren Gewinn wie überall in Namibias vertrockneten Weiten daraus zogen, den Lämmern am Tag ihrer Geburt das Fell über die Ohren zu ziehen, um daraus Pelze und einen auskömmlichen Profit zu machen.

Nicht verpassen

EINE GASTRONOMISCHE INSTITUTION

Diesen Tipp kriegt in Wolwedans jeder Gast mit auf den Rückweg: In Windhoek unbedingt ins NICE! Gemeint ist das Namibian Institute of Culinary Education mit Restaurant und Bar inklusive Kochschule zur Förderung junger namibischer Nachwuchskräfte, das Stephan Brückner in seinem Windhoeker Elternhaus in der Mozartstraße 2 eröffnet hat. Die Idee, die steigende Nachfrage im Tourismussektor nach gut ausgebildeten einheimischen Fachkräften auf die Weise zu lösen, ließ sich mit dem Wolwedans-Starkoch Ralf Herrgott (TV-Dokumentation *Der Herrgott kocht in Afrika*) verwirklichen. Der machte das N.I.C.E. zu einer gastronomischen Institution, die zugleich die Lodges da draußen mit erstklassigen Chefköchen versorgt. Die Qualität des Gastronomiezentrums hat sich herumgesprochen. Probleme, einen Arbeitsplatz zu finden, hat von den Absolventen des N.I.C.E. keiner.

N.I.C.E. 2 Mozart St, Windhoek, Tel. 061/30 07 10, www.nicenamibia.com

Im Reich der Brückners: Sohn Stephan (unten), Bar/Lounge und Restaurant-Zelt im Dune Camp (oben), Spurensuche im offenen Safari-Landcruiser (Mitte) mit Guide und Fährtenleser.

Inzwischen ist das Brückner-Naturreservat in eine Stiftung übergegangen, die über 140 Menschen beschäftigt, wobei eine nicht unwesentliche Einnahmequelle der Betrieb der profitablen Wolwedans Lodges ist. Allerdings sind die Kosten hier höher als in vergleichbaren Betrieben: Der Unterhalt von Straßen und Pisten, Airstrip und notwendigen Flugtransporten verschlingt Unsummen wie auch der alltägliche Güter-, Angestellten- und Gästetransport mit einer aufwendig zu unterhaltenden Kraftfahrzeugflotte. Mittlerweile hat Sohn Stephan übernommen, der die vier Wüstenherbergen der Wolwedans Collection (Dune Camp, Dunes Lodge, Private Camp sowie das Boulders Safari Camp) von Windhoek aus lenkt.

Hauptsache Nachhaltigkeit

Ein besonderes Thema Brückners ist die Infrastruktur hinter den Kulissen: Die Energieversorgung läuft über Solaranlagen, Wasser wird 140 Meter tief aus der Erde gepumpt, Brauchwasser im Schilfbett biologisch gefiltert und wieder genutzt. Gewächshäuser sorgen mitten in der Wüste für Salat und Gemüse, aber die Brückner-Vision geht weiter: Zielstrebig will der Kommunikationswirt mit Studienabschluss in Berlin weiter an Vater Albis Traum schrauben und ein Beispiel geben für den funktionierenden Verbund von Ökonomie und Ökologie, der ein Brückenschlag zwischen Zivilisation und Wildnis ist. Die teuren Wüstenherbergen sieht der energetische Visionär eher als Mittel zum Zweck, sie finanzieren die Stiftung durch Ökoabgaben und so das gesamte Naturschutzprojekt.

Schon ist das NamibRand Reservat auf 220 000 Hektar angewachsen, 350 000 Hektar sollen es einmal werden (beinahe anderthalbmal so groß wie das Saarland), was noch mehr dringend benötigte Arbeits- und Ausbildungsplätze schafft.

Infos und Adressen

ESSEN UND TRINKEN

Wolwedans Collection. Alle Lodges und Camps mit Inklusivversorgung. NamibRand Safaris, Tel. 061/23 06 16, www.wolwedans.com und www.classicsnamibia.com

ÜBERNACHTEN

Boulders Safari Camp. Abseits der Wolwedans Lodges liegt das feine Camp aus 5 einzeln stehenden Zeltchalets zwischen riesigen Granitblöcken. Siehe Information.

Dune Camp. *Jenseits von Afrika*-Ambiente auf einer 250 m hohen Düne; 6 luxuriöse Zelte. Siehe Information.

Dunes Lodge. 9 Chalets als Zeltkonstruktionen in Traumlage auf dem Kamm eines Dünengebirges, Pool im Sand. Siehe Information.

Private Camp. Exklusiv für maximal 6 Gäste mit Pool, Lounges, Decks und Kamin. Siehe Information.

AKTIVITÄTEN

Tok Tokkie Trails. Dreitägige Wanderungen durch die NamibRand. Unlimited Travel & Car Hire CC, Tel. 061/26 45 21, www.toktokkietrails.com

INFORMATION

NamibRand Nature Reserve. 76–78 Frans Indongo St, SAIEA House, Windhoek, Tel. 061/22 48 82, www.namibrand.org und www.wolwedans.com

Aber Achtung: Wolwedans' Hängematten und Gin Tonics sind gefährlich.

Rote Sanddünengebirge kennzeichnen die aride Natur des Gondwana Namib Parks, dessen Wildtiere köstliches Mineralwasser trinken.

35 Gondwana Desert Collection

Vier auf einen Schlag

Ins Sanddünenmeer des Sossusvlei? In die fast 2000 Meter hohen Naukluftberge, ins NamibRand Reserve oder doch lieber gleich in die Kalahari? Die Gondwana Four Deserts-Tour verschafft Selbstfahrern in neun Tagen vier Wüsten auf einen Schlag und die eindrucksvollsten und vielfältigsten Sand- und Dünenlandschaften, die Namibia zu bieten hat.

Gleich vier der schönsten Wüstenregionen hat sich Namibias größter Touristikunternehmer aus ehemaligen Farmgebieten, die nach dem Zusammenbruch des Karakulschafgeschäfts unrentabel brach lagen, zusammengekauft und in einem aufwendigen Renaturierungsverfahren der Wildnis wieder zugänglich gemacht. Endlose Kilometer Zäune mussten weichen, zahlreiche Zivilisationsrelikte entfernt und Wildtiere reimportiert werden. Einige der historischen Farmhäuser dienen heute als komfortable Wüstenherbergen, die den Charme vergangener Zeiten ausstrahlen.

GUT ZU WISSEN

GIFTIG: SCHWIEGERMUTTERKRAUT

Ranger warnen vor dem Strauch der *Euphorbia Gregoria*, auch bösartig Schwiegermuttermilchbusch genannt und als Wolfsmilch bekannt. Man sollte die weißliche ätzende Substanz auf keinen Fall in Schleimhäute und Augen bringen. Vor allem Kinder, die Sukkulenten abbrechen, sind gefährdet, schon winzige Spritzer können lang anhaltende Schmerzen verursachen (www.euphorbia.de).

Saftiges Grün um die Namib Desert Lodge

Gondwana Kalahari Park

Von Windhoek aus führt die B1 Richtung Süden nach Stampriet in die Ausläufer der Kalahari, deren weitaus größeren Teil Botswana und Südafrika mit dem gemeinsamen grenzübergreifenden Kgalagadi Transfrontier Park betreiben. Aber auch die namibischen Randgebiete geben einen Eindruck: Immergrüne Akazien und Kameldornbäume und das Gelb der Steppe bieten fotogene Kontraste zum roten Sand der Dünen. Wenn die Sonne hinter den Sandbergen der Wüste versinkt, schwirren Webervögel aufgeregt um ihre klobigen Nester, die im Gegenlicht wie dunkle Säcke von ihren Wirtsbäumen hängen. *The Song of the Kalahari* heißt der beinahe außerirdische Abgesang, der sich in allen Rotfarben allabendlich wiederholt. Schnell kann sich je nach Jahreszeit Eiseskälte über dem heiß gebackenen Land ausbreiten. Trotz der beinharten Natur fühlen sich Tausende Wildtiere in der Kalahari zu Hause wie großkalibrige Kalahari-Löwen.

Gondwana Canyon Park

Vom namibischen Teil der Kalahari führt die Südroute weiter zum Gondwana Canyon Park:

Nicht verpassen

NAMIB DESERT DRIVE

Zu Füßen der versteinerten Dünen reiht sich entlang eines unterirdischen Flusses dichter Akazienwald, als Miniatur liegt dort die Namib Desert Lodge mit türkisfarbenen Pools im wogenden Grün einer Oase. Bloß rechtzeitig ankommen, um auf dem allabendlichen Sunset Drive on top der versteinerten Dünen zu kommen: Im offenen Geländefahrzeug geht es an Steilwänden vorbei, an turmähnlichen Felsrundungen und hoch hinauf. Von oben ein grandioser Blick auf endlose Weiten und Gebirgsketten am Horizont. Am Ende geht es der untergehenden Sonne entgegen und noch einmal eine Etage höher auf eine riesige rote Sanddüne, die als Solitär über allen anderen thront: der ideale Spot für einen Sundowner, während der glutrote Ball jenseits der Wüste versinkt.

Namib Desert Lodge. Gondwana Namib Park, Tel. 063/29 36 65, www.gondwana-collection.com

Der allabendliche Namib Desert Drive im offenen Safari-Landcruiser zeigt Landschaft absurd – mit riesigen versteinerten Dünen, deren Färbung das Rot eines Sunsets eindrucksvoll unterstreicht. Dazu sind Gin Tonics die angesagtesten Sundowner.

Imposante Köcherbäume stechen hier und da aus spärlich bewachsenen Ebenen hervor, aus denen Plateauberge und vereinzelte Granit- und Doleritkuppen aufragen. Vor allem hier kämpften vor nicht allzu langer noch Schaffarmer um ihre Existenz, bis der Deutsch-Namibier Mannfred Goldbeck 1995 zusammen mit Freunden begann, an den Rändern des Fish River Canyon riesige Farmgebiete aufzukaufen, Zäune abzubauen und den Wildbestand durch Zukäufe aufzustocken. Am Ende stand die Gründung des Gondwana Canyon Park. Heute leben hier wieder viele Hundert seltener Bergzebras, Oryxantilopen, Kudus und Tausende Springböcke. Sowohl der private Gondwana Canyon Park als auch der Fish-River-Nationalpark (der heute mit dem südafrikanischen Richtersveld Teil des länderübergreifenden /Ai-//Ais Richtersveld Transfrontier Park ist) gleich nebenan offerieren eine bizarre Landschaft, die von tief eingesägten Schluchten eines gewaltigen Felsdramas geprägt ist – das nicht nur Canyon Hiker fasziniert.

Gondwana Sperrgebiet Rand Park

Auf der gut ausgebauten C 13 führt eine der schönsten Strecken Namibias vom Fish River Canyon südwärts über /Ai-//Ais Hot Springs (Baden und Wellness) durch die saftstrotzende

Weinbauregion bei Aussenkehr am Orange River über die Minenstadt Rosh Pinah nach Aus in die Sukkulenten-Karoo, die eines der artenreichsten Wüstensysteme der Welt ist. Fällt endlich mal Regen, sprießt aus dem Wüstenboden wie von Zauberhand ein Blütenteppich in 1000 Farben! An die 2000 Sukkulentenspezies bringt die schlummernde Wüstenflora hervor, während die Fauna hier nur auf rund 100 Wirbeltierarten kommt. In diesem Landschaftstraum warten 100 Kilometer Wander-Tracks sowie erstklassige Mountainbike-Strecken auf sportlich ambitionierte Gäste. Auch ist der Sperrgebiet Rand Park um die Wüstenortschaft Aus idealer Ausgangspunkt für den Besuch der Wildpferde von Garub sowie der Lüderitzbucht und der Geisterstadt Kolmanskuppe.

Gondwana Namib Park

Nicht weit von Namibias Sandwunder Sossusvlei liegt zwischen Sesriem und Solitaire das vierte Schutzgebiet der Gondwana Desert Collection im direkten Zugriff der ältesten Wüste der Welt, der Namib. Angrenzend an den Namib Naukluft Park sind auch hier phänomenale Sand- und Dünenspektakel zu erleben, vor allem aber 18 Millionen Jahre alte versteinerte Dünengebirge, gegen die sich die zwei bis drei Millionen Jahre alten echten Sanddünen zwergenhaft ausnehmen. Zu Füßen der Abbruchkante erstreckt sich in der Ebene die Namib, dort irgendwo wartet Gondwanas Namib Dune Star Camp auf dem Gelände eines alten Farmhauses auf wüstenverrückte Liebhaber in entrückter Einsamkeit. Und natürlich gibt es an diesem Ruheplatz zum seelischen Auftanken auch Personal sowie einen Ranger, weil sich hier, in unendlicher Weite, nicht nur Wüstenluchse und -füchse, Streifengnus und Schakale Gute Nacht sagen, sondern auch gefräßige und deshalb sehr gefährliche Hyänen.

Infos und Adressen

ESSEN UND TRINKEN

Roadhouse Restaurant & Bar. Food-Spektakel in Oldtimer-Halle an der C13. Tel. 063/68 31 11 und 063/26 60 31, www.gondwana-collection.com

ÜBERNACHTEN

Canyon Lodge. Natursteinchalets mit traumhaftem Pool in 1-a-Lage zwischen riesigen Felsformationen. Gondwana Canyon Park, Tel. 063/69 30 14 und 081/129 24 24, www.gondwana-collection.com

Eagle's Nest. Einzeln stehende Natursteinhäuser in herrlicher Lage im Sperrgebiet Rand Park. Klein-Aus Vista, Tel. 063/25 81 16, www.klein-aus-vista.com

Kalahari Farmhouse. Lodge in einem Palmenhain. Stampriet, Gondwana Kalahari Park, Tel. 063/26 02 59, www.gondwana-collection.com

INFORMATION

Gondwana Travel Centre. Nelson Mandela Ave, Klein Windhoek, Tel. 061/42 72 00 und 081/129 24 24, www.gondwana-collection.com

Gondwana Canyon Lodge: Traum-Pool zwischen Steinquadern

1911
1950
BARRELS

DIAMANTEN-KÜSTE/LÜDE-RITZBUCHT

36 Lüderitzbucht
Diamantenboom und feiner Jugendstil 196

37 Hochkarätig: Das Sperrgebiet
Expedition durchs verbotene Land 202

38 Kolmannskuppe
Halb versunken im Sand 210

39 Die Wildpferde von Garub
Überlebenskampf in der Wüste 212

40 Bethanien – Schloss Duwisib
Der Pastor und der Baron 220

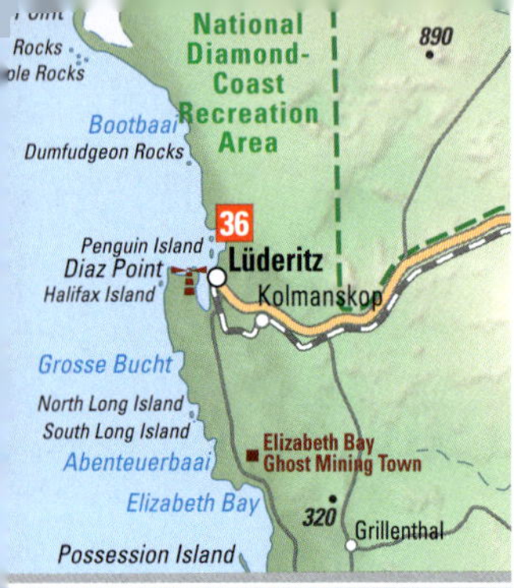

Mitte: Diamantenhügel mit Felsenkirche, 1911, und der Szene-Kneipe Barrels (auch S. 194/195), die in einem Stilaltbau gleichen Jahrgangs residiert.
Unten: Fröhliche Schulkinder nach Schulschluss

36 Lüderitzbucht

Diamantenboom und feiner Jugendstil

Mit einem unredlichen Ankauf weiter Sandgebiete vom Stamm der hier ansässigen Nama läutete der Bremer Großkaufmann Franz Adolf Eduard Lüderitz im Jahr 1883 die deutsche Kolonialzeit ein. 1894 folgte eine erste Militärstation, 1904 wurde Lüderitzbucht im Zuge der Nama- und Herero-Aufstände kaiserlicher Truppenstützpunkt, wenige Jahre später durch Diamanten zur Boomtown am Ende der Welt.

Unredlich war der Ankauf, weil dem Nama-Häuptling Joseph Fredericks bei Vertragsabschluss nicht klar gemacht wurde, dass es sich bei den abgemachten fünf geografischen Meilen rings um die Bucht um deutsche Meilen und nicht um die viel kürzeren englischen handelte. Beim festgesetzten Kaufpreis von 260 Gewehren und 10 000 Reichsmark bedeutete das für die Deutschen einen fünfmal so großen Gegenwert, was das Betrugs-

GUT ZU WISSEN

SPRACHENMIX

Zu den Ethnien der Herero, Nama, Tswana, San, Himba, Kavango, Ovambo, Rehobother Baster, Damara und Caprivianer kommen Namibier europäischer Herkunft, Engländer, Deutsche und kapholländische Buren. Offizielle Amtssprache ist Englisch, was von Vorteil ist, weil auf namibischem Territorium außer Afrikaans noch über zwei Dutzend weitere Sprachen und Dialekte gesprochen werden. Eben auch Deutsch.

konto der Deutsch-Kaiserlichen gleich zu Beginn ihres kolonialen Feldzugs auf die hinterlistige Art eröffnete.

Kampf gegen den Sand

Umgeben von dicken Sandpaketen liegt Deutsch-Südwest in Lüderitzbucht im wahrsten Sinne des Wortes begraben. Die nächste Stadt, Keetmanshoop, ist 350 Kilometer entfernt, die einzige Verbindungsstraße dorthin muss dauerhaft von Treibsand befreit werden. An die wild zerklüfteten Küstenstreifen aus Schiefer und Granit schwappt frostig der Atlantik. Der Sand der Namib machte schon den frühen Siedlern zu schaffen, spannend schildert Walther Wülfing in seinem Roman *Dich ruft Südwest!* (1930) ihren Kampf, als er seine Romanhelden mit der Eisenbahn über Aus nach Lüderitz reisen lässt, um dort an Bord eines Dampfers nach Kapstadt zu gehen: »Ungeheure Sandberge türmten sich neben dem Bahnkörper auf, sodass dieser in steter Gefahr war, verweht und verschüttet zu werden. Man hat alles Mögliche versucht, diesem Wandern Einhalt zu tun: Festlegen des Sandes durch Anpflanzen von Stechgräsern, Belegen mit Strohmatten oder Schutzmauern – alles ist bisher vergeblich gewesen. Außer der Anlage von kostspieligen Tunnels ist das einzige Mittel, den Bahnkörper freizuhalten, die anrückende Düne durch gewaltige Keilmauern zu teilen und dann die Sandmassen teils durch Menschenhand, teils durch riesige Vakuummaschinen auf die Nordseite der Geleise zu befördern, wo sie dann unschädlich sind und weiter nach Norden wandern.«

Deutschstämmige Restmenge

Trotz der unerbittlichen Natur leben in Lüderitz 26 000 Einwohner. Von den acht Prozent Bewoh-

Nicht verpassen

DIAMANTENSTADT ORANJEMUND

Seit 2017 ist der Zugang zur 1936 gegründeten geheimen Stadt offiziell, die Zufahrten sind frei. Bis dahin brauchten Besucher eine amtliche Genehmigung für den ausschließlichen Wohnort der Angestellten und Arbeiter des Diamentenkonzerns Namdeb Diamond Corporation Limited im streng kontrollierten Sperrgebiet. Noch grasen Oryxantilopen ungestört die Grünflächen der qualitätsstarken Wohnlage mit dem besonderen Lifestyle ab, aber schon stehen Sandboarden sowie eine Reihe Wassersportaktivitäten auf dem Oranje River auf dem touristischen Programm, also der Zeitpunkt für einen Besuch des verbotenen Winkels ist *jetzt*. Eine erstklassige Teerstraße biegt von der C13 südlich von Rosh Pinah ab und führt auf 90 Kilometer quer durch die Wüste am Orange River und der südafrikanischen Grenze entlang.

Oranjemund Town Council. 8th and 12th Ave, Tel. 063/23 35 00, www.oranjemund-tc.com und www.omd2030.com

Leuchtturm auf der Lüderitzbuchter Halbinsel

nern weißer Hautfarbe sind noch etwa 50 deutschstämmig an diesem abgelegenen Ende der Welt. Die meisten haben den schmucken Jugendstilbauten in der Bergstraße, der Kirchstraße und der Hohen Straße den Rücken gekehrt und die Turnhalle des Männerturnvereins, den Lesesaal und Kapps Konzert- und Ball-Saal, Baujahr 1907, aus Mangel an Jobs verlassen. Damals standen die architektonischen Vorbilder an der vornehmen Hamburger Elbchaussee, die gar nicht so weit weg lag, denn Lüderitz war mit Hamburg durch die fahrplanmäßig verkehrende Woermann-Schifffahrtslinie verbunden. Manche der steinreich gewordenen Diamantenbarone und wohlhabenden Kaufleute, so ist überliefert, ließen sich durch Woermann feinsten Elbsand anliefern, um ihre Gründerzeitvillen auf ein original hanseatisches Fundament stellen zu können.

Am Ende der Welt

Mit seinem Fundus an verspielter deutscher Kolonialarchitektur kann Lüderitz nur so protzen. Die 1911 im neogotischen Stil erbaute evangelisch-lutherische Felsenkirche auf dem Diamantenhügel, auf dem sich die allerschönsten Villen versammeln, ist das Wahrzeichen der Stadt. Unter

Einfach gut!

HALBINSELRUNDFAHRT
Auf gut ausgebauten Pisten lässt es sich in die sagenumwobene Sturmvogelbucht fahren, wo die verrottenden Überreste einer norwegischen Walfangstation zu sehen sind, sowie zum alten Leuchtturm, der seit 1910 auf seinem einsamen Standplatz vorbeifahrende Schiffe auf Distanz hält. Sowie in die Griffith Bay mit Blick auf Lüderitz jenseits der weitläufigen Bucht. Einen Hauch profunder Geschichte bietet auch das legendäre Diaz-Kreuz, das der portugiesische Seefahrer Bartholomeu Diaz nach der Umsegelung des Kaps der Guten Hoffnung am 25. Juli 1488 hier errichtete. Brillenpinguine, Robben und Flamingos gibt's auf Halifax Island und in der Großen Bucht, dazu jede Menge skurrile Landschaft zwischen atlantischem Stahlblau: Eine Halbinselrundfahrt (Minimum: 90 Minuten) stellt klar, was dieses Lüderitz am Ende der Welt tatsächlich bedeutet.

Durchs historische Lüderitz

Sightseeing lässt sich in der Hafenstadt bequem zu Fuß erledigen, das altkoloniale Flair präsentiert sich zwischen Diamantenhügel mit Felsenkirche und Haifischinsel.

A Lüderitz Nest Hotel – 70er-Jahre-Block, aber schönes Ambiente am Atlantik.

B Goerke-Haus – Auf dem Weg zum Diamantenhügel eine der prachtvollsten Jugendstilvillen, Besichtigung empfehlenswert!

C Felsenkirche – Das Gotteshaus auf dem Diamantenhügel ist täglich ab 17 Uhr geöffnet.

D Diaz Coffee Shop & Oyster Bar – Bismarck-Straße, wird für seine Austernqualität gelobt.

E Essenzeit – Restaurant an der Waterfront mit gutem Seefood-Angebot.

F Zur Waterkant – Pension mit gemütlichem, deutschsprachigem Ambiente und Hafenblick.

G Kratzplatz und Barrels – Das B&B in der Nachtigalstraße sowie die hippe Essenskneipe gleich nebenan zählen zu den historischen Hotspots.

H Lüderitz Museum – Geschichte der Diamantenära und die Entwicklung von Lüderitzbucht.

I Lüderitz Safaris & Tours – Inoffizielle, deutschsprachige Touristeninformation in der Bismarckstraße.

J Jachtclub – Ausflugsboote für Hafen- und Halbinselrundfahrten.

K Shark Island – 1904, kaiserliches Gefangenenlager gehört heute zu den Namibia Wildlife Resorts.

Fußläufig nahe beieinander: Die Felsenkirche mit ihren kunstvoll bleiverglasten Fenstern, das Goerke-Haus, das heute ein Museum ist und prächtige Jugendstilvillen am Diamanthügel.

den Geldgebern war Kaiser Wilhelm II., der die bleiverglasten Chorfenster über dem Altar beisteuerte, während seine Gattin die Altarbibel stiftete. Das prachtvolle Lutherfenster finanzierte Herzog Johann Albrecht von Mecklenburg. Die Alte Post in der Schinzstraße wurde 1908 vom Eisenbahnkommissar Oswald Reinhardt entworfen, der Alte Bahnhof Ecke Bismarck-/Bahnhofstraße 1907 zusammen mit der Bahnlinie fertiggestellt. In der Bergstraße 13 ist Haus Grünewald zu bewundern, das der erste Bürgermeister von Lüderitz Emil Kreplin bezog.

Am prachtvollsten ist das Goerke-Haus, das Architekt Otto Ertl 1910 als eines der aufwendigsten Kolonialbauten in Lüderitz an den Hang des Diamantbergs setzte. Das Domizil von Leutnant Goerke, der 1904 mit der Deutschen Schutztruppe erst nach Swakopmund und später nach Lüderitzbucht kam, galt schon damals als eines der Vorzeigestücke deutscher Südwest-Architektur. Was sicher auch darauf zurückzuführen war, dass der clevere Leutnant ins Diamantengeschäft umstieg, als die ersten Funde den Geldrausch einleiteten. Goerke führte schließlich die Bücher von sechs Minen – die 20 000 Reichsmark für seine Villa, heute ein Museum, ließen sich da problemlos aufbringen. Eine Besichtigung der Jugendstilperle zählt wie die benachbarte Friedenskirche zu den absoluten Highlights eines historischen Stadtrundgangs, der fußläufig bequem zu machen ist.

Infos und Adressen

ESSEN UND TRINKEN

Barrels. Hippes historisches Restaurant. 5 Nachtigal St, Tel. 063/20 24 58 und 081/315 52 59.

Crayfish Bar & Lounge. Austern und Seafood im Lüderitz Nest Hotel. 820 Diaz St, Tel. 063/20 40 00, www.crayfishbar.wheretostay.na und www.nesthotel.com

Garden Café. Tolle Kuchentheke und hübsches Gartenambiente. 17 Hafen St, Tel. 081/124 83 17.

ÜBERNACHTEN

Alte Lodge. Boutique Guesthouse. Mabel St, Tel. 081/636 74 85, www.historisches-ferienhaus-namibia.de

Kratzplatz B&B. Historische Unterkunft neben dem Barrels. 5 Nachtigal St, Tel. 063/20 24 58, www.kratzplatz.info

Lüderitz Nest Hotel. Alleinlage am Atlantik, Restaurant-Terrasse mit Meerblick. 820 Diaz St, Tel. 063/20 40 00, www.nesthotel.com

Obelix Village Guest House. Atmosphärisches deutschsprachiges B&B mit Garten. Old Bay Rd, Tel. 063/20 34 56, www.obelixguesthouse.wheretostay.na

Shark Island Resort. Auf der Shark-Halbinsel vor Lüderitz. Namibia Wildlife Resorts, Tel. 061/285 72 00 oder direkt Tel. 063/20 27 52, www.nwr.com.na

Zur Waterkant. Familiengeführtes deutschsprachiges B&B, Bremer St, Tel. 063/20 31 45, www.zurwaterkant.com

AKTIVITÄTEN

Adrenalinsport in Lüderitz. Element Riders, 7 Schinz St, Tel. 081/666 65 99, www.element-riders.com

Sperrgebiet-Touren Bogenfels & Walvis Bay. Coastways Tours Lüderitz, Tel. 063/20 20 02 und 081/122 93 36, www.coastways.com.na

INFORMATION

Lüderitz Safaris & Tours. Touristeninformation; Marion Schelkle organisiert außerdem Stadtführungen und Touren. Bismarck St, Tel. 063/20 27 19, www.luderitz-tc.com

Stilvoll übernachten lässt sich's in der Pension Kratzplatz, gleich um die Ecke vom Barrels

Diamond Area 1, einst abgeriegeltes Land und Sperrgebiet: Heute lässt sich die Minenregion von einst auf geführten Touren mit Sondergenehmigung besuchen.

37 Hochkarätig: Das Sperrgebiet

Expedition durchs verbotene Land

Die ehemaligen Sperrgebiete 1 und 2 erstrecken sich nördlich (heute Teil des Namib Naukluft Park) und südlich (heute der Tsau-//Khaeb Sperrgebiet National Park) von Lüderitz. Immer noch benötigen Expeditionen Spezialpermits, um die sagenumwobenen Territorien der einstigen Diamantenära mit ihren Geisterstädtchen, im Sand versunkenen Schiffswracks und historischen Relikten wie Autowracks und Ochsengespanne zu besichtigen.

Im April 1908 stieß der schwarze Bahnarbeiter Zacharias Lewala auf einen merkwürdigen Stein an den Gleisen nahe des Bahnpostens Grasplatz. Den zeigte er seinem Vorgesetzten, dem deutschen Oberbahnmeister August Stauch, der ihn sofort

GUT ZU WISSEN

GESCHÜTZTE KÜSTE – WILD UND URSPRÜNGLICH

Seit 2008 existiert der Tsau- //Khaeb Sperrgebiet National Park, der sich südlich von Lüderitz bis nach Oranjemund erstreckt. Auch Inselliebhaber kommen im Sperrgebiet auf ihre Kosten: 2009 ist mit der Namibian Islands Marine Protected Area eine neue Schutzzone auf 400 Kilometern Länge zwischen Meob Bay nördlich von Lüderitz und Chamies Bay mit Roastbeef Island südlich entstanden, die zehn Inseln und acht kleinere Eilande umfasst und 30 Kilometer in den Atlantik hinausreicht.

Gewaltige geologische Brüche und Felsmonumente prägen die verbotene Küste.

untersuchen ließ. Tatsächlich stellte ein Geologe fest, dass es sich dabei um einen Diamanten handelte. Scharenweise strömten damals Glücksritter aus allen Teilen der Welt an diese glückverheißende Lüderitzbucht, deren dürftige Hafensiedlung sich schnell zu einem quirligen Eldorado wandelte. Natürlich wollte sich die deutsche Kolonialregierung den im Sand liegenden Reichtum nicht entgehen lassen. In Windeseile wurde zwischen dem 26. südlichen Breitengrad bis zum Oranje-Fluss an der Grenze zu Südafrika sowie 100 Kilometer landeinwärts eine verbotene Zone, das Diamantensperrgebiet, eingerichtet.

Minenbetrieb im großen Stil

Die Minen der Deutsche Diamanten Gesellschaft, der Kolonialen Bergbau Gesellschaft, der Vereinigten Diamantminen AG, der Diamanten Pacht Gesellschaft und der Bahnfelder Diamanten Gesellschaft machten ab 1909 in Idatal/Stauchslager, Kolmanskuppe, Charlottental und Bogenfels, ab 1911 in der Elisabethbucht und ab 1912 in Pomona unvorstellbare Gewinne. Und Lüderitz boomte. In Kapps Hotel wurden die Barmädchen in Diamanten bezahlt, wenn das Bargeld knapp

Nicht verpassen

OFFROAD DURCH DEN SAND BIS WALVIS BAY

Zwischen Walvis Bay und Lüderitz liegen 600 Kilometer Wüstenstrecke auf dem Gebiet des ehemaligen Sperrgebiets 2, das beinahe ein ganzes Jahrhundert für niemanden zugänglich war – es sei denn, man hatte einen Passierschein der Diamantengesellschaft. Nur lizensierte Tourunternehmen dürfen heute das beeindruckende Expeditionsabenteuer durchführen. Schier unglaubliche Sand- und Dünengebiete sind auf der Küstenroute des heutigen Namib Naukluft Park zu durchqueren. Vereinzelt finden sich Relikte vergangener Abenteuer wie die Siedlungen Holsatia, Charlottenfelder und Grillenberger, vom Sand verwehte Ochsenwagen einstiger Diamantenschürfer und Suzy, das Wrack eines stecken gebliebenen Fords, Baujahr 1942, sowie das Wrack des deutschen Frachters »Eduard Bohlen«, der 1909 hier gestrandet ist.

Oben: Der 55 Meter hohe Bogenfels

Mitte: Eine ehemalige Diamantenmine im Sperrgebiet

Unten: Glitzernde Klunker, die früher einfach so herumlagen

wurde. Die gab es ja reichlich. Anfangs lagen sie noch einfach im Kies herum, sodass die Männer nur auf den Knien herumrutschen mussten, um die glitzernden Steinchen mittels Pinzette aufzupicken. Bereits ein Jahr nach dem ersten Fund durch Lewala war das gesamte Diamantengeschäft unter behördlicher Kontrolle. Stauch zog mit einem gewissen Herrn Dr. Scheibe, der als Professor an einer deutschen Bergbauakademie lehrte, an der Küste entlang, um nach weiteren Schätzen zu suchen. Ein kleines Tal jenseits des Dünengürtels benannte er nach seiner Frau Ida.

Auf amüsante Weise beschreibt Autorin Olga Levinson in ihrem Buch *Diamanten in der Wüste*, wie die zwei operettenhaft ins Glück schliddern: Währenddem Stauch sich daranmachte, ihre genaue Position an der Küste auf eine Karte einzutragen, begann Scheibe, die umliegende Wüste nach Diamanten zu erforschen, ohne dass er irgendetwas von Belang gefunden hätte. Als Stauch am späten Nachmittag zurückkehrte, traf er Jacob, einen Herero-Arbeiter, der sich auf die Suche nach Holz für ein Lagerfeuer machte. Im Spaß sagte Stauch zu Jacob, dass er nicht Holz suchen solle, sondern eher Diamanten. Jacob kniete sich prompt in den Wüstensand und las händevoll von den Steinchen auf! Bei dem Anblick war Scheibe vollkommen überwältigt und rief ständig aus: »Ein Märchen! Ein Märchen!« Er erinnerte sich später daran, dass die Diamanten wie Pflaumen unter einem Pflaumenbaum lagen. Die Stelle wurde danach unter dem Namen »Märchental« bekannt. Es war die reichste Ablagerung von Diamanten, die je gefunden wurde. In 20 Monaten förderte man eine Million Karat. Einer Beschreibung zufolge war das »Märchental« mit Diamanten bestückt wie der Schaukasten eines Juweliers.

Das Edelstein-Eldorado von heute

Diamanten sind immer noch da und erwirtschaften einen nicht unbeträchtlichen Anteil des Staatshaushalts. Namibias Edelsteinproduktion steht weltweit an fünfter Stelle; die größte Minengesellschaft des Landes, die Namdeb Diamond Corporation mit Basis in Oranjemund, beschäftigt über 3000 Menschen. Die verbotene Stadt an der diamantenschweren Mündung des Oranje River fand sich bislang in keiner Entfernungstabelle: Der Hauptsitz der Namdeb, die zu gleichen Teilen der De-Beers-Gruppe und dem namibischen Staat gehört, galt noch bis vor Kurzem als streng kontrolliertes Sperrgebiet und konnte nur mit Vorabgenehmigung und unter strikten Sicherheitsvorkehrungen besucht werden.

Heute lassen sich organisierte Tagestouren durch den 2008 entstandenen Tsau-//Khaeb National Park, der das Territorium des ehemaligen Sperrgebiets umfasst, in Lüderitz buchen und die Geisterstädte Elisabeth Bay, Pomona und Bogenfels besuchen. Bei Pomona wurde schon ab 1860, also lange, bevor die deutsch-koloniale Entwicklung begann, nach Bodenschätzen gesucht. Heiß begehrt bei Fotografen ist das Naturphänomen Bogenfels, rund 100 Kilometer südlich von Lüderitz, die berühmte 55 Meter hohe Kalkfelsenbrücke, die Wind und Wasser über Jahrhunderte zu einer beeindruckenden Skulptur geschliffen haben.

Infos und Adressen

ESSEN UND TRINKEN

Expeditionstouren. Bei allen Unternehmen ist Vollverpflegung inklusive.

ÜBERNACHTEN/TOUREN

Coastways Tours. Lüderitz, Tel. 063/20 20 02 und 081/122 93 36, www.coastways.com.na

Desert Magic Tours. Lüderitz, Tel. 063/20 28 24, www.desertmagictours.com.na

Faces of the Namib. Südafrikanisches Tourunternehmen, das auf das Sperrgebiet spezialisiert ist. The Boardwalk, Walvis Bay, Tel. 0027/21/863 64 00, www.facesofthenamib.com

Omalweendo Safaris. Dekker und Willemien Smit, 10 Spitskop St, Eros, Windhoek, Tel. 081/122 01 68 und 081/128 62 96, www.omalweendo.com

INFORMATION

Ministry of Environment & Tourism. Head Office Windhoek, Pillip Troskie Building, Tel. 061/284 21 11, www.met.gov.na und www.info-namibia.com

Offroad durchs Sperrgebiet nur mit lizensierten Unternehmen

EXOTISCH:

Namibias Flora und Fauna

Aufgrund seiner landschaftlichen Vielfalt und der verschiedenen Klimazonen erstreckt sich Namibia über ein gutes Dutzend Vegetationszonen, die von Wüste und Halbwüste über Dornbuschsavanne bis hin zu tropischen Bereichen im Caprivi-Winkel und an der angolanischen Grenze reichen. Pflanzen, die in der beinharten Natur überleben, haben sich etwas einfallen lassen, was im gleichen Maße auf die Tierwelt zutrifft.

Eine der exotischsten Pflanzen ist die *Welwitschia mirabilis*, eine flach am Boden wachsende Holzpflanze, die ausschließlich in der Namib-Wüste vorkommt und sich für ihre Blüte ausgerechnet den Ort aussucht, an dem außer Sand nichts ist. Auf diese Weise wird sie gut 2000 Jahre alt. Von 120 namibischen Baumarten ist der Kameldornbaum mit seiner Schatten spendenden Krone zusammen mit der Schirmakazie und dem Annabaum am fotogensten. Ausgenommen natürlich der exotische Köcherbaum, der als Aloeart eigentlich kein Baum ist, auch wenn er mit seinem wuchtigen Stamm bis zu acht Meter hoch wird und eine unverwechselbar schöne Krone ausbildet. Ein ganzer Wald davon steht unweit von Keetmanshoop unter Naturschutz. Im Norden bestimmen Marula, Riesenfeige, Baobab und Makalani-Palmen das Landschaftsbild.

Oryx, Tok-Tokkie und Welwitschia

Nahezu 200 endemische Pflanzenarten kommen auf dem Territorium Namibias vor, der größte Teil Sukkulenten sowie Aloen und Flechten, darunter der lebende Stein Lithops, eine sukkulente Wüstenpflanze. Zu warnen ist vor giftigen Sukkulenten, deren milchiger Saft schmerzhaft und sogar tödlich sein kann. Während des morgendlichen Nature Drive erklärt der Ranger die Intelligenz der Akazie: Ihre Wurzeln sind dreimal länger als sie hoch ist und reichen bis zu 40 Meter tief bis ins Grundwasser. So trägt sie das ganze Jahr über ein grünendes Blätterkleid zur Freude zahlreicher Tiere, die sich von ihr ernähren. Wenn das Abknabbern ihrer Blättchen überhandnimmt, sendet sie ein toxisches Düftchen aus in Windrichtung zur nächsten Akazie, die daraufhin den Geschmack ihrer Blätter verändert und sie bitter schmecken lässt, sodass kein Tier mehr einen Appetit verspürt.

Ein Gigant unter den Bäumen Namibias ist der Affenbrotbaum oder Baobab, der 100 Jahre alt werden kann und nicht

Der Afrikanische Affenbrotbaum (Baobab) erreicht Stammdurchmesser von 10 Metern.

selten Höhen über 25 Meter erreicht. Mächtig stehen die Riesen mit Stammumfängen bis zu 20 Metern in den Buschsavannen des Nordens und liefern nicht nur beeindruckende Bilder: Mit ihren beerenartigen Früchten versorgen sie Mensch und Tier mit wichtigen Vitaminen und Mineralstoffen – beinahe alles ist von ihnen zu verwenden: Rinde, Wurzeln, Holz, Blätter und Früchte zum Essen, zur Seilproduktion, zum Decken der Dächer oder zur Herstellung von Seife. Der hohle Stamm dient als Schafstall, Kiosk, Speicher oder gar als Wohnung. Imposant ist auch der Marulabaum, den Affen und Elefanten heiß lieben: Seine reifen Früchte fallen herunter und vergären in der Hitze, was der Tierwelt eine hochprozentige Art Obstler verschafft, wobei wir beim Thema »lässt sich was einfallen« sind – man hat Großohren und Paviane schon torkeln sehen.

Die endemische Welwitschia wird mehrere Hundert Jahre alt, manche Exemplare sogar 1000.

Bühne der Wilden Exoten

Zahlreich sind die afrikanischen Exoten im namibischen Paradies der Wildtiere vertreten: Giraffen und Geparde, Wüstenluchse und die seltenen Wildhunde, die strategisch jagen wie kein anderes Raubtier, dazu Tüpfelhyänen, Schakale, Stachel- und Warzenschweine, Paviane, Honigdachse, Ameisenbären und gemütlich wirkende Flusspferde, die allerdings zu den unberechenbarsten und gefährlichsten Angreifern zählen: Wer ihnen zu Wasser zu nahe ins Revier gerät oder den Rückweg vom Land ins rettende Wasser versperrt, dem ist nicht mehr zu helfen. Allgegenwärtig, aber friedlich sind die grazilen Exemplare von rund dreißig Antilopenarten, darunter die prächtig gehörnte Oryx (Gemsbok) und die Rappenantilope (Sable). Mit Glück zeigen sich sehr seltene und teils endemische Tierarten, die ausschließlich die spezifische Umwelt Namibias begünstigt wie das Hartmann-Bergzebra, von dem es gerade noch 13 000 gibt. Benannt ist es wie auch die Hartmannsberge nach Georg Hartmann, einem deutschen Naturforscher und Geologen. Unter den nur noch spärlich vorkommenden Tieren ist auch die vom Aussterben bedrohte Damara-Seeschwalbe sowie die Sandechse, die problemlos im Wüstensand taucht und schwimmt.

Achtung: Snake Country

Man ahnt es schon: Die namibischen Rangern und Fährtenlesern am häufigsten gestellte Frage zielt bei alldem heiß

Die Zwergpuffotter oder auch Namibviper wird maximal 30 cm lang.

gebackenen Sand und Felsgestein auf die Existenz von Schlangen ab, die hier besonders exotisch – und giftig – sind, ganz klar ist Namibia Snake Country. Man glaubt es kaum, aber die meisten Einheimischen haben noch nie eine Giftschlange gesehen. Wer es in der Kategorie Reptilien etwas kräftiger mag: In den Flüssen des Nordens tummeln sich zahlreiche, bis zu sechs Meter lange Nilkrokodile.

Fernglas- und teleobjektivbewehrte Ornithologen gehen nicht nur wegen Sekretären, Flamingos, Pinguinen, Riesentrappen, Adlern, Geiern, Marabus sowie bunt schillernden Enten- und Gänsearten auf die Pirsch. Von 887 geschützten Vogelarten des Südlichen Afrika stehen allein zwei Drittel auf der namibischen Liste, elf Arten gelten als endemisch. Manche sind prominent: Der afrikanische Fischadler hat es ins namibische Wappen geschafft, der emsige Webervogel, der seine klumpigen Hängenester baut, in denen Hunderte von Vogelfamilien leben, ganz sicher in jeden Namibia-Bildband. Aber Achtung: Nichts steht von der Schwarzen Mamba im Bildtext, die gern in die Nester kriecht, um an die Vogeleier zu kommen, Wildlife Ranger wissen das. Weil die hochgiftige Schlange auf darunter stehende und die ein- und ausfliegenden Vögel fotografierende Touristen keine Rücksicht nimmt: Wer Pech hat, dem fällt sie aus dem Nest und um den Hals.

Dieser Mini-Lizard zählt zu den Very Little Big Five, den kleinsten Safari-Tieren.

38 Kolmannskuppe
Halb versunken im Sand

Auch wenn Lüderitzbucht mit unglaublichen architektonischen Denkmälern aufwartet – nichts könnte die Ära der Diamanten und die Geschichte der Deutschen besser erzählen als ein Besuch des nahe gelegenen Kolmanskop, einer bizarren Jugendstilfabrik in der Wüste, deren Relikte aus der kolonialen Ära schon vielen Filmproduktionen als Requisiten dienten.

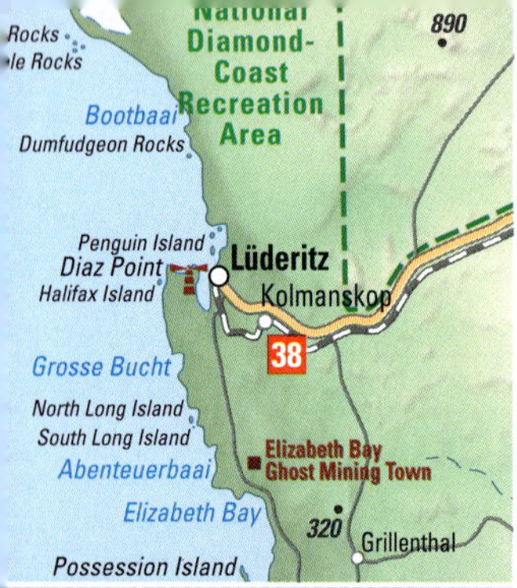

Kolmanskop: Im Sand der Namib-Wüste versunkene Jugendstilvillen aus kaiserlich-deutschen Zeiten, und was an häuslichen Relikten hier und da noch übrig ist.

15 Kilometer vor Lüderitzbucht taucht an der Grenze zum Diamantensperrgebiet Kolmanskop aus dem Sand auf, eine Geisterstadt, die ihren Namen dem Afrikaner Jani Kolman verdankt, dessen Ochsenkarren hier einst im Sand stecken blieb. Heute halb verschüttet, war Kolmanskuppe zu Kaisers Zeiten ein deutscher Minengroßbetrieb mit rund 1000 Beschäftigten – manche Quellen berichten gar von bis zu 5000 – mit Kegelbahn, Turnhalle, Kasino, Ballsaal und klassizistischen Prachtvillen.

Vom Winde verweht

Während die dunkelhäutige Mehrheit der Arbeitskräfte außerhalb des Minengeländes in Baracken wohnte und streng kontrolliert wurde, konnten sich zwischen 200 und 300 Europäer auf Kolmanskuppe beinahe jeden Luxus leisten. Es gab sogar eine Eisfabrik – mitten in der Wüste! Außerdem Bäckerei und Schlachterei, ab 1910 Strom aus dem eigenen Elektrizitätswerk, eine Schule und ein Krankenhaus, dem der größte Röntgenapparat der südlichen Hemisphäre zur Verfügung stand. Der sollte allerdings zunächst der Minengesellschaft dienen, denn nur per Röntgenbild ließen sich verschluckte Diamanten sicher nachweisen – und wieder herbeischaffen. Diamantenklau wurde zu einem ernsten Problem für die Minengesellschaften: Teilweise mussten die Arbeiter, so ist es überliefert, sogar Knebel tragen, damit sie keine Diamanten verschluckten! Auch soll es speziell konstruierte Toiletten gegeben haben zwecks Rückgewinnung der wertvollen Steine.

Turnhalle und Kegelbahn

Für Entspannung in der Freizeit sorgten Gymnastikgruppe, Turnverein, Bibliothek, Bowlingbahn und Theater. Im Hauptgebäude von Kolmanskuppe stellt das Kolmanskop-Museum neben prachtvollen Interieurs und kuriosen Relikten aus der Vergangenheit auch Dokumente aus wie die Kopie eines Angestelltenvertrags mit der Consolidated Diamond Mines of Southwest-Africa von 1923 oder eine Ausgabe der *Lüderitzbuchter Zeitung* aus dem Jahr 1931 mit Beiträgen über die »Jagd auf Diamantenschürfer im Sperrgebiet«, »Diamantendiebstahl« oder den »Diamantenwelthandel«.

Längst ist Kolmanskop mit seinen historischen Jugendstilbauten, die langsam die Wüste verschluckt, zu einem gefragten Drehort für Filmproduktionen geworden: Die Relikte aus der deutsch-kolonialen Ära dienen als Requisiten und Bühnenbilder und sichern Lüderitz und Kolmanskuppe als viel besuchtes Freilichtmuseum die Existenz am Rande des erbarmungslosen Nichts. Die Einnahmen aus der boomenden Filmindustrie durch Vermietung der Anlage fließen in den sogenannten Village Fund der namibischen Minengesellschaft Namdeb (On diamonds we built), die als Eigner von Kolmanskop auf dem Sperrgebiet-Areal immer noch Diamanten abbaut. Der Stiftungsfonds finanziert die Stabilisierung der Gründerzeitvillen, die nach und nach restauriert werden sollen.

Infos und Adressen

ESSEN UND TRINKEN

Essenzeit@Waterfront. Seafood-Restaurant mit Hafenblick. 39 Hafen St, Lüderitz, Tel. 081/401 43 37, www.essenzeit-luderitz.com

Ritzi's Seafood Restaurant. Für Fischliebhaber. Lessing St/Bay Rd, Lüderitz, Tel. 063/20 28 18.

ÜBERNACHTEN

Bahnhof Hotel Aus. Eine Fahrstunde von Kolmanskop entfernt. 20 Lüderitz St, Aus, Tel. 063/25 80 91 und 081/235 67 37, www.bahnhof-hotel-aus.com und www.bahnhof-hotel-aus.de

Klein-Aus Vista. Desert Horse Inn, eine Fahrstunde von Kolmanskop entfernt. Aus, Tel. 063/25 81 16, www.klein-aus-vista.com und www.gondwana-collection.com

Krabbenhöft & Lampe. Historisches Gästehaus. 25 Bismarck St, Lüderitzbucht, Tel. 081/666 65 99, www.klguesthouse.com

Zum Anker. Apartments für Selbstversorger. 299 Bulow St, Lüderitz, Tel. 081/1294390, www.zumanker-luderitz.com

INFORMATION

Namdeb Head Office. Diamantenzentrale und Eigentümerin von Kolmanskop, 10 Dr Frans Indongo St, Namdeb Centre, 10th Floor, Windhoek. Tel. 061/204 33 33, www.namdeb.com und www.kolmanskop.de

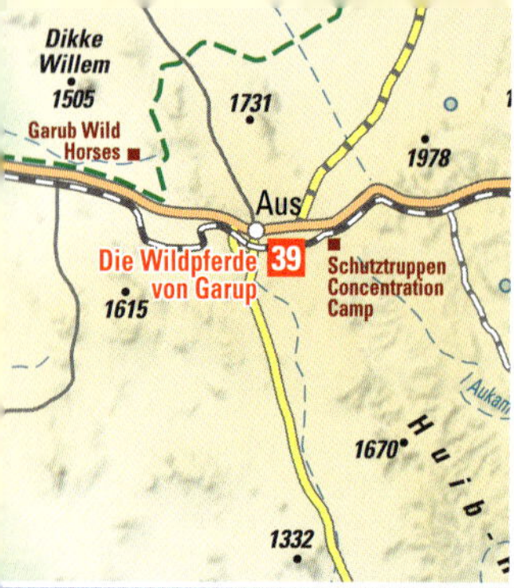

Mitte: Kirchhaus der Wüstenortschaft Aus: Römisch-katholische St. Teresa vom Kinde Jesu
Unten: Vom Winde verwehte Landschaft vor den Aus-Bergen bei Klein-Aus

39 Die Wildpferde von Garub

Überlebenskampf in der Wüste

Die Nachkommen zweifelhafter Vorfahren leben in einem weitflächigen Sandgebiet auf dem Areal des Namib Naukluft Park in der Nähe des alten Bahnhofs von Garub, rund 20 Kilometer westlich von Aus. Da es in der ariden Region wenig Niederschlag gibt und im Nationalpark ausreichend Feinde, ist ein Pferdeleben dort eher ein Hundeleben, nur die Widerstandsfähigsten kommen durch. Ihr Bestand schrumpft.

Die winzige Ortschaft Aus besteht aus einer Ansammlung Häuser und einer hübschen Kirche auf 1446 Metern Höhe in einer Welt voller Sand und Staub am Rand des Diamanten-Sperrgebiets. Das verbotene Terrain hat ein Phänomen der besonderen Art hervorgebracht, nämlich 200 bis 300 wild lebende Pferde, die sich in der totalen Abgeschiedenheit nahe dem einzigen Wasserloch der Region, Garub, an die harten Bedingungen der Wüste anpassen konnten. Die Spekulationen darüber, woher die überlebensstarken Wildpferde stammen, gehen auseinander. Vielleicht handelt es sich um ehemalige Kavalleriepferde der Deutschen Schutztruppe, die 1915 angesichts der anrückenden südafrikanischen Kampfverbände freigelassen wurden, wofür eintätowierte Regimentsnummern bei eingefangenen Pferden der ersten Generation sprechen. Andere gehen davon aus, dass es die Nachkommen von Nama-Pferden sind, die mit einwandernden Nama über den Oranje-Fluss kamen. Möglicherweise sind es auch Nachfahren von überlebenden Tieren gesunkener Schiffe, die

Rösser aus dem Reitstall Piet Swiegers

zwischen Europa und dem Kap der Guten Hoffnung zahlreich unterwegs waren.

Pferdezucht Schloss Duwisib

Weniger abenteuerlich erscheint die These, dass die knochig-ungestümen Hengste und Stuten aus der Zucht des Barons Hansheinrich von Wolf stammen, der zu Kolonialzeiten etwa 160 Kilometer nordwestlich von Garub auf Schloss Duwisib ein Gestüt betrieb. Vielleicht sind die stolzen Wilden aber auch nur die Urenkel entlaufener südafrikanischer Armeerösser, die sich am Bohrloch von Garub ihr fotogenes Stelldichein geben. Jedenfalls haben die Wüstenrösser dem Tourismussektor Namibias eine besondere Attraktion beschert, die der Sperrzone Diamond Area 1 und der Consolidated Diamond Mines Company zu verdanken ist, deren Arbeiter frühzeitig die Besonderheit der Tiere erkannten und deshalb deren einzigen Lebensquell, das künstliche Bohrloch der Garub Pan (das der Wasserversorgung von Dampfloks der nahen Eisenbahnlinie diente) für sie offen hielten. Die seit 1908 existierenden Diamanten-Sperrzonen garantierten den Pferden jahrzehntelange Ungestörtheit. Inzwischen sind große Areale davon an den Namib Naukluft National Park abgetreten worden und die weitere Existenz galt als gesichert.

Geheimtipp

GEISTERSCHLUCHT & CO.

Zu Klein-Aus Vista zählen das Desert Horse Inn mit Lodge, Restaurant und Campground sowie die Geisterschlucht-Homestead, ein altes Farmhaus, das eine nachgefragte Herberge für Wanderer, Kleingruppen und Familien ist, sowie sieben Traumchalets, die sich in der Weite des ca. 20 Fahrminuten von der Basis Klein-Aus Vista entfernt im Gebirgsland verstecken: Eagle's Nest nennt Piet Swiegers seine Übernachtungsperlen aus feinem Naturstein mit Blick auf den glutroten Sonnenball, der sich am fernen Horizont versenkt. Die feltsandige Auffahrt macht einen 4x4-Fahrzeug leichter, runter muss man zum Essen nicht: Wer im Desert Horse Inn eincheckt, kriegt Holzkohle und ein komplettes Barbecue im Korb inklusive Salate, Wildfleisch und Boeréwors. Bier und Wein warten oben schon.

Klein-Aus Vista. Tel. 063/25 81 16, www.klein-aus-vista.com und www.gondwana-collection.com

Oben und Mitte: Oryxantilopen an der Tränke der Wildpferde
Unten: The Old Hudson in der Geisterschlucht: Von der Polizei verfolgte Diamantendiebe endeten hier im Kugelhagel.

Piet und seine Rösser

Nun aber herrscht seit Jahren eine Dürreperiode, sodass dem auf ca. 100 Tiere geschrumpften Bestand von der 2012 gegründeten Namibia Wildhorse Foundation zugefüttert werden muss. Gleichzeitig steigt die Population an gefräßigen Hyänen im Namib Naukluft National Park, die es auf junge Fohlen abgesehen haben. Schon ist die Auseinandersetzung zwischen Pferdeflüsterern und puristisch denkenden staatlichen Naturschützern entbrannt, wer in einem Nationalpark die größeren Rechte hat: Pferde, die den Tourismus befördern, aber nicht dahin gehören, oder Hyänen, die sich ungehindert vermehren und fressen, was sie zwischen die Kiefer kriegen.

Seit Langem setzt sich Piet Swieger für die Wildpferde ein. Auch das hat eine Geschichte: Sein Familienstammbaum lässt sich bis 1756 zu einem Johannes Valentin Schwieger aus Badersleben im Harz zurückverfolgen. 1922 zog Piets Großvater aus Südafrika nach Südwest, 1983 kaufte dessen Sohn, ein Karakulschafzüchter, bei Aus ein riesiges Farmareal, das heute als Sperrgebiet Rand Park funktioniert. Das brachte Sohn Piet, der im südafrikanischen Stellenbosch studierte und viele Jahre in den USA lebte, auf die Spur der Wildpferde, die praktisch vor seiner Haustür den Überlebenskampf übten. Zusammen mit Bruder Willem baute er die elterliche Farm zum heutigen Klein-Aus Vista aus. Ein Pferde-Infocenter wurde eröffnet, das interessierte Besucher über Herkunft und Leben der Tiere informiert und professionell geführte Ausflüge zum berühmten Wasserloch Garub am alten Bahnhof durchführt. Allerdings lassen sich die Pferde mit etwas Glück schon im Vorbeifahren sehen: Vor dem Bahnhofsgebäude zweigt eine beschilderte Piste (Horse Viewpoint) zur Pferdetränke ab, wo sich die Rösser ihre tägliche Wasserration und jetzt eben auch frisches Heu abholen.

Infos und Adressen

ESSEN UND TRINKEN

Desert Horse Inn. Restaurant und Bar 2 km von Aus entfernt; Terrassen mit Weitblick in alle Richtungen. Klein-Aus Vista, Tel. 063/25 81 16, www.klein-aus-vista.com

ÜBERNACHTEN

Bahnhof Hotel Aus. Historisches Hotel in Aus mit Außenterrasse. 2 Lüderitz St, Tel. 063/25 80 91, www.bahnhof-hotel-aus.com sowie www.bahnhof-hotel-aus.de

Fest Inn Fels. Individuell gestaltete Felschalets mit Pool in Traumlage an den Tirasbergen. D 707, Tel. 063/68 32 47, www.namibia-farm-lodge.com/fest-inn-fels-c115s

Klein-Aus Vista. Rustikale Wüstenlodge Desert Horse Inn mit den Ablegern Eagle's Nest, Geisterschlucht (romantisches Farmhaus für Familien und Gruppen) und Campsite im Sperrgebiet Rand Park. Tel. 063/25 81 16, www.klein-aus-vista.com und www.gondwana-collection.com

Namtib Desert Lodge & Little Hunter's Rest. Sehr besonderer deutschsprachiger Stopover in den Tirasbergen. Aus, Tel. 063/68 30 55, www.namtib.net

AKTIVITÄTEN

Ausflüge. Geführte Touren durch die Pflanzen- und Tierwelt der Sukkulenten-Karoo im Gondwana-Sperrgebiet Park. Siehe Information.

Mountainbiken. In den Aus-Bergen durch traumhafte Landschaften auf Tracks zwischen 16 und 60 km Länge. Siehe Information.

Wandern. Durch die Sukkulenten-Karoo auf eigene Faust auf dem Schanzen Trail (5 km), dem Geister Trail (12,7 km) oder dem Eagle Trail (20 km) sowie weiteren Tracks unterschiedlicher Schwierigkeitsgrade. Siehe Information.

INFORMATION

Klein-Aus Vista. An der B 4 2 km von Aus Richtung Lüderitz. Pete und Christine Swiegers, Tel. 063/25 81 16, www.klein-aus-vista.com

Klein-Aus Vista: Piet Swiegers Wüstenlodge Desert Horse Inn

VOM GLÜCK, in Namibia zu leben

Was Einheimische über das besondere Glück, in Namibia zu leben, fühlen und denken, bezeugt vor allem eine große Liebe zu diesem bildschönen, ruhigen und menschenleeren Land – ungeachtet der Hautfarbe, der Herkunft und der sozialen Standards der Befragten. Sowie die außergewöhnliche Freundlichkeit seiner Bewohner.

Marion Schelkle, 70, geb. in Lüderitz, betreibt zusammen mit ihrer Angestellten Liz Swoboda, 74, geb. in Südafrika, die Firma Lüderitz Safaris & Tours, die zugleich seit vielen Jahren als Touristeninformation im Einsatz ist. Beide Damen zählen zum Urgestein unter den 40 deutschstämmigen Einwohnern im wüstenumzingelten Lüderitzbucht: »Das ist schon sehr speziell, hier, am Ende der Welt, zu leben«, erklärt Frau Schelkle, »aber durchaus im positiven Sinn: Es gibt nur wenig Menschen, die wenigen sind sehr nett, man kennt keine Hektik, alles ist sauber und adrett. Und: Es hat doch was, stundenlang durch diese gottbegnadete Natur an einsamen Stränden und Buchten entlangzulaufen, immer den Atlantik vor Augen.«

Anna Penomalwa, 26, geb. in Oshakati im Ovamboland, lebt und arbeitet seit zwei Jahren in der Canyon Lodge am Fish River Canyon: »Ich bin stolz darauf, was Gott hier geschaffen hat! Die Menschen sind so nett und freundlich, wir helfen uns gegenseitig. Und dann diese traumhafte, unberührte Natur – das ist es, was unsere Seele wärmt und unser Herz für dieses Land schlagen lässt.«

Marion Schelkle und Liz Swoboda

Anna Penomalwa

Heinrich Joseph Tiboth

Christine Wulff-Swiegers, 38, geb. in Ütersen (Schleswig-Holstein), verh. mit Piet Swiegers, 49, in Klein-Aus Vista: »Dieses Freiheitsgefühl! Keine Menschen und viel Natur mit einer Lebensqualität, die ich in Deutschland nicht haben kann. Die Menschen sind relaxt, freundlich und zufrieden. Und dann die Pferde, die ich so liebe!« Seit 2012 betreut die Norddeutsche die Namibia Wildhorse Foundation.

Heinrich Joseph Tiboth, 33, geb. in Mariental, vom Stamm der Baster, wohnhaft in Khomasdal, Windhoeks Township für Farbige, arbeitet seit Abschluss seines Studiums am Arandis College bei Swakopmund (Mining & Technology) in der NamibRand Reserve: »Angesichts der Weltlage ist es für mich ein Glück, hier ohne Diskriminierung und im Frieden mit so vielen verschiedenen Kulturen zu leben und beruflich eine gute Zukunft zu haben.«

Serolda Gorabes, 24, geb. in Otjiwarongo, vom Stamm der Damara/Nama, arbeitet in der !!khoba-Boutique in Swakopmund: »Namibia ist der sicherste Ort in Afrika! Die vielen verschiedenen kulturellen Gruppierungen kommen supergut miteinander aus, alles ist so sauber und die Schulen sind gebührenfrei.«

Kalaputse F. Mwandingi, 25, geb. in Omuthiya im Ovamboland, arbeitet als Barmann am Tresen der Down Corruption Bar, der originalgetreu nachgebauten Township-Kneipe im Etosha Safari Camp: »Namibia ist demokratisch und frei und wir leben mit unseren vielfältigen Kulturen in Frieden. Wichtig ist

Gaby Krieger

Godfriedine Katjangua Rukoro

Kalaputse F. Mwandingi

für mich vor allem die innere Freiheit, die wir haben, wenn wir annehmen, was Gott uns gibt.«

Gaby Krieger, 51, geb. in Wetterau/Hessen, verh. mit Stephan Voigt, seit 16 Jahren organisiert sie den Gästebetrieb auf der historischen Voigtland-Gästefarm: »Jeden Tag aufs Neue bedeutet Namibia für mich Lebensqualität! Das Klima, die Sonne, die netten Menschen, die Weite – wenn ich mal in Deutschland bin, freue ich mich schon wahnsinnig darauf, wieder zurück nach Hause zu fliegen. Was fehlt? Nichts. Nicht mal Montessori für erziehungsbewusste Eltern im benachbarten Windhoek und drei weiteren namibischen Städten.«

AbramTsa-ke Tsumib, 32, geb. bei Fort Namutoni, Etosha-Pfanne, vom Stamm der Hai-//Khum, hat deutsche Vorfahren und arbeitet seit 13 Jahren als Field Guide im Onguma-Reservat: »Es ist ein so friedliches Land und ein so besonderer Platz: Ich bin in der Etosha-Region mit wilden Tieren aufgewachsen und eben kein Stadtmensch. Stadtleben stresst mich sofort, weshalb die Weite der namibischen Natur und die beruhigende Leere das Allerbeste für mich sind.«

Godfriedine Katjangua Rukoro, 48, geb. in Okakarara am Waterberg, der Großvater war ein Hans Keller. Verheiratet ist die Kellnerin der Waterberg Plateau Lodge mit Karl Rukoro: »Diese unendliche Natur ist schön, unberührt und weit, was eben auch die Seele und das Herz wunderbar weit und frei macht. Ich möchte nirgendwo sonst leben!«

Kaarina Shuuya, 25, geb. in Elim bei Oshakati, Ovamboland, arbeitet im Swakopmund Guesthouse, wo sie ein Praktikum im Bereich Hospitality & Tourism absolvierte und eine feste Stelle bekommen hat: »Ich bin stolz auf unser Land und was ich bis jetzt erreicht habe – vor allem Selbstbewusstsein und die Zuversicht, dass man in Namibia alles schaffen kann!« Und: Swakops altkoloniale Architektur aus vergangenen Zeiten sind für sie einfach der Hit!

AbramTsa-ke Tsumib

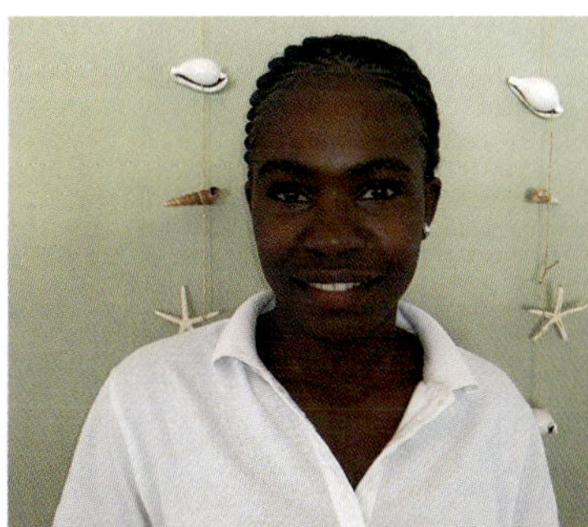

Kaarina Shuuya

Lost in time: Duwisib Castle, ein kurioses steinernes Monstrum am Ende der Welt, ist tatsächlich ein richtiges Schloss mitten in der Wüste – und einen Besuch wert!

40 Bethanien – Schloss Duwisib

Der Pastor und der Baron

300 Kilometer sind es auf der gut ausgebauten und durchgängig geteerten Wüstenstrecke B 4 von Lüderitz bis Keetmanshoop, auf der nicht selten der Wind kräftige Sandböen über die geteerte Piste fegt. Für Rückreisende Richtung Windhoek steht vor Seeheim ein Abzweig mit Zwischenstopp im historischen Missionsstädtchen Bethanien an, für Naukluft-Fahrer die Trutzburg des Barons, Schloss Duwisib.

Der geschichtsträchtige Ort Bethanien wurde als Missionsstation von Johann Heinrich Schmelen gegründet und ist eine der ältesten Siedlungen des Landes. Knapp 2000 Einwohner teilen sich eine Tankstelle, eine Handvoll Geschäfte, ein Hotel und zwei Kirchen. Neben der evangelisch-lutherischen ist das Schmelen-Haus, das angeblich erste von Europäern erbaute Steinhaus Namibias, als Zeugnis der Missionsgeschichte samt Friedhof gleich nebenan zu besichtigen.

Biografie eines Abenteurers

Missionar Schmelen, geboren 1776 in Kassebruch bei Bremen, kam über den Umweg Berlin, London und Kapstadt 1812 in die unwirtliche Region Südnamibias, um den heidnischen Nama den christlichen Glauben zu bringen. Genau hier, in Bethanien, wurde der hinterlistige Pakt zwischen Adolf Lüderitz' Beauftragten Heinrich Vogelsang und dem Nama-Häuptling Joseph Fredericks 1884 besiegelt, der das Küstenareal bis zu fünf Meilen um die Lüderitzbucht 1884 in den Besitz der Deutschen brachte. Allerdings war der Deal eine schmähliche Trickserei, denn Lüderitz berief sich später auf ein Gebiet nach dem Maß der deutschen Meile und nicht wie üblich der englischen, was den Nama ein weit größeres Territorium abpresste als vereinbart, nämlich beinahe ihr gesamtes Siedlungsgebiet im Lüderitzer Raum.

Der Traum des Barons

Mit Missionierung heidnischer Naturvölker hatte der preußische Artillerieoffizier Baron Hansheinrich von Wolf, der einen der merkwürdigsten deutschen Kolonialbauten aus dem Wüstensand stampfte, nichts am Hut. Für seinen 1909 steingewordenen Traum verpflichtete er den Architekten Wilhelm Sander, der in Windhoek schon die Schwerinsburg, die Heinitzburg und die Sanderburg errichtet hatte, und wünschte sich einen mittelalterlichen Rittersaal mit allem Drum und Dran, Zinnen, Türmen und gekreuzten Schwertern. Fachleute aus halb Europa reisten an, um das 250 000 Goldmark teure Monstrum nach historischen Vorlagen in die Wüste zu setzen. 20 schwer beladene Ochsenkarren schafften Material über 300 Kilometer aus Lüderitz heran. Zusätzlich erwarben der Baron und seine reiche amerikanische Ehefrau Jayta umliegende Farmen und begannen auf dem so erweiterten 50 000 Hektar großen Duwisib-Anwesen mit der Pferdezucht. Viel hatte der ehemalige Schutztruppenoffizier allerdings nicht von seiner Vision: Während einer Seereise nach Europa, wo er Zuchtpferde zukaufen wollte, geriet er in die Wirren des Ersten Weltkriegs und fiel 1916. Da seine Frau nicht nach Duwisib zurückkehren wollte, verfiel das Schloss. Die Pferde wurden freigelassen, was die Spekulation nährt, dass die Wildpferde von Garub deren Nachkommen sein könnten. 1979 ging das Schloss in Staatsbesitz über, wurde restauriert und dient heute als Museum mit Übernachtungsmöglichkeit.

Infos und Adressen

ESSEN UND TRINKEN

Zum Oryx. Restaurant im Seeheim Hotel mit Spezialitäten vom Kudu, Oryx und Springbock. Tel. 063/25 05 01 und 081/129 10 73, www.seeheimhotel.com

ÜBERNACHTEN

Alte Kalköfen Lodge. An der B 4 Keetmanshoop/Lüderitz. Keetmanshoop, Tel. 081/129 06 21 und 081/129 89 28, www.altekalkofen.com

Bethanie Hotel & Guesthouse. Idyllisch mit Garten und Pool. 270 Chief C Fredericks Ave, Bethanie, Tel. 063/28 30 13, www.bethaniehotel.com

Duwisib Castle. Namibia Wildlife Resorts, Windhoek, Tel. 061/285 72 00, direkt Tel. 063/29 50 30/31 und 081/291 52 80, www.nwr.com.na

Duwisib Guestfarm. Zimmer mit Schlossblick. Maltahöhe, Tel. 063/29 33 44 und 081/354 36 19, www.farmduwisib.com

Seeheim Hotel. Prachtbau der Deutschen Schutztruppe (1896). Keetmanshoop, Tel. 063/25 05 01 und 081/129 10 73, www.seeheimhotel.com

INFORMATION

Namibia Tourism Board. Haddy & Sam Nujoma Dr, Windhoek, Tel. 061/290 60 00, www.namibiatourism.com.na

KALAHARI UND CO.

41 Stampriet
Am Rand des roten Sands 224

42 Keetmanshoop
Rheinische Mission und Köcherbaumwald 228

43 Fish River Canyon
Der zweitgrößte der Welt 232

44 Gondwana Canyon Park
Oberbayern am Canyon 236

45 Cape Namibia Route
Die Traumstrecke nach Kapstadt 240

Nach Offroad-Fahrten im dick gepackten rötlichen Kalahari-Sand kommt der kühlende Pool der Kalahari Anib gerade recht.

41 Stampriet

Am Rand des roten Sands

Die Kalahari-Wüste gilt mit 1,2 Millionen Quadratkilometern als das größte zusammenhängende Sandgebiet der Welt und ist damit um ein Vielfaches so groß wie Großbritannien. Mit ihren gewaltigen Sanddünen, die je nach Sonnenstand wechselnde Farbspiele vorführen, zählt sie zu den spektakulärsten Erlebnissen des Südlichen Afrika. Wobei Namibia nur Ausläufer zu bieten hat, die es aber in sich haben.

Zur namibischen Kalahari zählt geologisch das gesamte Gebiet östlich der Linie Etosha-Windhoek-Keetmanshoop. Wer sich auf einer Rundreise befindet und einen Eindruck von der wilden Schönheit und ihren rötlichen Sanddünengebieten erhalten will, ist mit einem Abzweig von der B 1 in Mariental gut bedient: Nicht weit vom Farmerstädtchen Stampriet produzieren sanft gewellte Dünenwelten ein farbiges Bilderbuch, das stolze Oryxantilopen mit langen Säbelhörnern, mächtige

GUT ZU WISSEN

DIE //KLICKS DER SAN

Die Buschleute der Kalahari verwenden merkwürdige Klick-Laute in ihrer Sprache, die sich in fünf Grundtypen unterscheiden: das Schnalzen mit der Zungenspitze an den Schneidezähnen, am Zahndamm, am Gaumen oder mit den Lippen und den Zungenrändern. Die Zungenbrecherakrobatik klingt wie das Schnalzen eines Kutschers, es klickt, ploppt oder knallt am Gaumen. Die phonetischen Klicks der San lassen sich schriftlich nur durch Hilfszeichen wie !! oder // beschreiben.

Kudus, Warzenschweine, Springböcke, Bergzebras und Strauße beleben.

Kalaharische Wunder

Während des morgendlichen Nature Drive im offenen Geländewagen erklärt der Ranger die Intelligenz der Akazie. Sie sendet Duftstoffe an benachbarte Bäume aus und bewirkt, dass sie Bitterstoffe in den Blättern produzieren, die dann für Wildtiere als Nahrung nicht mehr infrage kommen. Schnell verändert die Landschaft ihr Gesicht. Hier ist es steinig, dort steppig und auf einmal durchzogen von dunkelrotem Wüstensand. Überall gedeihen Gräser, Büsche und Akazien, an denen die struppigen Nester der Webervögel hängen, die zusammen mit kleinen Falken und grünen Papageien gut funktionierende Wohngemeinschaften bilden. Die Falken schützen die Papageieneier vor Schlangen, die sich gern in die riesigen von den Bäumen hängenden Nester auf der Suche nach tierischem Eiweiß verirren.

Kalahari Anib und Kalahari Farmhouse

Bei Stampriet, einer ländlichen Gemeinde an den westlichen Ausläufern der großen Kalahari, haben sich als grünende Oasen im Sand zwei größere Lodgebetriebe der Gondwana Collection etabliert. Die Kalahari Anib Lodge geht auf die abenteuerliche Geschichte eines Friedrich Hermann Fürst von Solms-Baruth zurück, der 1937 die 500 Quadratkilometer große Dabib-Farm erwarb und nach dem Zweiten Weltkrieg auch selbst bewirtschaftete. Und die Kalahari Farmhouse Lodge, ebenfalls ein ehemaliger Farmbetrieb, funktioniert tatsächlich als waschechter Bauernhof mitten in der Wüste: Ein Dutzend Kühe produziert 120 Liter Milch täglich, in der Käserei werden Gouda natur,

Geheimtipp

OFFROAD UND WALKS IM KGALAGADI

Über Gochas, auf dessen Friedhof die Gräber vieler deutscher Schutztruppler liegen, führt die C18 zum Grenzübergang in den südafrikanisch-botswanischen Kgalagadi Transfrontier Park, der organisierte 4x4-Trails für maximal fünf Geländewagen mit Ranger anbietet. Die Teilnahme setzt Selbstversorgung voraus, Campingausrüstung, Wasser, Verpflegung, Brennholz und Treibstoff müssen mitgeführt werden. Kinder unter zwölf Jahren sind nicht zugelassen. Die Route des Nossob 4x4 Eco Trail verläuft mitten durch rote Sanddünenfelder zwischen Twee Rivieren und Nossob Camp und dauert vier Tage mit drei Übernachtungen auf Campingplätzen. Der Leeudril 4x4 Loop bietet eine abenteuerliche Tagesfahrt 50 Kilometer lang. Der !Xerry Wilderness Trail ist ein Hiking Trail mit zwei Übernachtungen in einem Basis Camp und geführten Wanderungen durch die Nossob-Region.

Kgalagadi Transfrontier National Park. Grenzübergang Mata Mata. Vorabbuchung unter South African National Parks, Tel. 0027/12/428 91 11, www.sanparks.org

Oben: Die protestantische Kirche in Stampriet aus der Kaiserzeit.
Mitte: Wasser gibt es in dieser Flussoase reichlich, wie die Palmenallee beweist.
Unten: Rings um die Kalahari Anib Lodge breitet sich roter Kalahari-Sand aus.

mit Kümmel, Paprika und anderen Kräutern sowie Feta, Mozzarella, Quark und Joghurt hergestellt. Aus der hofeigenen Metzgerei kommen Bratfleisch, Aufschnitt und Würste aus eigener Tierhaltung auf den Tisch sowie Wildfleisch vom Springbock und Oryx benachbarter Jagdfarmen. In großflächigen Gewächshäusern gedeihen Rhabarber, Spinat, Kohl, Brokkoli, Cherry-Tomaten, Kürbis, Galiamelonen, Blattsalate und einiges mehr. Das arthesische Wasser sprudelt unbegrenzt aus der Quelle unter dem Farmhaus, hat Trinkwasserqualität und ist der Grund für die üppige Pflanzenvielfalt zwischen den Dünen des roten Sands. Ein ganzer Palmenwald wächst aus dem Paradiesgarten der Lodge, rot blühender Hibiskus und Bougainvillea rahmen den Pool.

Überleben im sandigen Land

Am Abend blutet die Wüste in Rot, während die Sonne langsam versackt. Als Schattenrisse tauchen Büsche und Bäume aus dem Pastell, Webervögel schwirren wie verrückt um ihre riesigen, klobigen Nester, die im Gegenlicht schattenhaft von ihren Wirtsbäumen hängen. Schnell breitet sich Eiseskälte aus, während tagsüber eine monotone, aride Landschaft in großer Hitze erstarrt. Dabei ist die Kalahari gar keine reine Wüste, sondern nur eine Halbwüstenlandschaft, deren weite Ebenen durchschnittlich 1000 Meter über dem Meeresspiegel liegen. Der Wind hat den durch Erosion gewaltiger Felsmassen zurückgebliebenen Sand zu riesigen Dünen aufgeworfen und zu skulpturalen Wundern geformt, deren rote Färbung auf den hohen Gehalt an Eisenoxid zurückgeht. Ca. 200 Millimeter jährlicher Niederschlag ermöglicht eine sparsame Vegetation aus Sukkulenten, Büschelgras, Zwergsträuchern, bis zu fünfzehn Meter hoch wachsendem und für die Kalahari typischem Kameldorn und Akazien.

Infos und Adressen

ESSEN UND TRINKEN

Historical Guesthouse Restaurant. Kulinarik-Oase in Stampriet. Tel. 063/26 00 13 und 081/244 74 48, www.stamprietguesthouse.com

ÜBERNACHTEN

Goba Lodge & Restcamp. Am Trans-Kalahari Highway/Grenzübergang in die botswanische Kalahari. Elim St, Gobabis, Tel. 062/56 44 99, www.goba.iway.na

Kalahari Anib Lodge. Größere sehr schöne und moderne Anlage mit Kalahari-Ambiente, Garten und Pool. Stampriet, 063/24 05 29, www.gondwana-collection.com

Kalahari Farmhouse. Ländlich in einem Palmenhain und mit angeschlossenem Farmbetrieb. Stampriet, Tel. 063/26 02 59, www.gondwana-collection.com

Kalahari Game Lodge. Angrenzend an den Kgalagadi Transfrontier Park. Nachtsafaris und Lion Tracking. Tel. 063/25 20 52, www.kalaharigamelodge.com.na

Kiripotib Astro-Farm. Astro-Domizil südöstlich von Dordabis. Tel. 062/58 14 19, www.astro-namibia.com

Stampriet Historical Guesthouse. Atmosphärisches Kleinod. Stampriet, Tel. 063/26 00 13 und 081/244 74 48, www.stamprietguesthouse.com

Tivoli Southern Sky Guest Farm. Astro-Domizil bei Uhlenhorst. Tel. 062/58 14 05, www.tivoli-astrofarm.de

INFORMATION

Namibia Travel Guide. www.info-namibia.com und www.namibiatourism.com.na

Metzger, Bäcker und Gärtner: Zahlreiche Berufsgruppen sind im Gondwanas Farmhouse aktiv.

Keetmanshoop: Touristeninformation im Kaiserlichen Postamt (oben), Tankstellen, Supermärkte, Kolonialbauten – und jede Menge Köcherbäume!

42 Keetmanshoop

Rheinische Mission und Köcherbaumwald

Mit 20 000 Einwohnern, für namibische Verhältnisse eine größere Stadt, ist Keetmanshoop in jedem Fall einen Zwischenstopp wert. Seine zentrale Lage im südlichen Namibia haben es schon zu Kaisers Zeiten zum Verkehrsknotenpunkt werden lassen, Straßen- und Schienenstränge verbinden Windhoek mit Kapstadt auf der 1500 Kilometer langen Cape Namibia Route sowie Lüderitz und den Fish River Canyon mit dem Rest der Welt.

Auf dem Weg zwischen Stampriet und Keetmanshoop passiert man das Siedlerstädtchen mit dem romantischen Namen Mariental, der auf Maria Brandt, die Ehefrau des ersten Deutschen in der Region, Hermann Brandt, zurückgeht. Romantisch ist Mariental selbst allerdings wenig, das wuselige Handelszentrum am Hardap-Stausee bringt zwischen Namib und Kalahari eine Menge Landwirtschaft auf die Beine. Obst-, Wein- und Gemüseanbau, zahlreiche Geschäfte, Gewerbezentren und Baumärkte zeugen von einem großen Einzugsgebiet. Weit versprenkelte Farmen werden von hier aus versorgt.

Keetmanshoops Perlen

Zwei Fahrstunden südlich liegt das 1866 vom Vorsitzenden der Rheinischen Missionsgesellschaft Johann Keetman als Missionsstation gegründete Keetmanshoop, das ansehnliche Relikte deutscher Vergangenheit vorzeigen kann: das Kaiserliche Postamt beispielsweise, 1910 vom Architekten Gottlieb Radecker erbaut (dem auch die lutherische Christuskirche in Windhoek zu verdanken ist), in dem nun die Touristeninformation residiert, oder die 1895 aus feinen Bruchsteinen errichtete evangelisch-lutherische Missionskirche in der Kaiserstraße, heute ein Museum. Keetmanshoops opulente Tankstellen und Supermärkte lassen auf regen Verkehr schließen: Busse bewegen sich in alle Himmelsrichtungen, sogar bis nach Johannesburg und Kapstadt, und Züge fahren per Nachtexpress nach Windhoek. Wer dorthin so schnell nicht will, geht von hier aus auf Abenteuertour – in geländegängigen Fahrzeugen durch die westlichen Ausläufer der Kalahari-Wüste, die sich an Namibias Ostgrenze weit in die Nachbarländer Botswana und Südafrika hineinstreckt.

Nationalmonument Köcherbaumwald

Zum Touristenmagnet wurde Keetmanshoop durch eine besondere Erscheinungsform namibischer Flora, den sogenannten Köcherbaum, der so heißt, weil die Buschmänner seine Äste aushöhlten, um sie als Pfeilköcher zu nutzen. Dabei zählt der Kokerboom, wie er auf Afrikaans heißt, eigentlich gar nicht zu den Bäumen, sondern zu den Aloen *(Aloe dichotoma)*, wenngleich er einen wuchtigen Stamm von bis zu acht Metern Höhe und eine unverwechselbar schöne Krone ausbildet. Bestens hat er sich an die aride Umwelt angepasst, weil er im Stamm eine Menge Wasser für trockenere Zeiten speichern kann. Auf der Gariganus-Farm nördlich des Stadtzentrums kann man eine bizarre und kraftvoll hoch wachsende Baumaloe, deren Alter auf 200 bis 300 Jahre geschätzt wird, in ihrer schönsten Pracht bestaunen. Ein ganzer Wald von Köcherbäumen steht dort unter Naturschutz. Inzwischen ist der Köcherbaum zur Nationalpflanze und der Waldbestand auf der Gariganus-Farm zum Nationalmonument erklärt worden.

Infos und Adressen

ESSEN UND TRINKEN

Schützenhaus Restaurant. Menu à la carte und Bar. Diamond Ave, Tel. 063/22 34 00 und 081/124 50 63, www.schuetzenhaus-namibia.com

ÜBERNACHTEN

Bird's Accomodation. Bird's Mansions Hotel und Bird's Nest Guest House. Hotel Tel. 063/22 17 11 und Guesthouse Tel. 063/22 29 06, www.birdsaccommodation.com

Central Lodge. Nähe Kaiserliches Postamt im Zentrum. Tel. 063/22 58 50, www.central-lodge.com

Quivertree Forest Restcamp. Gästehäuser auf der Farm Gariganus, 13 km außerhalb von Keetmanshoop am Köcherbaumwald. M29/C17, Tel. 083/768 34 21, www.quivertreeforest.com

Schützenhaus Guest House. Historische Perle aus dem Jahr 1907. Diamond Ave, Tel. 063/22 34 00 und 081/124 50 63, www.schuetzenhaus-namibia.com

INFORMATION

Keetmanshoop Tourism Office Information. Im Kaiserlichen Postamt. Tel. 063/22 12 66.

Unglaublich schön: der Sonnenuntergang am Quivertree Forest, dem Köcherbaumwald

43 Fish River Canyon

Der zweitgrößte der Welt

50 Kilometer südlich von Keetmanshoop geht es von der B4 noch vor Seeheim auf die D545 ins wilde Nowhereland. Zackige Bergketten, putzige Koppies sowie kapstädtische Tafelberge leiten auf der gut befahrbaren Piste schon mal das Abenteuer Fish River Canyon ein, bis nach einer Reise durch außerirdische Naturbilder das Gate des Nationalparks mit dem gleich dahinterliegenden Hobas Restcamp erreicht ist.

Mitte: Als grünliches Band schimmert der Fischfluss tief unten im Canyon.
Unten: Anreisende Overlander-Gespanne wirbeln weithin sichtbare Staubfahnen auf.

Der Fish River Canyon National Park, der heute zusammen mit dem südafrikanischen Richtersveld Teil des länderübergreifenden /Ai-//Ais Richtersveld Transfrontier Park ist, zählt zu den abenteuerlichsten und zugleich höllischen Versuchungen für Hiker, auf jeden Fall aber zu den heißesten, weshalb die Wandertracks in diesem Felsenkessel während der glühendsten Monate des Jahres geschlossen bleiben. Denn der steinerne Backofen des Canyons kennt kein Erbarmen, wenn es um extreme Temperaturen geht, die teils auf über 50 Grad klettern.

Berauschende Tiefblicke

Über Jahrmillionen hat sich der Fish River kraftvoll durch waagerecht lagernde Gesteinsschichten gefressen, was den Canyon mit über 550 Meter Tiefe, 161 Kilometer Länge und 27 Kilometer Breite zum zweitgrößten der Welt nach dem Grand Canyon und zum größten in Afrika macht. Das Erosionstal zählt mit seinen gewaltigen Dimensionen zu den ganz großen Attraktionen des Kontinents. Angesichts der mehrheitlich geringen Wassermengen

Canyon Klipspringer Trail

Für eine Wanderung durch den Canyon – vom nördlichen Einstieg am Hiker's Viewpoint bis ins südliche /Ai-//Ais sind es über 80 Kilometer – muss eine Genehmigung bei Namibia Wildlife Resorts eingeholt werden.Iindividuelle Tageswanderungen sind aus Sicherheitsgründen nicht möglich, auch bleibt der Canyon im namibischen Sommer wegen zu großer Hitze geschlossen. Einen kürzeren und bequemeren Canyon Hike bietet die Gondwana Collection mit dem teilgeführten 32 Kilometer langen Canyon Klipspringer Trail an, das Gepäck wird von einer Übernachtungshütte zur nächsten transportiert:

Ⓐ **Klipspringer Base Camp** – Übernachtung vor dem Einstieg im Base Camp. Man gelangt dorthin im eigenen 4x4-Fahrzeug von der C12 aus oder per Transfer vom Canyon Roadhouse.

Ⓑ **Einstieg in den Klipspringer Trail** – Vom Base Camp Transport im offenen Geländewagen über die Piste zum Einstieg in den Klipspringer Trail, das Gepäck bleibt zum Weitertransport an Bord.

Ⓒ **Battlesnake Camp** – Beginn der Wanderung nach Planvorgabe in Eigenregie über den Aussichtspunkt Klipspringer View Point bis zum Battlesnake Camp. Das Hauptgebäude ist ein altes Farmhaus, übernachtet wird in Cottages (14 km).

Ⓓ **Koelkrans Camp** – Tag 2: Abstieg in den Canyon bis zum Flussbett des Fish River, dann geht es weiter zum Koelkrans Camp. Übernachtung in Cottages (8 km).

Ⓔ **Horseshoe Camp** – Tag 3: Die letzte Etappe führt vom Koelkrans Camp über den Zebra Hiking Track mit Aufstieg bis zum Horseshoe Camp am oberen Rand des Canyons. Teilnehmer haben dort einen Traumblick über das gesamte Canyon-Szenario (9 km).

Schon am Rand stehen ist der Hit! Hinunter in den Canyon darf man auf eigene Faust nicht.

Von hier wieder Rücktransport zum Klipspringer Basecamp/Parkplatz oder per Transfer zum Canyon Roadhouse, www.gondwana-collection.com/de/home/wandern

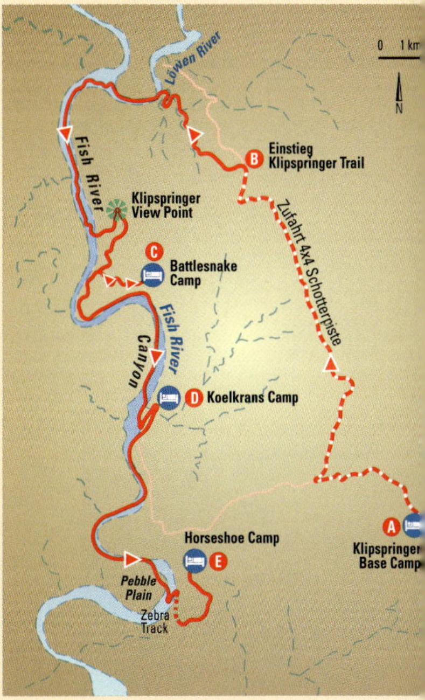

HEISSES THERMALWASSER
Die Strecke ab Fish River Canyon folgt 65 Kilometer dem Flussbett, das sich in endlosen Schleifen Richtung Süden windet bis nach /Ai-//Ais, wo mutige Canyon Hiker nach rund 85 Kilometer Tracks eine grünende Oase mit wohltuenden Thermalschwimmbecken erwartet. Richtig genießen lässt sich der Badeort in der kühleren Jahreszeit, denn /Ai-//Ais bedeutet in der Nama-Sprache brennendes Wasser oder auch der Platz, der sehr heiß ist. Damit ist das etwa 60 Grad heiße Wasser gemeint, das /Ai-//Ais zu einem beliebten Thermalbad macht. Es enthält Chlorid, Fluorid und Schwefel und verspricht vor allem bei rheumatischen Leiden Linderung. Hier mündet der Fischfluss in den Oranje. Wer auf die Cape Namibia Route geht oder den Canyon südlich in Richtung Aus umfährt, kommt direkt am Talkessel der heißen Quellen vorbei.

/Ai-//Ais Hot Springs & Spa. Namibia Wildlife Resorts, Tel. 061/2857200, www.nwr.com.na und www.ai-ais.net

Einfach gut!

muss es wohl feuchtere Zeiten gegeben haben, die den Fluss zu einer so effektiven Gesteinssäge werden ließen. Andere Interpretationen behaupten, der Canyon sei durch tektonische Verwerfungen entstanden. Das Urvolk der San hat die vermeintlich plausibelste Erklärung parat: Ein riesiger Drache habe sich auf der Flucht durch die Felsen gedrückt und so die Fish-River-Schlucht hervorgebracht. Die führt allerdings nur nach ausgiebigen Regenfällen nennenswert Wasser, dann ist der Tisch für Fischreiher, Kingfisher und zahlreiche andere Wasservögel reichlich gedeckt. Während der Trockenperioden schrumpft der Fischfluss zu kleineren Tümpeln, und erst zu Beginn der regulären Regenzeit zwischen März und April entwickelt sich ein normales Flussleben, an dem sich auch Kudus, Bergzebras, Springböcke, Oryxantilopen, Paviane und Klippspringer erfreuen.

Wandern im Canyon

An dem Gate in Hobas, dem offiziellen Parkeingang, werden all jene erwartet, die sich eine mehrtägige Wanderung durch die Schluchten zumuten wollen, wozu eine Genehmigung der Parkbehörde nötig ist. Die Saison liegt zwischen 1. Mai und 30. September, also im namibischen Winter, doch selbst dann können die Tagestemperaturen auf über 40 Grad klettern und nachts auf bitterkalt sinken. Individuelle Tageswanderungen sind aus Sicherheitsgründen nicht zugelassen. Teilnehmer des 86 Kilometer langen Fish River Canyon Hiking Trails (Mindestgruppengröße: 3 Personen, 3–4 Wandertage) übernachten in Zelten. Aber Achtung: Die klimatischen Verhältnisse, die Länge der Strecke sowie das zu schleppende Gepäck sind hinsichtlich der geforderten physikalischen Fitness nicht zu unterschätzen. Umliegende Lodges bieten kleinere und leichtere Touren an.

Infos und Adressen

EESSEN UND TRINKEN

Hobas Resort Restaurant. Schöne Anlage direkt am Gate mit Terrasse, Garten und Pool. Tel. 063/68 34 69, www.nwr.com.na

ÜBERNACHTEN

Fish River Lodge. 20 Chalets mit Traumblick auf der Westseite am Canyon-Rand. Tel. 061/22 81 04, www.fishriverlodge-namibia.com

Hobas Lodge & Resort. 6 Bungalows, Campingplatz, Pool und Restaurant, sehr gepflegt und am Gate an der Ostseite. 10 km entfernt zu den View Points am Canyon und dem Abstieg für Wandergruppen. Buchung über Namibia Wildlife Resorts, Tel. 061/285 72 00, Lodge direkt Tel. 063/68 34 69, www.nwr.com.na

AKTIVITÄTEN

Desert Kayak. Ab Hobas Lodge & Resort oder /Ai-//Ais Hot Springs Resort: paddeln auf dem Orange River im /Ai-//Ais Richtersveld National Park. Namibia Wildlife Resorts, Tel. 061/285 72 00, www.nwr.com.na

Attraktives Abenteuer für Kajak-Enthusiasten: paddeln auf dem Orange River

INFORMATION

Namibia Wildlife Resorts. Staatliche Lodges und Nationalparks, 181 Gathemann Building, Independence Ave, Windhoek, Tel. 061/285 72 00, www.nwr.com.na

Parkeingang zum Fish River Canyon und zum staatlichen Hobas Restcamp

Eine ganze Halle ist voll mit Oldtimergefährten, die der Gondwana-Begründer Mannfred Goldbeck für sein Roadhouse gesammelt hat. Aber Achtung vor dem Klo!

44 Gondwana Canyon Park

Oberbayern am Canyon

Zwischen Grünau und Hunsbergen am westlichen Rand der Kalahari versteckt sich die Canyon Lodge, umgeben von gewaltigen Brocken aus Fels und Granit. Das originalgetreu erhaltene Farmhaus des ehemaligen Schanderl-Gehöfts erzählt eine aufregende Geschichte: Wie seine Erbauer, die Gebrüder Johannes, Alfons und Stephan Schanderl, einst aus Margarethenberg bei Altötting auszogen, um in der afrikanischen Fremde ihr Glück zu versuchen.

Zunächst kommt Alfons, ein gelernter Schlosser: Im Oktober 1904 geht er in Hamburg an Bord des Überseedampfers »Gertrud Woermann« – und strandet prompt schiffbrüchig an der Skelettküste. Jahrelang dient der erste Sohn des Lehrers Franz Xaver Schanderl und dessen Ehefrau Anna in

GUT ZU WISSEN

WC-FALLE

In den Toiletten des Roadhouse warten die erotischen Ablichtungen nackter Männer und Frauen auf die Besucher des jeweils anderen Geschlechts mit einem Kästchen an genau der brisanten Stelle, die dem Auge verborgen bleiben soll. Wer neugierig genug ist, das Kästchen zu öffnen, den erwartet ein »I got you« samt schriller Sirene, die in der Restaurant- und Oldtimerhalle draußen die Aufmerksamkeit des versammelten Publikums auf sich zieht. Peinlich für denjenigen oder diejenige, je nachdem, wer da aus der Klo-Tür kommt …

Gondwanas Roadhouse

Diensten der Kaiserlichen Schutztruppe gegen aufständische Nama zwischen Lüderitzbucht und Keetmanshoop. Eines Tages gerät er im Rahmen einer militärischen Operation zufällig an den Rand des Fischflussgrabens und ist von der Schönheit des zweitgrößten Canyons der Welt sogleich fasziniert.

Die Schanderl-Farm

Nicht wenige der frühen europäischen Siedler quälten sich damals mit Ochsenwagen durch die hitzebrütenden Areale Südwests. Wo es Wasser gab, wurde Zaunwerk gezogen und Viehzucht betrieben und wildes Getier, von der hochgiftigen Speikobra bis zur Fleisch liefernden Oryxantilope, eliminiert. Als der Alfons in einem Brief ins elterliche Margarethenberg seine Aussicht auf einen preisgünstigen Ankauf von unglaublichen 150 Quadratkilometern Farmland beschreibt und das Kaiserliche Gouvernement in Windhoek zustimmt, reist Bruder Stephan, ein gelernter Buchhalter, sofort mit zentnerschwerer Ausrüstung via Hamburg nach Lüderitz, wo ihn Bruder Alfons mit dem Ochsengespann abholt. Mit 100 Stück Vieh startet im Jahr 1908 unweit des Canyons der Schanderl-Betrieb Karios.

Nicht verpassen

INTERAKTIVES AUTOMUSEUM

Für sein Canyon Roadhouse hat der Begründer der Gondwana Collection, Mannfred Goldbeck, als begeisterter Sammler Dutzende Oldtimer aus allen Ecken des Landes heranschaffen lassen, um in einer opulenten Fress- und Trinkhalle ein einzigartiges Food-&-Exhibition-Spektakel zu installieren – mitten in der Wüste! Fans alter Automobile werden die längste Bar am Canyon mit hautnahem Kontakt zu den bildschönen blechernen Giganten niemals vergessen. Die Halle bietet eine Art interaktives Automuseum mit Sitzecken zwischen chromblitzenden Chevys und VW-Bullies, die namibische Zeitreise in die Geschichte des Automobils unterfüttern zahllose historische Kfz-Relikte sowie Autokennzeichen aus aller Welt.

Canyon Roadhouse. An der Piste C13, Tel. 063/68 31 11, 063/26 60 31 und 081/129 24 24, www.gondwana-collection.com

Pool und Chalets der Canyon Lodge sind inmitten einer skurrilen Felslandschaft entstanden und generieren ein unschlagbares Ambiente.

Wüstenherberge Canyon Lodge

Unermüdlich bauen die beiden Brüder Staudämme und Bewässerungskanäle, pumpen Wasser mittels Windmotoren und bauen nach Jahren im Zelt endlich ein Haus. Solide aus selbst gebrannten Ziegeln und Stein auf Stein wird das Schanderl-Gehöft für die Ewigkeit auf eine Anhöhe gesetzt, mit grandiosen Ausblicken ins weite Land. Als der Acht-Zimmer-Bau, der heute als Lobby und Restaurant der bildschönen Canyon Lodge dient, fertig ist, kommt der dritte im Bunde, Bruder Johannes, aus dem Oberbayrischen nach. Die Farm läuft, dem Aufschwung des landwirtschaftlichen Betriebs kommt die gerade eröffnete und nahe gelegene Eisenbahnlinie zwischen Seeheim und Karasburg (mit Verbindung über Keetmanshoop nach Windhoek und Lüderitzbucht) sehr entgegen: 1914 grasen 120 Rinder, 1200 Stück Kleinvieh sowie 25 Pferde auf dem Land der Schanderls!

Wobei die Oberbayern nicht die einzigen Bauern und Viehzüchter in der unwirtlichen Region sind. Alte Kartenbezeichnungen wie Altdorn, Bremen, Frankfurt oder Lubeck verraten Nachbarn, die alle wie einst die Brüder als Passagiere der Woermann-Linie angereist waren. Woermann unterhielt damals fahrplanmäßige Verbindungen zwischen Hamburg und Lüderitzbucht und schaffte nach Deutsch-Südwest, was an Menschen, Soldaten, Technik und Material gerade gebraucht wurde. Auf dem Areal des Gondwana Cayon Park operieren heute drei sehr unterschiedlich konzipierte Lodges, die Canyon-Reisenden zur Auswahl stehen.

Traumlandschaft Wildebeest Drive

Was damals passierte, macht den heutigen Gondwana Canyon Park, der unmittelbar ans Terrain des Fish River Canyon angrenzt, mit seinen Wüstenherbergen Roadhouse, Canyon Lodge und Canyon Village zu einem der nachgefragtesten Ziele im südlichen Namibia. Von hier aus lässt sich der Fish River Canyon bequem im eigenen Fahrzeug besuchen. Ein Highlight verwunschener Landschaftsbilder ist der halbtägige Wildebeest Drive, den 4x4-Selbstfahrer in Eigenregie durchführen können. Die knapp 50 Kilometer lange Fahrt durch die Wildnis, zu der man sich an der Rezeption an- und abmelden muss (möglicherweise um aufwendige Suchtrupps zu vermeiden), führt auf sandigen Wegen durch eine tierreiche Hochsavanne mit Köcherbäumen und anderen Sukkulenten. Riesentrappen stochern mit langen Schnäbeln im Sand, Bergzebras, Kudus und Springböcke rasen verschreckt davon, bis der Aussichtspunkt Dassieport Waterhole erreicht ist. Wer hier seinen Sundowner zelebriert und zur sinkenden Sonne am Horizont über der Steppenlandschaft blickt, wird den Augenblick entrückter Schönheit nie mehr vergessen. Blitzschnell sackt die Sonne ab – die Farben der Landschaft verändern sich, erst im orangefarbenem Licht, dann in Glutrot – und schwupps! ist sie weg, und der Himmel färbt sich rosa und violett, bis sich das Dunkel der Dämmerung über die Savanne senkt.

Infos und Adressen

ESSEN UND TRINKEN

Roadhouse Restaurant & Bar. Food-Spektakel in Oldtimer-Halle. An der C13, Tel 063/68 31 11, 063/26 60 31 und 081/129 24 24, www.gondwana-collection.com

ÜBERNACHTEN

Canyon Lodge. Natursteinchalets mit Traumpool in 1-a-Lage zwischen Felsformationen. Tel. 063/69 30 14, 061/42 72 00 und 081/129 24 24, www.gondwana-collection.com

Canyon Roadhouse. Lodge mit Rastplatz, Tankstelle und Oldtimer-Halle an der C13. Tel. 063/68 31 11, 063/26 60 31 und 081/129 24 24, www.gondwana-collection.com

Canyon Village. Größere, aber sehr charmante Anlage mit Pool. Tel. 063/69 30 25 und 081/129 24 24, www.gondwana-collection.com

INFORMATION

Gondwana Travel Centre. 42 Nelson Mandela Ave, Klein Windhoek, Tel. 061/42 72 00 und 081/129 24 24, www.gondwana-collection.com

Oldtimer-Truck vor dem Canyon Roadhouse

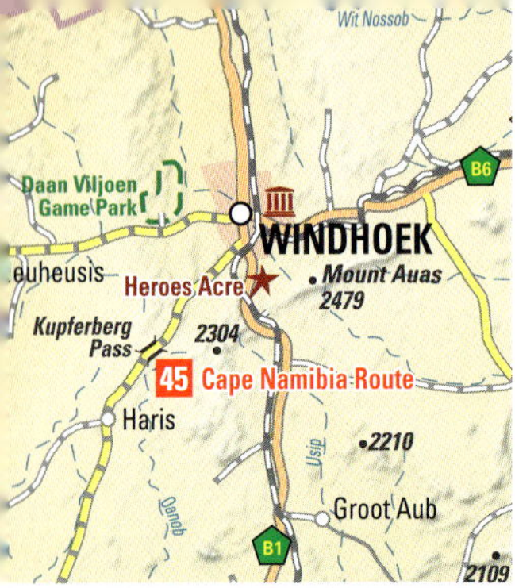

Mitte: Grünende Landschaften sowie großflächiger Weinanbau am Orange River
Unten: Elandsbaai, Südafrika: Die atlantische Bucht ist ein Mekka für Surfer.

45 Cape Namibia Route
Die Traumstrecke nach Kapstadt

Rund 1500 Kilometer trennen Windhoek von Kapstadt. Wer vom Fish River Canyon startet, zweigt via Aussenkehr zum namibischen Grenzposten Noordoever ab und erfährt sich eine der stärksten Strecken unfassbarer landschaftlicher Reize. Vom südafrikanischen Gegenüber Vioolsdrif sind es dann nur noch 684 Kilometer bis Cape Town.

So weit das Auge reicht, flache, spitze, runde, grüne, rotbraune und schwarze Bergkuppen und weite Täler, dann wieder Hochebenen mit nichts außer Leere. Auf der gut befestigten Piste fährt selten ein Auto, schöner kann das Gefühl von Freiheit und Entdeckertum nicht sein! Am Ende der Strecke sprengt eine wild blühende Oase mit blaugrünem Wasser, dichter Uferbewachsung und – bei Aussenkehr – mit endlosen Rebgärten die aride Farbgebung aus Ocker und Umbra.

GUT ZU WISSEN

GRILLVERRÜCKT

Braai ist Barbecue auf Afrikaans und bedeutet nichts anderes als Grillen. Die Männer sind fürs Fleisch zuständig, die Frauen für die Zutaten wie Salate, Gemüse und Maisbrei, den typisch afrikanischen Millipap. Auf den Grill kommen Steaks und Würstchen aller Art, vor allem die typische Boeréwors. Der bei Namibiern und Südafrikanern gleichermaßen beliebte gourmettechnische »Nationalsport« findet auf fest eingerichteten Grillstellen statt, selbst in Nationalparks!

Kanutrips auf dem Oranje

The Great One, der große Fluss, wie ihn die Buschmänner nennen, durchschneidet hälftig den /Ai-//Ais-Richtersveld Transfrontier Park, stellt eines der sinnlichsten Naturabenteuer und bringt längst verschüttete Pfadfinderträume zurück: Auf dem gurgelnden Wasser des Oranje durch bizarre Felslandschaften zu treiben, an grünenden Ufern ein Camp aufzuschlagen und nachts in einen glasklaren Wüstenhimmel zu blicken, von nichts als Stille und funkelnden Sternen umgeben! Immer beliebter werden die River-Rafting- und Kanu-Trips weitab jeglicher Zivilisation. Teilnehmer sollten fit sein und schwimmen können.

Blühendes Namaqualand

Weiter südlich führt die N 7 quer durchs Namaqualand, wo die Flora des Northern Cape verrückt spielt: wenn die ariden Landschaften der Wüstenregion nach Regen in einer Farborgie explodieren und das Wildblumen-Wunderland nicht nur Botaniker magisch anzieht. Bunte Blumenteppiche poppen dann aus der gerade noch braun vertrockneten Erde, was Namaqua-Fans und Fotografen aus aller Welt die unglaublichsten Bilder beschert und die verschlafenen Städtchen Springbok und Kamieskron zum Leben erweckt. Im windumtosten Hafenstädtchen Lamberts Bay fängt hingegen eine Reise nordfriesischer Bilder an: 250 Kilometer nordwestlich von Kapstadt lockt der Ort Liebhaber frischer Meeresfrüchte – erst recht das hippe Strandrestaurant Muisbosskerm zwischen Lamberts Bay und Elandsbaai am Atlantic Drive, wo an einfachen Tischen mit Stühlen im Sand zum Festpreis getafelt wird: fangfrischer Fisch, Hummer, Muscheln und Langusten, so viel man essen kann, was an Wochenenden selbst Besucher aus dem fernen Kapstadt anlockt.

Geheimtipp

»STRANDLOPER OCEAN«

Vor einigen Jahren haben die Deutsche Simone Jacke und ihr südafrikanischer Mann Deon Brand ihr Strandloper Ocean-Paradies in das weite Sanddünenareal des idyllischen Fischerdorfes Paternoster gesetzt. Das Boutiquehotel im authentischen West-Coast-Stil ist eingebettet in eine einzigartige Fauna und Flora, basiert auf Nachhaltigkeit und funktioniert direkt am endlos langen Paternoster-Strand, *barefoot luxury* heißt hier die Devise. Zahlreich konnten die beiden Auszeichnungen für ihr Schmuckstück verbuchen, moderne Interieurs und offene Bauweise, die den Blick auf den Atlantischen Ozean direkt vor den Glasfronten frei gibt, machen die feine, kleine Strandherberge zu einer gastronomischen Preziose. Damit das so bleibt, haben die Eigner die restlichen Kilometer des Strandareals aufgekauft, um eine weitere Ausdehnung der Bebauung zu verhindern, und der Natur eine Chance zu geben, so schön, wild und unberührt zu bleiben, wie sie hier immer war.

Boutique Hotel Strandloper Ocean. 5 Patterson Slot, Paternoster, Südafrika, Tel. 0027/21/794 58 58, www.strandloperocean.com

Oben: Orange River im namibisch-südafrikanischen Grenzgebiet
Mitte: Jacobsbaai heißt die benachbarte Bucht des beliebten Seaside-Spots Paternoster.
Unten: Traumbeach Paternoster: Fischer bei der Arbeit

Elandsbaai und Paternoster

Zwölf Kilometer südlich von Elandsbaai, das mit seinem Backpacker-Hostel zunehmend junge Wellenreiter anzieht, sollte man unbedingt rechts einbiegen: Hinter einer unauffälligen Einfahrt bietet die Draaihook Lodge den einzigen Zugang zu unberührten Sanddünengebieten, weiten Strandflächen und der atlantischen Brandung!

Portugiesischen Schiffbrüchigen, die es einst zwischen die klotzigen Steinquader von Paternoster spülte, blieb nur das Vater Unser, was der makellosen Baai ihren Namen gab. Heute verzaubert das idyllische Strandörtchen im typisch kapholländischen Stil mit bunten Fischerbooten und einer feinen Küche auf der Basis fangfrischer Hummer und anderen Meeresgetiers, und ist mit weiten Dünengebieten und Granitfelsen seit eh und je ein Pilgerort für Künstler und Fotografen. Mit seinem Leuchtturm an der Tietiesbaai zieht das Cape-Columbine-Naturreservat Wanderer und Naturfreunde an, wie auch die Jacobsbaai gleich nebenan.

West Coast National Park

Südlich von Paternoster wartet der West Coast National Park mit weitläufigen Salzmarschen, Schlick- und Schilfflächen und einem einzigartigen Vogelparadies um die Langebaan-Lagune, das Ornithologen und Naturfreunde begeistert. Massen von Kaptölpeln, Kormoranen, Brillenpinguinen und Flamingos geben sich in den Feuchtgebieten ein Stelldichein, manchmal sind es bis zu 60000 Vögel auf einen Schlag. Weshalb sich Langebaan längst zu einem nachgefragten Urlaubs- und Weekend-Standort für Kapstädter und Reisende aus aller Welt entwickelt hat, was Gourmettempeln wie Die Strandloper, Driftwoods und Pearlys ausreichend Kundschaft bringt.

Infos und Adressen

ESSEN UND TRINKEN

Driftwoods. Szene-Restaurant. Ecke Bree/Beach Rd, Langebaan, Südafrika, Tel. 0027/22/772 14 13, www.driftwoodslangebaan.co.za

Pearlys. Hippes Seafood-Restaurant. 46 Beach Rd, Langebaan, Südafrika, Tel. 0027/22/772 27 34, www.pearlys.co.za

ÜBERNACHTEN

Draaihoek Lodge. An der R 27 bei Elandsbaai, Südafrika, Tel. 0027/22/952 11 70, www.draaihoek.com

Kamieskroon Hotel. Treffpunkt der Fotografen von März bis September. Old National Rd, Kamieskroon, Südafrika, Tel. 0027/27/67 216 14, www.kamieskroonhotel.com

Masonic Hotel. Art-déco-Perle. 2 Van Riebeek St, Springbok, Südafrika, Tel. 0027/27/712 15 05, www.jcbotha.co.za

Sandfontein Lodge. 800 km² Private Nature Reserve mit Leoparden, Geparden und anderen Wildtieren. Es werden Kanutouren auf dem Oranje angeboten. Bei Warmbad, Tel. 063/68 31 60, www.sandfontein.com

The Farmhouse. Seaside-Hotel an der Langebaan-Lagune. 5 Egret St, Langebaan, Südafrika, Tel. 0027/22/772 20 62, www.thefarmhousehotel.com

AKTIVITÄTEN

Felix Unite River Adventures. 100 Capricorn Dr, Cape Town, Südafrika, Tel. 0027/87/354 05 78, www.felixunite.com

Orange River Rafting. Umkulu Safari & Canoe Trails. 89 George St, Cape Town, Südafrika, Tel. 0027/21/853 79 52 und 0027/27/761 80 07, www.orangeriverrafting.com

INFORMATION

Springbok Tourism. Voortrekker St, Springbok, Südafrika, Tel. 0027/277 12 80 35/6, www.namakwa-dm.gov.za und www.namaqualand.com

West Coast Tourism. Moorreesburg, Südafrika, Tel. 0027/22/433 85 05, www.capewestcoast.org und www.cape-town-namibia.co.za

Nicht nur Flamingos beflügeln hier Buchten und Strände.

CAPRIVI UND GRENZGEBIET

46 Rundu und Okavango
Alles dreht sich ums Wasser 246

47 Zambezi
Caprivis tropische Hotline 248

48 Vierländereck
Zwischen Kwando und Kasane 252

49 Von Kasane ins Delta
Im mobilen Zeltcamp durch die Wildnis 260

50 Victoriafälle
Rauch macht Getöse 264

S. 244/245: Leopard im Chobe Nationalpark
Oben: Magisch: Fischer im traditionellen Boot durchstakst den angolanisch-namibischen Grenzfluss.
Unten: Nur bei Hochwasser spektakulär: Okavangos Popa Falls

46 Rundu und Okavango

Alles dreht sich ums Wasser

Für Trans-Caprivi-Reisende macht die Versorgungs- und Provinzhauptstadt Rundu Sinn zum Auffüllen der Vorräte, weshalb Supermärkte, Tankstellen und Übernachtungsherbergen zahlreich vorhanden sind. Reichlich fließt hier das Wasser: Hunderte Kilometer schlängelt sich der Okavango-Grenzfluss zwischen Angola und Namibia, in Rundu lässt die drittlängste Lebensader Afrikas noch einmal die Muskeln spielen, bevor sie im botswanischen Delta verschwindet.

Wenn zwischen Februar und April das Hochwasser aus der angolanischen Bergwelt in der mit 100 000 Einwohnern zweitgrößten Stadt Namibias anrauscht, findet die Infrastruktur der River Lodges an den Ufern nur noch per Boot statt. Alteingesessene Herbergen Rundus kennen das Problem und halten respektvoll Abstand auf höher gelegenem Terrain. Östlich von Rundu, bei Nynagana, führt der angolanische Quito dem Okavango noch einmal die gleiche Wassermasse zu. Das lässt den doppelten Riesen zu einem noch mächtigeren Strom anwachsen, dessen kostbare Fracht das Okavango-Delta mit lebensspenden Nass versorgt, was es zum weltberühmten Tierparadies mit der größten Dichte und einer unübertroffenen Vielfalt an Arten macht.

Flussszenen in Hakusembe

Einen Blick in die Kolonialgeschichte in dieser weit abgelegenen Region Namibias bietet die 1930 westlich von Rundu begründete katholische Missionsstation Shambyu, die samt Kirche, Werkstätten, Sägewerk, Wohntrakten und Krankenhaus noch sehr lebendig ist. Weitläufige Gartenanlagen ziehen sich bis zu den Ufern des Okavango hinunter. Auf dem Weg dorthin liegt wildromantisch die bildschöne River Lodge. Hakusembe, die an den Ufern des Riesen ihr spezielles Bühnenstück vorführt: Die Flussmitte trennt Namibia und Angola, und wie in Zeitlupe bewegen sich Eingeborene drüben vor der Kulisse gewaltiger Schilfgrasareale, Hähne krähen, Feuer lodern, Rauch steigt kerzengerade aus dem Dschungel– und Fischer fahren im Einbaum zum Fang. Sonnenuntergänge verzaubern am Abend, frühmorgens durchqueren Krokodile im Dunst die braunen Fluten, Kodak-Momente ziehen als Endlosband an den Augen des Beschauers vorbei.

Auf jeden Fall Popa Falls

Nicht jeder Schwindel kommt so reizvoll daher – spektakulär abstürzende Wassermassen sind nicht Popas Fall, sondern nur Stromschnellen an einer Stelle, wo der Okavango ein mehrere Meter hohes Felsriff durchbricht. Das im Popa Game Park liegende Camp dient Ornithologen als Basis, bis zu 400 Vogelarten sind hier zu beobachten. Jenseits des Popa-Falls-Wasserspektakels geht der Caprivi mit dem Eintritt ins Schutzgebiet Mahango Game Reserve zur namibischen Variante des Okavango-Deltas über, das der Okavango aus Angola kommend Richtung Botswana durchfließt. Wer abseits des geteerten und gut befahrbaren Caprivi Highway in diese Wildnis des Wassers vordringen will, sollte das nur mit Offroad-Ausrüstung und Expeditionserfahrung tun, am besten unter ortskundiger Führung. In der Regenzeit zwischen Januar und März versinken vorhandene Pisten im Schlamm, zwischen September und November wird es brütend heiß.

Infos und Adressen

SEHENSWÜRDIGKEITEN

The Living Museum der Mbunza. Traditionelles Museumsdorf mit Vorführungen 14 km westlich von Rundu. Samsitu-See, Tel. 081/215 24 96, www.lcfn.info/de/mbunza

ESSEN UND TRINKEN

Kalimba Catering Services. Afrikanisches Restaurant. Independence Ave, Rundu, Tel. 066/25 57 07.

ÜBERNACHTEN

Hakusembe River Lodge. 18 km westlich von Rundu am Okavango. Angeboten werden auch Aktivitäten wie Bootsafaris. Gondwana Travel Centre, Tel. 061/42 72 00, Lodge direkt Tel. 066/25 70 10 und 081/129 24 24, www.gondwana-collection.com

n'Kwazi Lodge & Camping Site. Bildschöne Herberge im afrikanischen Stil, 22 km westlich von Rundu. Kayengona, Tel. 081/242 48 97 und 081/71 85 37 10, www.nkwazilodge.com

INFORMATION

Namibia Tourism Board. Schillerstr. 42–44, Frankfurt/Main, Tel. 069/133 73 60, www.namibia-tourism.com und www.namibia.de/rundu

47 Zambezi

Caprivis tropische Hotline

Zwischen Zentralnamibia und dem allerletzten Zipfel des sich im Nordosten geografisch Richtung Sambia und Simbabwe ausstülpenden Caprivi-Streifens liegen nicht nur 100 Kilometer, sondern mit den namibischen Nationalparks Mahango, Bwabwata, Mudumu und Mamili auch die tierreichsten Highlights des Landes. Feuchtwarme und sehr wasserreiche Welten bestimmen dieses tropische Territorium, das seit 2013 als 14. Provinz Namibias die Bezeichnung Zambezi führt.

Insgeheim, so beschreibt der Afrika-Experte Peter Scholl-Latour das Geheimnis zur geopolitischen Konstruktion der Caprivi, hegte Kaiser Wilhelm II. zu jener Zeit wohl die grandiose Utopie einer Ausweitung Deutsch-Zentralafrikas unter Einschluss des Kongo-Königs Leopold II. sowie weiter Teile der portugiesischen Besitzungen Angola und

Safari funktioniert hier am sinnvollsten per Boot: Zahllose Wasserarme durchziehen feucht-tropische Galeriewälder und dichten Busch.

GUT ZU WISSEN

EXPEDITION IN DIE WILDNIS

Die Expeditionsvorbereitung für Selbstfahrer oder auch organisierte Touren übernehmen die Caprivi-Experten von Nambozi Tours & Travel (www.natron.net/nambozi), Southern Cross Safaris (www.southern-cross-safaris.com), Sundbird Tours (www.sunbirdtours.com) und Caprivi Car Hire (www.caprivicarhire.com), die länderübergreifend in Botswana, Sambia, Simbabwe und Namibia tätig sind. Caprivi Car Hire ist Spezialist für den in Namibia immer beliebter werdenden Urlaub im rollenden Camper.

Mosambik, die er mit Eduard VII. von England aufteilen wollte. So ist denn der Caprivi-Zipfel als heutiger Besitz der Republik Namibia erhalten geblieben. Wie ein Symbol überheblicher Imperialpolitik, wie ein mahnend ausgestreckter Finger ragt er nach Osten und richtet sich auf das Herz Afrikas.

Der Graf von Caprivi

Das Herz Afrikas, das heute für Namibia schlägt, aber so ganz anders tickt, ist Georg Leo Graf von Caprivi de Caprera de Montecuccoli zu verdanken, der den Briten am 1. Juli 1890 im Helgoland-Sansibar-Vertrag einen 460 Kilometer langen und zwischen 30 und 90 Kilometer breiten Korridor abhandelte. Er sollte das atlantische Deutsch-Südwest quer durch Afrika mit dem heutigen Tansania und dem Indischen Ozean verbinden. Optisch tritt das 11 534 Quadratkilometer große Territorium auf namibischen Landkarten kaum in Erscheinung, weil der Appendix aufgrund seiner länglichen Gestalt im Verhältnis zum Kernland auf keine Karte passt. Das macht gar nichts, weil der kaiserlich-ambitionierte Kolonialstreifen mit Grenzen zu Angola, Botswana, Sambia und Simbabwe die aufregendsten Tierparadiese versammelt und dazu noch freie Fahrt bis zu den Victoriafällen bietet. Um Kundschaft muss der exotische Schmalspurstreifen nicht werben.

Die Wildnis-Provinz

Kurz vor Popa Falls geht es mit dem einzigartigen Caprivi-Repertoire los: Schnurgerade durchzieht der gut ausgebaute Trans-Caprivi Highway die B 8, die Fläche der Eintönigkeit. Wüsste man nichts, würde es ziemlich knapp an den wahren Abenteuern vorbeigehen, denn rechts und links der Trasse beginnt gleich die Wildnis: Mahango, Bwabwata,

Nicht verpassen

ENDSTATION SEHNSUCHT

Wer im Caprivi unterwegs ist, wird seine Reise durch die aquatischen Welten mit den Viktoriafällen krönen. Das Versorgungs- und Provinzhauptstädtchen Katima Mulilo wartet an diesem letzten Zipfel Namibias mit hilfreichen Einrichtungen wie Flugplatz, Krankenhaus, Banken, Post, Tankstellen und Supermärkten sowie mit schönen Lodges an den Ufern des Sambesi River auf. Die letzte Strecke Richtung Victoriafälle beginnt in Ngoma (Caprivi) mit der Überquerung der Ngoma Bridge über den Chobe River und führt dann via Kasane in Botswana bis nach Victoria Falls in Simbabwe. Das mit mindestens 150 000 Einwohnern und einer perfekt organisierten touristischen Infrastruktur ausgestattete und deshalb sehr umtriebige Livingstone liegt auf der sambischen Seite der Fälle und ist von Katima Mulilo aus über den Grenzübergang Wenela zu erreichen.

Kluge Vorsicht: Campen im 1. Stock angesagt

Oben: Elefant im Wildschutzgebiet Nkasa Lupala
Mitte: Sattelstorch im Sumpfgebiet am Kwando River
Unten: Rappenantilope und Paviane im Bwa-Bwata-Nationalpark

Mudumu und Mamili heißen die Nationalparkperlen, deren geschützte Feuchtgebiete eine Unzahl an Flusspferden und Krokodilen beherbergen, Hunderte von Vogelarten und natürlich die Big Five. Im Gegensatz zu den vornehmlich ariden Landesteilen Namibias explodiert hier die Flora: Wasser und Weidegründe existieren im Überfluss, imposante Papyrusstauden und bildschöne Galeriewälder säumen malerische Flussufer. Meist ist es schwülwarm, am heißesten zwischen September und November mit Temperaturen bis 35 Grad und 100 Prozent Luftfeuchte. Während der Regenzeit zwischen Dezember und April ist mit hohen Niederschlägen zu rechnen, was den Caprivi zur wasserreichsten Region des gesamten Landes macht und – wie Spötter gern anmerken – zu Namibias einzigem Grünstreifen.

Grenzenloser Wildreichtum

Da es zwischen den einzelnen Schutzgebieten der Anrainer keine Einzäunungen gibt, können die Tiere ungehindert auf Wanderschaft gehen. Südlich der Caprivi-Grenze, auf botswanischer Seite, breiten sich mit dem Okavango-Delta und dem Chobe National Park zwei der wildreichsten Gebiete unseres Planeten aus. Mitten in dieser riesengroßen Wildnis verstecken sich Dschungelherbergen als luxuriöse Beobachtungsposten an den Ufern des Kwando, der sich nicht weit von seinen großen Brüdern Sambesi und Okavango den Weg durch das Wassergebiet bahnt. Krokodile, Hippos und Großwild tummeln sich in unmittelbarer Nähe, was die Tierbeobachtung von der Lodge aus oder per Boot zum Standardprogramm macht. Mit Verstecken haben Malariamücken, deren Brut durch die feuchtwarmen Verhältnisse floriert, wenig am Hut. Frühmorgens und wenn die Sonne sinkt schwärmen sie aus, weshalb eine Malariaprophylaxe für den Caprivi sehr zu empfehlen ist.

Infos und Adressen

ESSEN UND TRINKEN

Passione Restaurant. Zambezi Shopping Centre, Hage Geingob Dr, Katima Mulilo, Tel. 066/25 22 82, www.facebook.com/passionerkm

ÜBERNACHTEN

Divava Okavango Lodge. Bildschön mit Spa. C48, Divundu, Tel. 066/25 90 405, www.divava.com

Lianshulu Lodge. Luxus am Kwando River. Mudumu National Park, Tel. 064/40 35 23, www.caprivicollection.com

Mahangu Safari Lodge. Im mittleren Preissegment südöstlich von Popa Falls. Divundu, Tel. 066/25 90 37, www.mahangu.com.na

Nambwa Lodge. Safaritraum am Kwando River im Bwabwata National Park. African Monarch Lodges, 18 Liliencron St, Windhoek, Tel. 061/40 05 10, www.africanmonarchlodges.com und www.classicsafariafrica.com

Namushasha River Lodge. Magisch und direkt am Sambesi, angeboten werden auch Bootsafaris. Gondwana Travel Centre, Tel. 061/42 72 00, Lodge direkt, Tel. 066/68 60 24 und 081/129 24 24, www.gondwana-collection.com

Ndhovu Safari Lodge. Im Safaristil am Okavango. Divundu, Tel. 066/25 99 01 und 061/22 47 12, www.ndhovu.com

Popa Falls Resort. Staatliches Restcamp in Popa Falls. Tel. 061/285 72 00 und 066/25 90 23, www.nwr.com.na

Zambezi Mubala Lodge & Camp. Am Sambesi bei Katima Mulilo. Gondwana Travel Centre, Tel. 061/42 72 00, Lodge direkt Tel. 066/25 35 21 und 081/129 24 24, www.gondwana-collection.com

AKTIVITÄTEN

Caprivi Adventures. Katima Mulilo, Tel. 081/206 15 14 und 066/25 27 39, www.capriviadventures.com

Caprivi Houseboat Safaris Lodge. 2 Hippo Rd, Katima Mulilo, Tel. 066/25 22 87, www.caprivihouseboatsafaris.com

Okavango Houseboat Safari. Ndhovu Safari Lodge, siehe Übernachten.

INFORMATION

Namibia Tourism Board. Schillerstr. 42–44, Frankfurt/Main, Tel. 069/133 73 60, www.namibia-tourism.com und www.info-namibia.com

Zwischen Lehmhütten im Nirgendwo, aber mit Smartphone am Ohr, gesehen bei Kasane

Nur eine Safari per Boot entdeckt die Unberührtheit abgelegener aquatischer Natur wie hier auf dem Kwando River, die landgängig nur schwer zu erreichen ist.

48 Vierländereck
Zwischen Kwando und Kasane

In diesem hintersten Winkel des Caprivi findet weitab vom Kernland immer noch Namibia statt. Mit einer Roadshow animalischer Exoten, die ein Habitat aus Wasserarmen, Flussinseln, im Schilf versteckten Buchten und sogar sandigen Stränden bewohnen. Hobby-Ornithologen hantieren mit heiß laufenden Fernrohren, selbst Big-Five-Enthusiasten kommen auf ihre Kosten.

Undurchdringlich sind die Feuchtgebiete in diesem allerletzten Zipfel, den sich Namibia mit den Grenzgebieten Botswanas, Sambias und Simbabwes teilt. Zahlreiche sich verzweigende Flussarme des namibischen Okavango, des botswanischen Kwando und des gemeinsam bewirtschafteten Sambesi durchziehen die Wildnis. Inseln und saftig bewachsene Uferzonen bieten Flora und Fauna ein beinahe unberührtes Paradies. Wasser und Weidegründe existieren im Überfluss, imposante Papyrusstauden, dichte Schilfgürtel und bildschöne Galeriewälder säumen malerische Flussufer, die für raubgängige Wilde Exoten ein Gourmetparadies sind. Die zugewucherten Flussareale bieten vor allem Flusspferdfamilien und bis zu sechs Meter langen Nilkrokodilen einen reichlich gedeckten Tisch.

Im Wasserlabyrinth

Schon vor Jahrzehnten, erzählt der namibische Wildlife-Experte Dusty Rodgers, sei ihm das einzigartige Potenzial der beinahe vergessenen Naturräume ins Auge gestochen. Damals war die Caprivi-Region militärische Sperrzone der

Drehpunkt im Vierländereck: Kasane

Das moderne Städtchen Kasane am Chobe River ist der zentrale Kulminationspunkt für Safaris im Bereich des Vierländerecks: Nördlich des Chobe liegt Namibia, südlich Botswana, jenseits des Sambesi Sambia und östlich Simbabwe mit den Victoria Falls.

Ⓐ **Impalila Island** – 18 km² Exotik vom Feinsten umschließen die beiden Giganten Sambesi und Chobe.

Ⓑ **Nordufer** – Ntwala Island Lodge (Sambia) & Impalila Island Lodge (Namibia) am Sambesi.

Ⓒ **C Südufer** – Ichingo Chobe River Lodge (Namibia) am Chobe.

Ⓓ **Katima Mulilo** – Östlich der namibischen Provinzhauptstadt residiert die Zambezi Mubala Lodge der Gondwana Collection am Sambesi.

Ⓔ **Elefant Valley Lodge** – Botswanisches Luxuszeltcamp abseits der Flussufer im Elefantengebiet nahe der simbabwischen Grenze.

Ⓕ **Kasane** – Eine Reihe feiner Lodges verstecken sich am Flussverlauf des Chobe direkt vor Kasane.

Ⓖ **Sidudu Island** – Das Ende der Perlenschnur bildet die Chobe Safari Lodge vis-à-vis Sidudu Island. Mit ihrem reichen Wildbestand ist die Insel Ziel schwimmender Hotels wie ganzer Flotten luxuriöser Hausboote.

Ⓗ **Chobe River Camp** – Das Camp der Gondwana Collection residiert direkt am Flussufer.

Nicht verpassen

LEGENDÄR: »ZAMBEZI QUEEN«
Aufregend ist es, das Flusslabyrinth zwischen Chobe, Sambesi und Kwando an Bord einer der zahlreichen River-Hausboote zu erleben, von denen Kasane eine ganze Flotte aufbieten kann, allen voran die legendäre »Zambezi Queen«. Vom privaten Balkon einer der 14 Suiten oder auf dem oberen Lounge-Deck die Wilden Exoten im Gewirr der Flussarme zu beobachten ist ebenso ein Erlebnis wie bei täglichen Exkursionen mit kleinen Tenderbooten ganz nahe an die Tiere heranzukommen. Das 42 Meter lange Flusskreuzfahrtschiff ist als luxuriöses Boutiquehotel ausgestattet: Hier frühmorgens aus der Koje zu klettern, um mit einem dampfenden Becher Kaffee an der Reling zu stehen, während die Wildnis wie in Zeitlupe vorbeizieht, ist ein Safaritraum besonderer Qualität.

Zambezi Queen Collection. Kasika Island, Tel. 0027/21/715 24 12, Kontakt in Deutschland Tel. 0711/91 25 76 10, www.zqcollection.com

südafrikanischen Armee. Erst als mit der Unabhängigkeit Namibias 1990 der Sperrgebietsstatus aufgehoben war, wurde der zivile Zugang zu seinen Naturparadiesen möglich. Rodgers einigte sich mit der Dorfgemeinschaft der Mashi auf ein Joint-Venture-Unternehmen mit geregelten Rechten und Pflichten und eröffnete mit der Susuwe Island Lodge eines der ersten Wildnisdomizile im Bwabwata National Park. Das Boot durchpflügt die braunen Fluten des Kwando River, dann taucht sie auf, die 1,4 Quadratkilometer große, kreisrunde Flussinsel Susuwe, unter gewaltigen Mangosteen-Bäumen und Akazienkronen, zwischen meterhohem Schilfgrasbewuchs versteckt. Unüberschaubar ist hier das Gewirr fast zugewachsener Wasserarme, die von der Hauptader des Kwando abzweigen, was eine Bootsafari zu einem prickelnden Erlebnis macht – besonders dann, wenn sich argwöhnische Hippos zeigen, aggressiv grunzen und dann auch noch abtauchen: Die Fleischklopse sind unberechenbar und zählen deshalb zu den gefährlichsten Wildtieren Afrikas.

Die Hauptstadt des Vierecks: Kasane

Katima Mulilo funktioniert als Hauptstadt der Provinz Zambezi mit 30 000 Einwohnern als umtriebige Zivilisationsinsel am Südufer des Sambesi River, das botswanische Kasane als überschaubares Safaristädtchen an den botswanischen Ufern des Chobe. Unmengen an Flusspferden und Krokodilen halten weitläufige gras- und schilfbewachsene Flussinseln besetzt, auf denen Giraffen, Büffel, Antilopen und Elefanten grasen. Manchmal wagen sich sogar wasserscheue Löwen durch die lehmbraunen Fluten zu einem Raubzug hinüber. In diesem Flusslabyrinth zwischen Chobe und Sambesi finden die besten Safaris auf Hausbooten statt.

Infos und Adressen

ESSEN UND TRINKEN

The Old House Restaurant. Super Lage, gutes Essen. President Ave, Kasane, Botswana, Tel. 00267/62/525 62, www.oldhousekasane.com

ÜBERNACHTEN

Chobe Marina Lodge. Luxus am Wasser. President Ave, Kasane, Botswana, Tel. 00267/62/522 21, www.aha.co.za/chobemarina

Chobe River Camp. Zwischen Kasane und Ngoma. Gondwana Travel Centre, Namibia, Tel. 00264/61/42 72 00, www.gondwana-collection.com

Chobe Safari Lodge. 4-Sterne-Traumlage am Chobe. Kasane, Botswana, Tel. 00267/62/03 83, www.chobe-safari-lodge.com

Chobe Water Villas. Sterneluxus in der Kasika Conservancy. Namibia, Tel. 00264/66/25 36 02 und 00264/61/431 80 00.

Cresta Mowana Safari Resort & Spa. Direkt am Chobe, Upper Rd, Kasane, Botswana, Tel. 00267/62/503 00, www.crestamowana.com

Garden Lodge. Kleinere 4-Sterne-Herberge. Kasane, Botswana, Tel. 00267/62/500 51 und 00267/71/64 60 64, www.thegardenlodge.com

Ichingo Chobe River Lodge. Luxus der Zambezi Queen Collection. Impalila Island, Botswana, Tel. 0027/21/715 24 12, www.zqcollection.com/ichingo-lp

Waterlily Lodge. Nur 10 Zimmer. Kasane, Botswana, Tel. 00267/62/517 75, www.waterlilylodge.com

AKTIVITÄTEN

Ichobezi Safari Boats. Hausbootflotte. Impalila Island, Namibia, Tel. 0027/79/871 76 03, www.ichobezi.co.za

INFORMATION

Botswana Tourism Organisation. Fairgrounds Office Park Block B, Gaborone, Botswana, Tel. 00267/39/131 11, www.botswanatourism.co.bw

Namibia Tourism Board. Haddy & Sam Nujoma Dr, Windhoek, Tel. 00264/61/290 60 00, www.namibiatourism.com.na

Flusspanorama auf dem Achterdeck eines der zahlreichen Chobe-Riverboat-Cruiser

KAZA:
Naturschutz für fünf Länder

Sie gilt als das spektakulärste, wenn nicht das größte, mindestens aber das ehrgeizigste Naturschutzprojekt der Welt: die Kavango-Zambezi Transfrontier Conservation Area (KAZA), die mit gewaltigen Gebietsanteilen fünf aneinandergrenzender afrikanischer Staaten einen Naturschutztraum der besonderen Art Wirklichkeit werden lässt auf einer Basis, die Mensch, Natur und Wildtiere grenzenlos vereint. Über 50 Millionen Euro stellte die deutsche Entwicklungshilfe für das multinationale Projekt bislang zur Verfügung.

Schon sehr unwirklich hört sich dieser KAZA-Traum an, der große Naturschutzgebiete Angolas, Sambias, Botswanas, Simbabwes und des namibischen Nordostens zu einem der spektakulärsten Tier- und Naturschutzprojekte der Welt vereinen soll: Unfassbare 440 000 Quadratkilometer wird die Kavango-Zambezi Transfrontier Area einmal umfassen, sollte der Plan realisiert werden. Das entspräche der Fläche Deutschlands plus Österreich. Erstmals soll der Mensch mit diesem Konzept aus Schutzzonen nicht

Wildtier und Mensch zusammen, so das KAZA-Konzept, und zwar grenzenlos!

ausgesperrt bleiben, sondern bewusst integriert werden.

Biodiversität contra Zivilisation

Zwei Millionen Menschen, erklärt der botswanische KAZA-Direktor, leben im KAZA-Einzugsgebiet. Jedes Jahr werden es mehr, weshalb die Wildnis, wenn nichts passiert, samt ihrer Tiere immer mehr zurückgedrängt wird. Seit 1970 exakt um drei Fünftel. In rasantem Tempo vereinnahmt die Zivilisation ursprüngliche Flächen für Nutztiere als Zulieferer der Fleischindustrie. Nur wenn der Mensch spürbar und nachhaltig von der Natur und den wilden Tieren profitiert, so der Experte zum KAZA-Konzept, ließe sich die Abwärtsspirale vielleicht noch stoppen.

Dorfgemeinschaftsprojekte (Community Conservancies) bilden einen der Kernpunkte des KAZA-Staatsvertrags, der Dörfer zu umsatzbeteiligten Mitaktionären macht. Deren Einnahmen aus Konzessionen, Jagdlizenzen und neu geschaffenen Arbeitsplätzen im Safaritourismus schaffen eine Existenzgrundlage für die Menschen. Selbst gewählte Gremien sollen die so erwirtschafteten Mittel für soziale Dorfprojekte verwalten und verwenden. Drei Dutzend nationale Schutzgebiete und Wildtierreservate fasst KAZA grenzübergreifend zusammen, darunter riesige Nationalparks wie Angolas Luiana, Botswanas Chobe, Sim-

»Wildlife has no passport!«, erklärt Chief Mayumi, Oberhaupt des Clans der Mashi.

Büffel, wie dieses kraftvolle Exemplar, zählen zu den gefährlichsten Wildtieren Afrikas.

babwes Hwange, Sambias Sioma-Ngwezi und Namibias Bwabwata im Caprivi, der als Herzstück mitten im multinationalen KAZA-Gebiet sitzt.

Nutzen für Natur, Mensch und Tier

Nur einen Steinwurf entfernt donnern die berühmten Victoriafälle in die Tiefe. 800 Vogelarten, zahllose Antilopen, Löwen, Gnus und die Hälfte des afrikanischen Elefantenbestands leben in der Kavango-Zambezi Transfrontier Conservation Area, allein 2500 Tierarten im Khaudum-Nationalpark im Nordosten Namibias. Diese einzigartige Biodiversität langfristig zu halten und gleichzeitig den Bewohnern der Region ein besseres Leben zu ermöglichen, war eines der Anliegen des deutschen Entwicklungsministers, der zur Vertragsunterzeichnung aus Berlin hierher anreiste. Natürlich haben die vielen Millionen der Kreditanstalt für Wiederaufbau (KfW), die das Projekt maßgeblich finanziert, nicht nur den einen Zweck. Das von den Deutschen angepeilte One-Stop-Visa, mit dem Touristen das KAZA-Gebiet form- und grenzenlos bereisen könnten, soll auch ein engeres politisches Miteinander der beteiligten Staaten bewirken (www.kavangozambezi.org).

Farbenprächtiger Flug-Exot im Bwa-Bwata-Nationalpark

49 Von Kasane ins Delta

Im mobilen Zeltcamp durch die Wildnis

Eine Campingsafari ist die erschwinglichste Art, das weltgrößte Binnendelta zu erkunden und das Abenteuer Okavango hautnah am Puls der Wildnis zu erleben. Ein gutes Dutzend Mobile Companies zieht mit ihren Trecks durch die Wildnis mit erfahrenen Rangern, Köchen, Fahrern und Hilfspersonal. Wobei sich die Existenz der letzten afrikanischen Wildtier-Exoten in jeder Sekunde nachvollziehen lässt.

Anderthalb Stunden im Landcruiser sind es vom Xakanaxa Airstrip der Moremi Game Reserve bis zum ersten Camp der Letaka Safaris. Zuvor zogen im Buschflieger auf dem Weg in diese Wildnis glitzernde Wasserflächen bis zum Horizont dort unten vorbei, Büffel und Elefanten zeigten sich im feucht-grünen Savannenland, Flusspferde dümpelten in kühlenden Tümpeln, Giraffen verbeugten sich am köstlichen Nass.

Hautnah sind Teilnehmer einer mobilen Safari an der Wildnis. Extrem sogar, wenn der Wagen mal stecken bleibt, und der König der Wildtiere interessiert schaut.

GUT ZU WISSEN

ABSTECHER ZU DEN VIC FALLS

Mobile Safaris gehen wahlweise ab Kasane oder Maun per Cessna ins Delta. Angeboten werden sie ab sechs Personen, was ein Erlebnis im Familien- oder im Freundeskreis möglich macht. Beide botswanische Standorte sind ideale Ausgangspunkte für einen Abstecher zu den Viktoriafällen. Air Namibia verbindet Victoria Falls auf der simbabwischen Seite mit Windhoek, South African Airways Livingstone auf der sambischen Seite mit Johannesburg.

Big Five im Steilwandzelt

Die Fahrt zum Camp wird gleich zur zweiten Safari, ein Löwenrudel liegt im Schatten dösend um ein halb aufgefressenes Zebra herum, dann kommt das mobile Heim für die nächsten zehn Tage in Sicht: fünf Steilwandzelte à 7,5 Quadratmeter, wie man sie auf jedem Campingplatz sieht, dahinter eine Sichtschutzverspannung, die sich Bathroom nennt, mit Plumpsklo und Duscheimer an einer Astgabel. Davor steht der Dining Room, das Esszelt, ein Standardprodukt wie aus dem Baumarkt. Das also nennt sich Mobile Safari. Gar keine Umzäunung? Und wo sind die Gewehre? »Um die größte Tierdichte der afrikanischen Wildnis«, sagt Nkosi, der Safari-Chef, »gibt es keinen Zaun.« Um das Zeltcamp herum auch nicht. Und schon gar keine bewaffneten botswanischen Ranger, weil das in Botswana verboten ist.

Erfahrung ist alles

Wildtiere sind unberechenbar und können jederzeit angreifen, erklärt Nkosi, der Chef der Truppe, und seine Schützlinge staunen. Wenn Löwen das tun, spurten sie 50 Stundenkilometer schnell und springen zwölf Meter weit. Bis auf drei Meter Körperlänge wachsen die Riesenkatzen sich aus. Während Löwen – obgleich wie Leoparden Nachtjäger – auch tagsüber in ihren dösenden Rudeln leicht auszumachen sind, gilt die Beobachtung einer gefleckten Raubkatze als seltenes Glück: Die Einzelgängerin ist bei Helligkeit wie vom Erdboden verschluckt, weil sie in einer Baumkrone oder Höhle ihren Schönheitsschlaf hält. Der schnellste Jäger, der Gepard, ist vom Aussterben bedroht, weshalb Zuchtstationen versuchen, den Bestand der bis zu 100 Stundenkilometer schnellen und sehr elegant jagenden Raubkatze zu sichern.

Geheimtipp

CAMPS IM DELTA

Wem das einfache Zelten in der Wildnis suspekt ist, muss im Okavango-Delta tief in die Tasche greifen. Um das Top-Class-Lodges Mombo Camp (neun Luxuszelte) und Little Mombo (drei Luxuszelte) an der nordwestlichen Spitze von Chief's Island findet das anerkannt beste Game Viewing des Deltas statt. Das ausladende Plankendeck des Kwetsani Camp kommt wie ein Schiff aus dem Meer der Wildtiere: Mit Blick auf weite Wasserflächen und kleinere Inseln lassen sich die Raubtiere hervorragend beobachten. Ein animalisches Bühnenstück führt das Tubu Tree Camp mit seinen Walking Safaris auf, beruhigenderweise mit bewaffneten Guides, weil Tubu privat ist. Das Nxabega Okavango Safari Camp westlich von Chief's Island bietet Nachtsafaris an, mit den besten Chancen, ein jagendes Löwenrudel zu beobachten.

Lodge-Info im Okavango-Delta. www.kwetsani.com, www.jacanacamp.com, www.xigera.com, www.jaocamp.com, www.mombo.co.za

Dreimal Essen fassen und zweimal auf Safari sind die Highlights des Tages. Sowie Top Shots wie dieser am Kwando River, wo stattliche Hippos zum Luftholen auftauchen. Wenn das unter einem Ausflugsboot passiert – dann Safari adé!

Routine wie am Schnürchen

Um fünf Uhr ist Wecken, nach Kaffee und Frühstück folgt um halb sechs die Abfahrt, nach der Rückkehr ein Brunch und bis vier eine Siesta, die dann auch nötig ist. Dann erneut aufsitzen, bis die Dunkelheit die Wildnis optisch verschluckt und die Raubtiere die nächtliche Bühne betreten. Die Logistik funktioniert wie am Schnürchen: In zwei Stunden ist so ein Camp auf das Begleitfahrzeug mit Hänger verpackt, in drei steht es bereits wieder auf einem anderen Platz. Rund zehn Stunden lang wird der Ortswechsel die Teilnehmer im wilden Busch halten, bis in der Khwai River Reserve die frisch installierte Infrastruktur steht – inklusive der Zelte der Crew, des Küchenwagens samt Anhänger, des Tiefkühlers, der Vorräte, der Weinkisten mit südafrikanischem Ruby Cabernet und Sauvignon Blanc, der Softdrink- und Bierdosenpaletten sowie des Küchenfeuers samt Backofen.

Zurück nach Kasane

Im fahlen Morgenlicht zieht das allradgetriebene Buschmobil den voll beladenen Anhänger nach Kasane. Kühlender Fahrtwind im offenen Landcruiser sowie ausreichend eiskalte Dosen Hansa-Pils made in Botswana helfen, die schwüle Hitze auszuhalten. Am besten ist das Wildnisabenteuer in der Trockenzeit von Juni bis Mitte November zu bestehen, dann sind die Pisten gut befahrbar, wobei die erste Hälfte der botswanischen Hauptsaison angenehme Tagestemperaturen zwischen 20 und 28 Grad bringt, aber auch kalte Nächte. In der zweiten Hälfte herrscht besonders im Oktober und November brütende Hitze bis über 40 Grad, die nachts nur um wenige Grade sinkt. Trotzdem ist genau das die beste Reisezeit, weil sich dann die exotischen Wildtiere an den Wasserstellen in einer unglaublichen Vielzahl zeigen.

Infos und Adressen

ESSEN UND TRINKEN

Safariunternehmen. Vollversorgung ist inklusive.

ÜBERNACHTEN

Mobile Safari. Ein gutes Dutzend Safariunternehmen zieht mit mobilen Zeltcamps durch Botswana, was bei moderaten Kosten im Vergleich zu hochpreisigen Lodges im teuersten Safariland des Südlichen Afrika auch junge Kundschaft anzieht. Wer in der untersten Kategorie einsteigt, muss selbst mit anpacken: Zelte auf- und abbauen, Transportgut be- und entladen, in der Küche mithelfen, Lagerfeuer richten oder die Fäkaliengrube ausheben. Folgende Mobilunternehmen bieten sich in unterschiedlichen Preis-Leistungs-Kategorien an:

Gehobenes Segment. Wilderness Safaris, www.wilderness-safaris.com; &Beyond, www.andbeyond.com

Mittleres Segment. Letaka Safaris, www.letakasafaris.com; Penduka Safaris, www.pendukasafaris.com; Okavango Expeditions, okavangoexpeditions.com

Unteres Segment. Bush Ways Safaris, www.bushways.com; Kalahari Skies Safaris, www.kalahariskies.net; Southern Cross Safaris, www.southern-cross-safaris.com; Drifters Safaris, www.drifters.co.za

Speziell für Behinderte. Endeavour Safaris, www.endeavour-safaris.com

INFORMATION

Abendsonne Afrika. Maßgeschneiderte Touren und regelmäßige Kontrolle der Safariunternehmen auf Sicherheit, Ausstattung und Qualität der Wildlife Guides sowie ausführliche Infos. Zur Unteren Mühle 1, Buch, Tel. 07343/92 99 80, www.abendsonneafrika.de

Bei einem Game Drive im offenen Geländewagen kommt man den wilden Tieren ganz nahe.

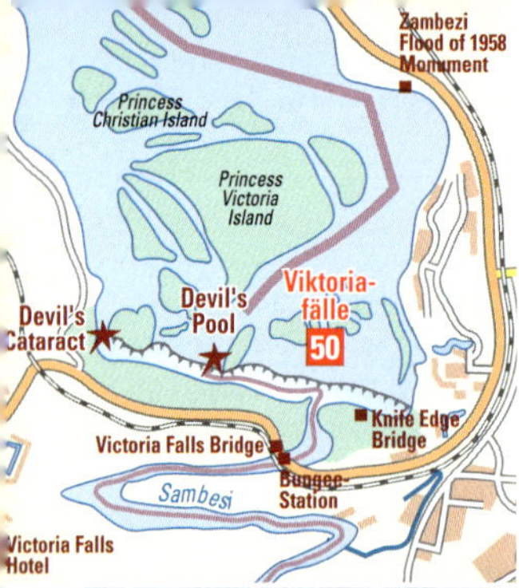

David Livingstons Wasserwunder funktioniert während der Regenzeit am spektakulärsten.

50 Victoriafälle
Rauch macht Getöse

Einmal im Leben an den legendären Fällen stehen, die David Livingstone 1855 zu Ehren seiner Königin Victoria Falls nannte, das hat was! Aber man sollte schon damit rechnen, dass im umtriebigen sambischen Livingstone Sechserreihen vor den Passschaltern stehen, wenn gerade mal wieder ein Airbus gelandet ist. Und drüben, jenseits der Brücke? Selbst in schlimmsten Mugabe-Zeiten drängelten sich am Airport des winzigen Städtchens Victoria Falls Reisende aus aller Welt.

Im späten Sonnenlicht zeigen sich beim Anflug goldschimmernde Dschungelflüsse, deren mäandernde Läufe sich durch ein riesiges, dunkles Urwaldterritorium schlängeln. Die gewaltigste dieser Arterien stellt der Sambesi, der seine flutbraunen Wassermassen zu Livingstones legendären Victoria Falls transportiert, wo sie donnernd über 100 Meter in die Tiefe stürzen.

GUT ZU WISSEN

STANLEYS VERMÄCHTNIS

Auf einer Anhöhe über Livingstone hat sich die Stanley Safari Lodge den Namen desjenigen zu eigen gemacht, der sich 1871 als Reporter des *New York Herald* von Sansibar aus mit 200 Trägern auf den Weg machte, um den verschollenen Livingstone in der Wildnis zu suchen: Henry Morton Stanley. Die Namen der beiden Afrika-Legenden tauchen in zahlreichen Firmenlogos auf, manchmal beide zusammen wie das Hotel The Stanley & Livingstone in Victoria Falls beweist.

UNESCO-Weltnaturerbe

Eine abenteuerliche Anreise war es damals im Jahr 1855, als der britische Naturforscher Dr. David Livingstone den mächtigen Sambesi abwärts fuhr. Ohne kartografische Hilfsmittel, ohne Verbindung zur Außenwelt, jenseits der Ufer die unerforschte, geheimnisvolle Wildnis Afrikas. Bis sich ein gewaltiger Sprühnebel zeigte, ein Donnern zu hören war und ein kraftvolles Rauschen einsetzte. Livingstone hielt in seinem Tagebuch über den Augenblick fest: *»The whole scene was extremely beautiful, the banks and islands dotted over the river are adorned with sylvan vegetation of great variety and colour and form ... no one can imagine the beauty of the view from anything witnessed in England.«* Auch der deutsche Geograf August Wilhelm Grube schwärmte ein halbes Jahrhundert später von diesem verschlafenen Strom, der ruhig zwischen Palmen, Bambus- und Papyrusinseln in biblischer Anmut dahinzog, bis es damit abwärts ging: »Da legt sich plötzlich eine 120 Meter tiefe Querschlucht vor seinen Lauf, die etwa 70 bis 90 Meter breit ist. Tobend stürzt er hinab in vielen einzelnen Fällen, der bedeutendste ist der Teufelsfall – und erzwingt sich einen schmalen Ausgang aus der Querschlucht, über die die Eisenbahnbrücke gespannt ist.«

Sehnsuchtsziel Victoria Falls

Eine Million Liter Wasser pro Sekunde stürzen durchschnittlich in die Tiefe, während der Regenzeit zwischen März und Mai können es zehnmal so viel sein, weshalb die hier ansässigen Makololo die Fälle Mosi-o-tunya, »Rauch macht Getöse«, nannten. Anfang des 20. Jahrhunderts entstanden die legendäre Victoria Bridge und das luxuriöse Victoria Falls Hotel, seither zieht es Millionen Menschen hierher. Schon zu Kolonialzeiten waren die

Geheimtipp

KONKURRIERENDE SCHWESTERN

Neben dem »Victoria Falls Hotel« findet man eine ganze Reihe nobler Herbergen wie »The Kingdom of Victoria Falls«, das »Elephant Hill Intercontinental Resort«, die altkoloniale »Ilala Lodge«, und die exklusivste von allen, die »Victoria Falls Safari Lodge« im überschaubaren simbabwischen Städtchen Victoria Falls. Tatsächlich ist die simbabwische Seite der Fälle die stillere Schönheit und bietet den besten Zugang, währenddem sich das sambische Livingstone aufgrund des politischen Chaos durch Ex-Präsident Robert Mugabe zu einer quirligen Urbanität von 150 000 Einwohnern entwickelt hat – mit dem entsprechenden touristischen Wirbel. Die erstklassigen Herbergen dort sind das »Zambesi Sun« und das »Royal Livingstone«, die am Ufer des Sambesi in Sichtweite aufsteigender Sprühnebelschwaden das koloniale Ambiente vergangener Zeiten transportieren.

Oben: Mit brachialer Gewalt stürzen die Wassermassen des Sambesi in die Schlucht.
Mitte: Die Sambesischlucht von oben
Unten: Prächtige Gemälde Ihrer Königlichen Hoheiten schmücken Vic Falls Wände.

Fälle ein Sehnsuchtsziel des britischen Rhodesien, das heute in Simbabwe und Sambia aufgeteilt ist und eine gut aufbereitete Infrastruktur aufbieten kann in Form von Hotels, Lodges, Reiseagenturen, Charter Airlines und Adrenalinanbietern. Ganz oben auf der Liste stehen Flüge über die Fälle im Doppeldecker oder im Hubschrauber und ein High-Tea-Picknick auf Livingstone Island direkt an der Abbruchkante, wo sich im Devil's Pool das ultimativste Foto knipsen lässt. Bungee von der Victoria-Brücke, Abseiling in der Batoka Gorge, Wildwasser-Rafting oder Speedboot-Trips durch tosende Schluchten? Da nehmen sich Flussfahrten auf der »Victoria Queen« und Elefantenreiten sehr normal aus.

Aus der Vogelperspektive

Wenn der Helikopterpilot im Tiefflug über die Fälle hinwegzieht, zeigt sich ein gewaltiger, lang gezogener, sehr schmaler Grabenbruch in der ansonsten flachen Landschaft. Weiße Kaskaden stürzen über seine Ränder in tiefe Schluchten, Mosi-O-Tunya schwebt als Wolke aus Sprühnebel über diesem Naturwunder, in dem ein schillernder Regenbogen hängt. Nur vom Donnern ist im brummenden Chopper rein gar nichts zu hören. Dann kommt Victoria Bridge, Baujahr 1904, in Sicht, fragil spannt sich die eiserne Konstruktion über den Sambesi und verbindet Simbabwe mit Sambia. In der Mitte ist die Bungee-Station zu erkennen: Adrenalinjunkies hängen im Flying-Fox-Geschirr und segeln an einem Drahtseil über die Schlucht. Aus der Vogelperspektive ist das Flaggschiff aller Top-Class-Kolonialherbergen Afrikas zu erkennen, nur einen Steinwurf von der Brücke entfernt. Beim anschließenden Besuch des Hotels zeigt Vic Falls immer noch auf majestätische Art Größe: In der Eingangshalle grüßen eindrucksvolle Porträts von Queen Mary und His Majesty King Georg V.

Infos und Adressen

ESSEN UND TRINKEN

Stanley's Terrace. Im Victoria Falls Hotel täglich Teatime mit Blick auf Victoria Bridge. Siehe Übernachten.

The Livingstone Room. Fein dinieren im Victora Falls Hotel; nur mit Reservierung. Siehe Übernachten.

ÜBERNACHTEN

Ilala Lodge. Rustikale Lodge direkt an den Fällen. Mosi-Oa-Tunya Rd, Victoria Falls, Simbabwe, Tel. 00263/213/284 47 37/8/9, www.ilalalodge.com

N1 Hotel. Schlicht, zentral, empfehlenswert. 266 Adam Stander Dr, Victoria Falls, Simbabwe, Tel. 00263/213/450 40, www.n1hotel.co.zw

Stanley Safari Lodge. Romantische Luxuslodge mit Blick auf Livingstone. Mukuni Rd, Sambia, Tel. 00260/96/784 86 15, www.robinpopesafaris.net

The Royal Livingstone. Traumlage am Sambesi. Mosi-oa-Tunya Rd, Livingstone, Sambia, Tel. 00260/213/32 11 22, www.royal-livingstone.anantara.com

The Stanley & Livingstone. 5-Sterne-Haus. Old Ursula Rd, Victoria Falls, Simbabwe, Tel. 00263/13/410 04, www.stanleyandlivingstone.co.zw

The Victoria Falls Hotel. Direkt an den Wasserfällen. 1 Mallet Dr, Victoria Falls, Simbabwe, Tel. 00263/213/284 47 51/9, www.victoriafallshotel.com

AKTIVITÄTEN

Zambezi Safari & Travel Company. Adrenalinsport. Tel. 00263/213/284 44 27, 351 Wood Rd, Victoria Falls, Simbabwe, www.victoriafalls.net

INFORMATION

The Safari Source. Deutschsprachige Agentur, 3 Browning Rd, Bulawayo, Simbabwe, Tel. 00263/783/49 40 96 und 0043/699/17 37 91 13 (Schweiz), www.thesafarisource.com, www.zimbabwetourism.net und www.zimbabwe.com

Zambia Tourist Centre. Livingstone, Zambia, Tel. 00260/213/32 14 04/5, www.zambiatourism.com

»The Royal Livingstone« empfängt auf sambischer Seite als moderne Luxusunterkunft.

KEA

REISEINFOS

Namibia von A bis Z 270

Anreise, Ärztliche Versorgung, Diplomatische Vertretungen, Elektrizität, Fotografieren, Geld und Währung, Gesundheit, Information, Internet/Post, Kalender, Klima/ Reisezeit, Notrufnummern, Öffnungszeiten, Reisen mit Behinderung, Schlangen, Sicherheit, Souvenirs, Telefonieren, Übernachten, Unterwegs im Land, Versicherungen, Visum, Zeitverschiebung, Zoll

Kalender 274

Namibia für Kinder und Familien 282

Mit dem Allrad durch die Etosha Pfanne

Caprivis Gewirr an Wasseradern ist unüberschaubar: Bootssteg der Ntwala Island Lodge

Anreise

Die Entfernung zwischen Frankfurt und Windhoek beträgt 8126 Kilometer, das sind ohne Zwischenlandung 9,5 Stunden Flugzeit. Air Namibia fliegt täglich von Frankfurt/Main (www.airnamibia.com), Condor im Sommerhalbjahr zweimal pro Woche (www.condor.com). Mit South African Airways und Lufthansa funktioniert das nur über Johannesburg (www.lufthansa.com und www.flysaa.com). Der internationale Flughafen Hosea Kutako liegt 45 Kilometer außerhalb der Hauptstadt, die per Taxi, Shuttlebus oder Mietwagen problemlos zu erreichen ist. Weiterflüge im Inland gehen über Windhoeks Domestic Airport Eros.

Diplomatische Vertretungen

Für Deutschland

Deutsche Botschaft in Namibia. Sanlam Centre, 6th floor, 154 Independence Ave, Windhoek, Tel. 061/27 31 00, 061/22 29 81, info@windhuk.diplo.de, Notfall Tel. 081/124 35 72, www.windhuk.diplo.de.

Botschaft der Republik Namibia in Deutschland. Reichsstr. 17, Berlin, Tel. 030/254 09 50, namibiaberlin@aol.com und www.namibia-botschaft.de

Für Österreich
Österreichisches Konsulat in Windhoek. Schefer Strasse 5, Klein Windhoek, Tel. +264/61222159, hgk.windhoek@gmail.com
Botschaft der Republik Namibia in Österreich. Zuckerkandlgasse 2, Wien, Tel. 0043/1/402 93 71/72/73, www.embnamibia.at

Für die Schweiz
Generalkonsulat der Schweiz in Windhoek. Am Weinberg, Boutique Hotel 13 Jan Jonker Street, Klein Windhoek, Tel. +264/816507075, windhoek@honrep.ch
Botschaft/konsularische Vertretung der Republik Namibia in der Schweiz. Chemin Louis-Dunant 15, 1er étage, Genf, Tel. 0041/22/733 02 20, www.missionofnamibia.ch

Putziges Erdmännchen *(Suricata suricatta)* im Quiver Tree Restcamp, Keetmanshoop

Elektrizität

Das Stromnetz arbeitet auf 220/240-Volt-Basis, die Stecker sind allerdings dreipolig. Entsprechende Adapter sind in Supermärkten und Tankstellenshops erhältlich.

Fotografieren

Beim Fotografieren von Menschen in Nahaufnahme sollte man freundlich um Erlaubnis zu fragen. Manche »Fotomodelle« erwarten eine Entlohnung in Sachwerten oder in Geld.

Geld und Währung

Bezahlt wird in Namibia-Dollar (1 € = 16,72 N$ bei Drucklegung), aber auch südafrikanische Rand werden 1:1 als offizielles Zahlungsmittel akzeptiert. An Geldautomaten lässt sich mit PIN-Nummer problemlos Bargeld abheben. Die meisten Geschäfte und gastronomischen Betriebe akzeptieren Kreditkarten. Shops in entlegenen Ortschaften sowie Tankstellen nehmen nur Bargeld an.

Mehrwertsteuerrückerstattung
Achtung bei der Ausreise: Mehrwertsteuerrückerstattung (VAT) für Waren mit einem Mindestwert ab N$ 250 sind am Hosea Kutaki International Airport möglich, deshalb unbedingt beim Kauf VAT-Quittungen ausstellen lassen und aufheben.

Nirgendwo sonst in Namibia häuft sich Altkoloniales so sehr wie in Swakopmund.

Gesundheit

Vorsorge

Es sind keinerlei Impfungen vorgeschrieben, aber eine Malariaprophylaxe oder eine entsprechende Standby-Medizin wird für den Norden (Kaokoveld, Etosha, Damaraland, Ovamboland und vor allem den Caprivi) während der Regenzeit zwischen November und Mai empfohlen. Am besten Stiche von vornherein vermeiden! Dabei helfen Moskitonetze, gute Abwehrsprays und schützende Kleidung. Infos darüber gibt es bei den Tropeninstituten sowie unter www.auswaertiges-amt.de, www.who.int/ith (WHO), www.crm.de (Centrum für Reisemedizin) und www.fit-for-travel.de.

Medizinische Versorgung

In Windhoek arbeiten mehrere Privatkliniken (Medi-Clinic in Eros, das Römisch-Katholische Krankenhaus im Stadtzentrum sowie das Rhino Park Private Hospital in Stadtnähe und das Lady Pohamba Private Hospital) auf internationalem Niveau. Privatkliniken gibt es außerhalb Windhoeks in Tsumeb, Swakopmund, Walvis Bay und Ongwediva. Problematisch sind abgelegene Gebiete. Schon aus Gründen eines Notfalltransports ist anzuraten, eine Reisekrankenversicherung abzuschließen und dabei zu klären, welche Leistungen bezahlt werden. Die Broschüren des Fremdenverkehrsamts listen Notfalltelefonnummern der namibischen Rettungsdienste auf, die ein enges Netz bis in die entlegensten Ecken abdecken und im Ernstfall auch mit Hubschraubern und Flugzeugen anrücken (siehe S. 276/277). Apotheken sind in Namibia gut bestückt und bieten ein breites Sortiment an Medikamenten an.

Information

Die gut ausgebaute touristische Infrastruktur im Land wird unterstützt durch ein ausgezeichnetes Informationsangebot in Deutschland, vor Ort und im Web:

Namibia Tourism Board. Haddy & Sam Nujoma Dr, Windhoek, Tel. 061/290 60 00, www.namibiatourism.com.na

Namibia Tourism Board. Schillerstr. 42–44, Frankfurt/Main, Tel. 069/133 73 60, www.namibia-tourism.com

Namibia Wildlife Resorts. Informationsstelle der Nationalparks sowie Buchungszentrale aller staatlichen Lodges und Campingplätze, 181 Gathemann Building, Independence Ave, Windhoek, 061/285 72 00, www.nwr.com.na

Internet/Post

Die Postämter der NamPost sind Mo–Fr 8.30–16.30 und samstags 8.30–11 Uhr geöffnet, auch Telefonieren und Faxen ist möglich. Sendungen aus Windhoek nach Europa dauern nur wenige Tage, aus dem Landesinneren bis zu zwei Wochen. Internetzugang gehört in vielen Hotels und Lodges zum Standard.

Wichtige Internetadressen:
Deutsch-Namibische Gesellschaft e.V., www.dngev.de

Allgemeine Zeitung/Tourismus, www.az.com.na

Buchungsportal, www.wheretostay.na
Info- und Buchungsplattform, www.minube.net
Online Info & Reiseportal, www.info-namibia.com
The online guide to Namibia, www.namibweb.com
Plattform für Selbstfahrer, www.bwana.de

Das Kaiserliche Landesvermessungsamt in Windhoeks Independence Avenue

FEBRUAR

Bank Windhoek Arts Festival. Beim größten Kunstfestival Namibias präsentieren sich internationale Künstler mit Musik, Theater, Tanz sowie gestaltender Kunst auf zahlreichen Veranstaltungen in Windhoek, aber auch landesweit und über das Jahr verteilt (www.bankwindhoek.com.na).

Karneval wird jedes Jahr im April in der Turnhalle des Sport-Klub-Windhoek (SKW) gefeiert.

MÄRZ

Independence Day. Der wichtigste namibische Feiertag ist der 21. März, der Unabhängigkeitstag, der das Jahr 1990 in aller Festlichkeit begeht. Landesweite Straßenumzüge, Paraden und Ansprachen gedenken der SWAPO-Guerilla unter Führung Sam Nujomas, die die Freiheit von der südafrikanischen Besatzung und die staatliche Eigenständigkeit brachte.

Mbapira/Enjando Street Festival. In Windhoek findet das größte Straßenfest der Hauptstadt statt mit traditionellen Tänzen, ausgelassenen Straßenumzügen, Livemusik und farbenfrohen Kostüm-Shows.

APRIL

Karneval in Windhoek. Die namibische Metropole feiert seinen WiKa-Karneval, den manche als den größten kulturellen Event Windhoeks bezeichnen. Schon Ende März geht es mit Veranstaltungen los, dann starten Umzug, Frühschoppen, Kinderkarneval, Damen- und Herrenabend, Kostümball, Büttenabend und nicht zuletzt der Jugendkarneval, bis der Kehraus und das traditionelle Heringsessen das närrische Spektakel Ende April beschließen (windhoek-karneval.org).

MAI

Cassinga Day. Am 4. Mai 1978 kamen bei einem Angriff der südafrikanischen Streitkräfte auf einen Stützpunkt der namibischen SWAPO-Guerilla bei Cassinga im südlichen Angola 600 Menschen ums Leben. Das historische Ereignis des namibischen Befreiungskampfs gegen die südafrikanischen Besatzer wurde zum Gedenktag mit formalen Feierlichkeiten in Windhoeks National Heroes Park, an denen auch der Präsident Namibias teilnimmt.

Africa Day. Überall im Land finden am 25. Mai – wie in allen Mitgliedsstaaten der Organisation für Afrikanische Einheit (OAU) – Gedenkfeierlichkeiten statt, um die friedliche Koexistenz aller Stämme, Rassen und Hautfarben zu begehen.

JUNI

Fête de la Musique. Der internationale Tag der Musik am 21. Juni wird in Windhoek und Swakopmund als Großveranstaltung begangen.

Karneval in Swakopmund. Die Narren sind los, wenn das 44 000-Einwohnerstädtchen am Atlantik seinen KüsKa feiert, den alljährlichen Küstenkarneval, und zwar mit Prinzenpaar, Prinzenball und originalgetreuem Funkenmariechen, diversen Abendveranstaltungen nebst Kinderkarneval und Schlüsselübergabe der

Stadt. Für große und kleine Jecken ist jede Menge Spaß angesagt. Straßenumzug mit Kehraus findet samstags mit dem Ende allen närrischen Treibens statt.

JULI

Karneval in Otjiwarongo. Der Karneval in Otjiwarongo ist der zweitälteste Namibias nach dem Windhoeker, und den feiert die Stadt zwischen Windhoek und Etosha-Pfanne seit über 60 Jahren stilecht mit Prinzenball und Umzügen zeitversetzt im Juli, damit nur ja viele Jecken aus der Hauptstadt als närrische Verstärkung anrücken können.

AUGUST

Karneval in Walvis Bay. Auch das umtriebige Hafenstädtchen südlich von Swakopmund feiert seinen jährlichen WaKa, den sogenannten Walfisch-Karneval, nach deutscher Tradition und mit allen karnevalistischen Insignien. Mit dabei sind Gardetänze, Büttenreden, Männerballett, Prinzenball und Kinderkarneval, der in der Walfischbucht WaKiKa heißt. Den Abschluss der »fünften Jahreszeit« bildet samstags um 11.11 Uhr der bunte Umzug entlang der Sam Nujoma Avenue sowie der anschließende Kehraus ab 13 Uhr im Zelt.

Heroes' Day (Maharero Day). Mitte Juni bis Ende August gehört Okahandja den Herero. Sie ziehen am letzten Wochenende mit prächtigen Umzügen durch die Straßen, um dem Aufstand der Herero und der Schlacht am Waterberg 1904 zu gedenken sowie den in Okahandja bestatteten Herero-Führern, allen voran Samuel Maharero. Höhepunkt der Feierlichkeiten ist der Heroes' Day am letzten Sonntag im August, der auch als Red Flag Day bezeichnet und in dominanter roter Farbe gefeiert wird, denn das ist die Farbe der Maherero. Fantasievolle Uniformen, die viktorianische Tracht der Frauen in allen Rottönen, martialische Gesten zum Umzug – die Einheit dieser Herero-Dynastie wird in einem Umzug eindrucksvoll demonstriert.

SEPTEMBER

Karneval in Lüderitz. Distanzmäßig etwas abgeschlagen vom restlichen närrischen Treiben findet Anfang September in der südlichen Atlantikenklave der LüKa, der Lüderitzbucht-Karneval, statt. Echte Jecken schreckt auch die Entfernung nicht, sie reisen von überallher zur exotischen Atlantikbucht, die unter dem Motto »Alles, alles geht vorbei« mit Kehrein, Street Procession, LüKika, dem Kinderkarneval, Buttenabend und Kehraus ab 11.11 Uhr »till late … not for the faint hearted« drei Tage lang aus dem Häuschen ist.

OKTOBER

Oktoberfest in Windhoek. Die Grundvoraussetzung für ein zünftiges Oktoberfest sind schon mal ideal, denn das namibische Bier kommt aus Windhoek aus der 1920 gegründeten Südwestbrauerei, die heute Namibia Breweries Ltd. heißt. Die Herstellung der beliebten Biersorten Windhoek Lager, Windhoek Draught und das ehemals in Swakopmund produzierte Hansa-Pils erfolgt strikt nach deutschem Reinheitsgebot, was traditionell-bayerische Aktivitäten wie Stammsägen, Bierstemmen, Hau-den-Lukas, Schweinshaxn- und Weißwurstessen beflügelt (www.windhoekoktoberfest.com).

Zeraoua-Fest. Am Wochenende vor dem 10. Oktober findet das Ahnengedenkfest der Zeraoua-Herero statt. Alle Angehörigen des Stamms kommen in Omaruru zu einem Umzug durch die Stadt zusammen. Danach wird ein Gottesdienst zelebriert, bei dem Fremde nicht zugelassen sind.

DEZEMBER

Swakopmunder Musikwoche: Seit 1965 gilt dieses Event als eine der traditionsreichsten Kulturveranstaltungen. Im Mittelpunkt steht die klassische Musik (www.musikwoche.com).

Klima/Reisezeit

Da Namibia auf der entgegengesetzten Seite der Hemisphäre liegt, verlaufen die Jahreszeiten im Vergleich zu Europa entsprechend verdreht. In unserem Herbst beginnt dort die warme Zeit, die über Weihnachten ihren Höhepunkt erreicht. Als Ganzes lässt sich das Land klimatisch nur schwer festlegen: Die nördlichen Gebiete an der angolanischen Grenze und in der Zambezi-Provinz (Caprivi) sind subtropisch und werden zwischen Januar und März von einer heftigen Regenzeit heimgesucht. Die Atlantikküste präsentiert sich ganzjährig moderat zwischen 15 und 25 Grad. Dafür aber zuweilen auch neblig und friesisch feucht, was sie für Bewohner des bis zu 35 Grad heißen Inlands zur beliebten, abkühlenden

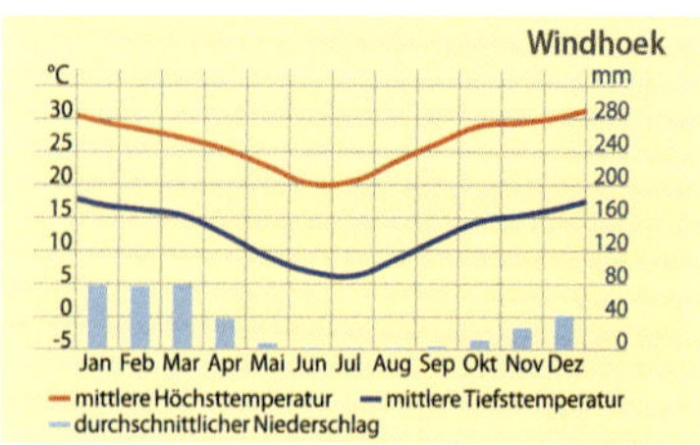

Ferienküste macht. An den Stränden bleibt das Wasser bei bis zu 15 Grad ziemlich kalt. Unerschrockene nehmen sich trotzdem Badesachen mit. Zudem gibt es zahlreiche Hotels und Lodges mit Pools, die sich an über 300 Sonnentagen im Jahr wohlig warm aufheizen. Im Namib-Naukluft Park oder im Fish River Canyon werden im namibischen Sommer wegen zu großer Hitze die Wanderwege geschlossen.

In der Trockenzeit zwischen April/Mai und September/Oktober (dem namibischen Winter), sind die Tage bei bis zu 25 Grad klar und warm, die Nächte können sehr kühl bis frostig sein, was die beste Zeit zur Tierbeobachtung ist, weil besonders niederschlagsarme Perioden die Wildtiere an die Wasserlöcher treiben. Die schönsten Reisemonate sind (wie bei uns, nur jahreszeitenverdreht) Herbst und Frühling mit angenehmen Tagestemperaturen über 25 Grad und kühlen Nächten.

Die unterschiedlichen Klimazonen machen Namibia zu einem Ganzjahresziel, das unter dem Aspekt Wetter je nach zu bereisender Region gut geplant sein will. Zu bedenken ist, dass auch Namibier gern im eigenen Land reisen, vornehmlich in der Ferienzeit: Um Weihnachten und Ostern kann es vor allem in den Küstenenklaven eng werden, speziell während der Weihnachtsferien zwischen 1. Dezemberwoche bis einschließlich 3. Januarwoche. Zu Ostern gibt es nur über die Feiertage schulfrei; lediglich die Deutsche Höhere Privatschule Windhoek (www.dhps-windhoek.de) genehmigt sich ganze vier Wochen.

Notrufnummern

Touristenpolizei Windhoek. Windhoek Police Station, Independence Ave und Bahnhof Strasse, Tel. 061/209 43 39 und 061/209 43 45, www.nampoltouristunit.com
Notruf Windhoek. Tel. 21 11 11 (Feuerwehr, Polizei, Ambulanz)

Typische Straßenszene in der nordnamibischen Provinz

Rettungsambulanz landesweit. E-Med Rescue 24 h, Tel. 081/924 und 061/411600, www.emed.com.na
Lifelink Emergency Rescue Service. Flugrettung/Ambulanz, Tel. 064/50 03 46 und 085/900, www.lifelink.pro
Notruf/Polizei landesweit. Tel. 101 11
International SOS. Mit Assistance-App für Smartphone, Windhoek, Tel. 061/289 09 99, www.internationalsos.com/locations namibia

Öffnungszeiten

Restaurants, Bars und Cafés sowie Museen, Tourist Offices und andere Einrichtungen haben individuelle Betriebszeiten, die sich nicht selten saisonabhängig gestalten; aktuelle Infos am besten per Telefon kurz vorher erfragen oder auf der betreffenden Webseite abrufen.

Reisen mit Behinderung

Spezielle Einrichtungen sind eher selten, dennoch bietet Namibia aufgrund europäischer Standards, günstiger klimatischer und medizinischer Verhältnisse sowie seiner mehrheitlich ebenerdigen Übernachtungsherbergen gute Voraussetzungen.

Schlangen

Schlangenbisse sind selten. Die meisten der sehr scheuen Tiere flüchten bei Erschütterung, außer der Puffotter, die merkwürdige Geräusche von sich gibt und liegen bleibt. Eine Begegnung kann dann lebensgefährlich werden. Bei Bissen gilt: Viele sind sogenannte Trockenbisse, die als Warnung gemeint sind – keine der Schlangen mag unnötig ihr überlebenswichtiges Gift vergeuden. Im Ernstfall Panik vermeiden und schnell medizinische Hilfe herbeirufen. Ein Handy mit namibischer SIM-Karte und abgespeicherten Notfallnummern kann jetzt sehr wichtig sein. Tipps zur Vermeidung: Besonders in felsenreichen Gegenden und bei krassen Temperaturunterschieden zwischen heißen Tagen und kalten Nächten Zelte/Zimmer verschlossen halten sowie kontrollieren und nicht unbedacht in Stiefel und Schuhe schlüpfen, es könnte ein Skorpion drin sein.

In der Zambezi-Region ganz normal: zum shoppen mit dem Boot.

Sicherheit

Namibia ist ein sicheres Reiseland. Was allerdings nicht bedeutet, dass es keine Kriminalität gibt. Besonders in der Hauptstadt nehmen Eigentumsdelikte zu. Demgemäß sollte man sich nicht nachlässiger als zu Hause verhalten, nachts nicht allein durch unbekanntes Terrain laufen und auch nicht im Dunkeln Auto fahren. Generell gilt: Wertgegenstände nicht in parkenden Autos lassen, viele Parkplätze haben Wächter, die sich über ein paar Münzen freuen. Achtung vorgetäuschte Pannen: nicht halten, besser weiterfahren. Risiken bestehen an touristischen Brennpunkten, wo Trickbetrüger ihre Beute suchen. Auch in Sachen Kleinkriminalität bieten Swakopmund wie Windhoek europäischen Standard. Beim öffentlichen Hantieren mit dem Geldbeutel, vor allem im Gedränge, ist Vorsicht geboten. Auch wenn in ländlichen Gebieten Kriminalität so gut wie unbekannt ist, sollten Individualreisende ihr Ziel vor Einbruch der Dunkelheit erreichen. Namibia Tourism Board hat eine Broschüre mit Sicherheitshinweisen und den wichtigsten Notfallnummern zusammengestellt (Schillerstr. 42–44, Frankfurt/Main, Tel. 069/133 73 60, www.namibia-tourism.com).

Souvenirs

Windhoeks The Craft Centre in der Talstraße bietet beinahe die gesamte Palette namibischer Souvenirs. Viel importierte Schnitzkunst, Billigschmuck und Kitsch jeder Art bieten die Straßenhändler in der Post Mall Street an. Gleich um die Ecken gibt es aber auch einige schöne Geschäfte für Kunsthandwerk gehobener Qualität. Achtung

Artenschutzabkommen: Niemals Leder geschützter Tierarten kaufen oder andere Produkte, zum Beispiel aus Elfenbein. Eine Reihe von Galerien stellt Arbeiten einheimischer Künstler aus. Besonders Gewebtes aus Karakulschafwolle hat seinen Wert wie auch Mineralien und Edelsteine, die in erstklassiger Qualität nicht nur im renommierten House of Gems in Windhoek ausgestellt sind.

Telefonieren

Telecom Namibia betreibt ein modernes Festnetz, das auf der Basis von Glasfaserleitungen bestens funktioniert. Das Mobilnetz ist mit europäischen Handys kompatibel. Eine SIM-Karte kostet etwa N$ 77,40 inklusive N$ 15,48 Gesprächszeit. Preiswert nach Hause telefonieren lässt es sich auf Postämtern, wo es Telefonkarten für 10 N$, 20 N$ und 50 N$ gibt, und aus Telefonzellen. Die Vorwahl nach Deutschland ist 0049, nach Österreich 0043 und in die Schweiz 0041, die Vorwahl nach Namibia 00264, danach die Ortskennzahl ohne Null (z. B. 61 für Windhoek) sowie die Nummer.

Afrikanische Schnitzkunst, Lianshulu Lodge, Mudumu-Nationalpark

Übernachten

Vom einfachen Campingplatz bis zur Luxuslodge steht Namibia-Urlaubern ein breites Angebot an Übernachtungslogistik zur Verfügung. Mit im Spektrum der unbegrenzten Möglichkeiten: Bed & Breakfast sowie Backpacker-Hostels, Gästefarmen, Pensionen, Mietbungalows und feine Stadthotels.

Unterwegs im Land

Inlandflüge

Die schnellste Art, Namibias große Distanzen zu überbrücken, ist das Flugzeug. Flüge von Air Namibia binden die größeren Städte an, Hunderte kleinere Airstrips sind über das ganze Land verteilt, die von Charter Airlines bedient werden.

Auto

Wer Namibia auf eigene Faust erkunden möchte, kann auf eine moderne Infrastruktur zählen. Die beginnt mit erstklassigem Kartenmaterial, auf denen alle Hauptrouten als Teerstraßen, Schotter- und Sandpisten nach unterschiedlicher Qualität gekennzeichnet sind. Mit über 42 000 Kilometern unterhält Namibia das am besten ausgebaute Straßennetz Afrikas. Auch wenn in manchen Regionen

Elephant Crossing. Unglaublich, aber wahr!

(Kaokoveld!) geländegängige Fahrzeuge sowie das entsprechende Offroad-Know-how vorausgesetzt werden, sind die meisten der namibischen Strecken mit normalen Pkws zu befahren, wenn nicht anders gekennzeichnet. Selbst hier gilt die Straßenverkehrsordnung mit einer Höchstgeschwindigkeit von 60 km/h in Dörfern und Städten, außerhalb 120 km/h auf Teerstraßen und 100 km/h auf Schotterstraßen. Es besteht Anschnallpflicht, und der Gebrauch eines Handys ist verboten. Auch wenn Linksverkehr und Rechtssteuerung vorherrschen, ist Namibia aufgrund seiner geringen Verkehrsdichte für Selbstfahrer weitgehend unproblematisch. Der Mietwagen sollte beim Pistenfahren nicht zu klein sein wegen der Rädergröße und der Bodenfreiheit. Achtung Wildwechsel: auf keinen Fall Fahrten nach Einbruch der Dunkelheit zu unternehmen! Hilfreiches Portal für Selbstfahrer: www.bwana.de

Bus und Bahn
Die Reisebuslinien Intercape Mainline und Star Line unterhalten Dienste zwischen den größeren Städten sowie zu Zielen in Südafrika und den Viktoriafällen. Namibias Schienennetz hat eine Gesamtlänge von etwa 2500 Kilometern, die Züge der TransNamib erreichen von Windhoek aus alle größeren Städte. Luxusreisezüge für Touristen sind der zwischen Windhoek und Swakopmund fahrende Desert Express sowie die südafrikanischen Luxuszüge Shongololo Express und Rovos Rail.
Desert Express sowie StarLine.
www.transnamib.com.na
Shongololo Express.
www.shongololo.com
Rovos Rail. www.rovos.com

Versicherungen

Eine Auslandskrankenversicherung mit Rücktransport sollte abgeschlossen sein. Behandlungs- und Krankenhauskosten sind gleich vor Ort zu bezahlen, also die Kreditkarte parat haben!

Visum

Für Deutsche, Österreicher und Schweizer besteht keine Visumspflicht. Für die Einreise nach Namibia genügt ein Pass, der zum Zeitpunkt der geplanten Ausreise noch mindestens sechs Monate Gültigkeit haben muss. Kinder benötigen einen eigenen Reisepass mit Lichtbild. Achtung: Reisende unter 18 Jahren müssen bei der Ein- und Ausreise eine Geburtsurkunde vorweisen, in der beide

Eltern aufgeführt sind (siehe S. 285/ Kinder).

Zeitverschiebung

In der europäischen Winterzeit ist Namibia schon eine Stunde weiter, zur Sommerzeit eine Stunde hinterher. Achtung: In einigen Naturschutzparks (z.B. Etosha) sind Sonnenaufgang und Sonnenuntergang und nicht die Uhrzeit für Ausfahrt/ Einlass maßgeblich.

Zoll

Einreise: Es dürfen 400 Zigaretten oder 50 Zigarren oder 250 g Pfeifentabak zollfrei eingeführt werden, dazu 1 Liter Spirituosen, 2 Liter Wein, 50 ml Parfüm und 250 ml Eau de Toilette. Fremdwährung kann in unbegrenzter Höhe mitgebracht werden. Faustfeuerwaffen sind in Namibia verboten, Jagdgewehre mit Waffenbesitzschein sind gestattet. Alle Waffen nebst Munition müssen deklariert werden. Wer Haustiere mitbringen will, muss dafür die nötigen Impfungen/ tiermedizinischen Unterlagen vorweisen. In Nationalparks und Wildschutz- sowie Naturschutzgebieten sind Haustiere nicht zugelassen.

Ausreise: Achtung beim Souvenirkauf: Die Ausfuhr von Trophäen ist nur mit Sondergenehmigung möglich! Die Ausfuhr von gefährdeten Pflanzen sowie Produkten aus Tieren, Elfenbein und dem Horn des Nashorns ist nach dem Washingtoner Artenschutzabkommen verboten. Es muss der Nachweis erbracht werden, dass es sich nicht um gefährdete Arten handelt. Deshalb vor dem Kauf nachfragen.

Luxus-Deck der Ntwala Island Lodge, Zambezi River, bei Kasane

NAMIBIA
für Kinder und Familien

Mitreisende Kinder sollten unter Aufsicht stehen und mögliche Gefahren kennen.

Namibia ist ein sicheres Land, das atemberaubende Naturerlebnisse und spannende Tierbeobachtungen bietet, kann sehr gut mit Kindern bereist werden und liegt nur zehn Stunden im Nachtflug – je nach unserer Sommer/Winterzeit – von Deutschland entfernt. Die ideale Zeit für Reisen mit Kindern ist im europäischen Sommer. Dann ist in Namibia Winter, der mit moderaten Temperaturen aufwartet. Tagsüber ist es oft warm genug, um in den Pools, die in vielen Lodges vorhanden sind, zu baden, nachts ist es kühl, was den erholsamen Schlaf fördert. Außerdem ist dann Trockenzeit und viele Tiere finden in der Natur kein Wasser mehr und kommen zu den künstlich angelegten Wasserstellen.

Kinder bis 6 Jahre

Namibia ist ein Land großer Spannbreite, auch was Entfernungen und klimatische Zonen betrifft, und aufgrund seiner Attraktionen ein typisches Rundreiseland. Unabdingbar ist, dass Touren einen entsprechenden Zuschnitt benötigen, die den Bedürfnissen mitreisender Kinder entsprechen, damit die gesamte Familie eine entspannte Zeit haben kann. Für Kinder unter acht Jahren ist eine Reise durch Namibia aufgrund der großen Fahrdistanzen eher nicht zu empfehlen, auch akzeptiert eine Reihe von Lodges Kinder unter zwölf Jahren nicht.

Kinder bis 10 Jahre

Gleich zu Anfang stellen Eltern speziell bei noch sehr jungen und unerfahrenen Sprösslingen die verständliche Frage nach giftigen Schlangen und wie hoch das Malariarisiko ist. Letzteres ist vor allem im Norden Namibias, in der Etosha-Pfanne, der Zambesi-Region und im Caprivi-Streifen speziell während der Regenzeit nicht unerheblich, während der Trockenzeit eher gering, aber dennoch vorhanden. In Zentral- und Südnamibia sowie am Atlantik besteht keine Malariagefahr. In jedem Fall sollten sich Eltern von einem Tropenmediziner beraten lassen. Die statistische Chance, einer Giftschlange zu begegnen, ist wenig wahrscheinlich und lässt sich durch den edukativen Besuch einer der Snake und Reptile Parks im Land minimieren. Bester Lehrmeister aber ist die Wildnis selbst: Wenn die Kleinen einen Game Drive absolvieren, lernen sie, wie Elefanten, Büffel, Nashörner, Raubkatzen und Flusspferde ticken und natürlich auch Schlangen, über die jeder Game Ranger eine Menge zu erzählen weiß.

Kinder bis 14 Jahre

Welche Kids und Jugendliche träumen nicht davon, Löwen, Elefanten und Giraffen in freier Wildbahn zu begegnen, im Allradgeländewagen über staubige Pisten und Pässe zu kurven, oder noch besser, mit dem Quad oder mit dem Sandboard riesige Dünen abwärts zu surfen oder durch unglaubliche Sandmengen zu toben (www.daredeviladventures.com)? Etwas gemächlicher, aber ebenso spannend geht es auf dem Wasser zu. So können die Sprösslinge bei einer abenteuerlichen Katamaranfahrt durch die Lagune vor Walvis Bay mit etwas Glück eine Menge Delfine, Robben und Pinguine sehen. Manchmal sogar Wale (siehe S. 127 Walvis Bay). Und dann gibt's da jede Menge Badevergnügen an endlosen Stränden, die sich auf anderthalbtausend Kilometer am Atlantik entlangziehen: Aber Achtung, das Wasser ist meist eisekalt!

Den Namibiern das Allerliebste: Wer kann, macht sich mit dem Camper auf in die Wildnis.

Tipps für Familien mit Kindern

Schlafen im Zelt

Abenteuer pur ist die Rundreise mit einem 4x4-Geländewagen mit Dachzelt. Welches Kind liebt es nicht zu zelten? Die Infrastruktur der Campingplätze ist in der Regel sehr gut und bietet Platz zum Spielen sowie erstklassige Ausstattung fürs abendliche gemütliche Grillen. Allerdings sollten die Kleinen über mögliche Gefahren wie Schlangen und Skorpione ggf. gefährliche Wild- und Raubtiere sowie entsprechende Verhaltensweisen aufgeklärt werden, um keine Gefahrensituation zu provozieren. Wenn die Kids dann auf das Autodach zum Schlafen klettern, sind sie dem sternenfunkelnden Himmel ganz nah.

The Living Museum

The Living Museums, von denen es ein Dutzend in allen Landesteilen Namibias gibt, ist eine edukative Sensation für Kinder und Jugendliche. Kein Buch, nicht einmal ein Film, schafft, was diese sogenannten lebenden Museen bieten: Einblicke in die (vergangene) Lebenswelt der ethnischen Volksgruppen Namibias. So kann man im Damaraland bei Twyfelfontein in die traditionelle Kultur der Damara eintauchen, alte Tänze erleben und lernen, wie man Feuer ohne Feuerzeug entfacht (www.lcfn.info/de).

Townships

Eine Township zu erfahren ist ein Bildungsprogramm erster Güte, das keine Schule vermitteln kann! Explorer Tours führt durch Swakopmunds Township Mondesa, im Rahmen der Tour besucht die Gruppe dort den Markt, eine Schule und einen Kindergarten. Kunsthandwerkerprojekte werden vorgestellt, ein typisches Zuhause wird erkundet! Dazu gibt es linguistische Übungen in der Klicklautsprache der San und Damara. Wer drei Stunden Zeit mitbringt, hat garantiert ein nachhaltiges und sehr positives Erlebnis (www.nandejexplorertours.com). Durch Windhoeks Township Katutura mit ihrem wuselig bunten Treiben, Obst- und Gemüseständen, Shops und Friseursalons, in denen sich die weibliche Katutura-Jugend fürs Wochenende stylen lässt, und ihrem Soweto Market führt Katu Tours auf erfrischend edukative Weise und präsentiert freundliche Menschen, die trotz großer Armut getreu dem Motto »Lebe den Tag« sehr positiv sind (www.katutours.com).

Unerschöpfliche Quelle des Frohsinns: namibische Kids im Township von Khorixas

Familienfreundliche Planung

TIPPS PAUSCHAL

Reiserveranstalter mit Familienprogramm: www.naturefriend-safaris.com/en/safaris/namibia/namibia-family-safari.html
www.sa-travel.de
diamir-reiselounge.de/familienreisen
www.djoser.de/familienreisen
www.familien-reisen.com/namibia-reisen-mit-kindern
www.afrikarma.de/reisearten/reisearten/familiensafaris-mit-kindern/

Weitere Reiseveranstalter finden Sie unter: www.namibia-tourism.com/reiseveranstalter

TIPPS INDIVIDUELL

Mietwagen: Am besten in Deutschland buchen, Kosten für Kindersitze und Versicherungen vorher klären.

Übernachten: Gästehäuser und Gästefarmen bieten häufig Familienzimmer an: www.myguidenamibia.com/accommodation

Safari Lodges: Manche Anbieter nehmen Kinder aus Sicherheitsgründen erst ab zwölf Jahren auf. Safari Game Drives und Buschwanderungen müssen gegebenenfalls separat gebucht werden. Altersgrenze und Zusatzkosten vorab klären!

Reisen mit Geburtsurkunde
Reisende unter 18 Jahren müssen bei der Ein- und Ausreise eine Geburtsurkunde vorweisen, in der beide Eltern aufgeführt sind.
www.auswaertiges-amt.de
www.namibia-tourism.com/über-namibia/gut-zu-wissen/einreise

Register

Airlines Charterflüge 45
Astro-Farmen 169
Atlas Bay 132
Auasberge 46, 49, 59, 63
/Ai-//Ais Richtersveld Transfrontier Park 192, 232, 241

Benguelastrom 16, 135, 174
Bethanien 220
Big Daddy and Big Mama 178, 180
Brandberg Nature Reserve 100
Bungeejumping 125
Buschpiloten 44
Bwabwata 248, 250, 259
Bwabwata National Park 254

Cafema Mountains 162
Calueque Dam 165
Cape Cross 130, 132, 137
Cape Namibia Route 228, 234
Cape-Columbine-Naturreservat 242
Caprivi 11, 14, 58, 66, 207, 247, 249
Chobe National Park 250

Daan Vilijoen National Wildlife Park 47, 49
Damara 68, 94, 98, 104
Damaraland 94, 96, 131, 178
Dead Vlei 178, 180
Desert Express 72
Deutsche Schutztruppe 52, 66, 68, 161, 164, 171, 200, 212, 221
Deutsch-Südwest 13, 22, 33, 34, 55, 70, 72 197, 239, 249
Diamantensperrgebiet 203
Dorob National Park 130, 137
Duwisib 213, 220

Ekuma 13, 76
Elandsbaai 241, 242
Elefantenreiten 266
Elisabeth Bay 203, 205
Erindi-Schutzgebiet 51, 53
Erkrath-Haus 40
Erongo-Berge 50, 52, 53, 54
Eros Mountains 46, 49
Etosha National Park 9, 18,66, 67, 73, 74, 75, 76, 88, 89, 108, 147, 178

Felsmalerei 101, 102
Fish River Canyon 11, 13, 73, 228, 232, 276
Flora und Fauna 206
Fly-in-Safari 45, 139, 173
Four-Wheel-Pistenfahren 125

Gamsbergpass 169, 171
Garub 212, 214
Ghaub-Höhle 67
Gondwana Canyon Park 19, 191, 236, 239
Grootberg Mountains 108
Grootfontein 55, 59, 66, 69
Gross Barmen 48
Grünau 236

Hai-//Khum-San 82, 82
Hakusembe 246
Hardap-Stausee 228
Hartmann-Berge 151, 162
Heinitzburg 32, 35, 221
Helgoland-Sansibar-Vertrag 249
Henties Bay 130
Herero 12, 21, 48, 50, 62, 64, 66, 160, 161, 196
Hermannstal 67
Hiker's Viewpoint 233
Himba 96, 150, 151, 155, 161
Hoanib Skeleton Coast Camp 140, 143
Hoarusib-Canyon 142
Hobas 234
Hobe-Meteorit 68
Hunsbergen 236

Jacobsbaai 242
Jagdfarmen 56

Kaiser Wilhelm Mountain 168
Kalahari 17, 190, 224, 226, 229
Kamieskron 241
Kaokoveld 96, 146, 150, 152, 158
Karasburg 238
Karibib 58
Kasane 253, 254, 260, 262
Katima Mulilo 249
Katutura 22, 34, 42, 76, 285
Kavango-Zambezi Transfrontier Conservation Area (KAZA) 257, 259
Keetmanshoop 23, 197, 207, 220, 228, 237, 238
Kgalagadi Transfrontier Park 191, 225
Khaudum-Nationalpark 259
Khoisan 104
Khomas-Hochland 46, 57
Khorixas 94, 98, 102, 103, 104
Kipwe 95
Klipspringer Trail Canyon233
Köcherbaumwald 228, 229
Kolmanskop, Kolmanskuppe 11, 193, 203, 210, 211
Königsstein 12, 100
Kuiseb Pass 174
Kulala Wilderness Reserve 183
Kunene 14, 91, 94, 151, 164
Kwando 250

Lamberts Bay 241
Lindequist Gate 75
Livingstone 249, 260, 265
Lüderitz 23, 26, 73, 126, 197, 198, 203, 228

Lüderitzbucht 11, 21, 193, 203, 237

M'wanes 95
Mahango Game Reserve 247, 249
Mahango National Park 248
Malariaprophylaxe 250
Mamili 248, 250
Mariental 73, 175, 224, 228
Maturura 43
Messum-Krater 101
Monteiro-Toko 109
Moremi Game Reserve 260
Mountain View Trail 63
Mowani Mountain Camp 95
Möwe Bay 145
Mudumu 248, 250, 279

Nakambale-Freilicht-museum
Nama 21, 50, 160, 196, 220
Namib 12, 15, 116, 127, 168, 174, 175, 180, 183, 193, 207
Namib Naukluft Park 15, 63, 175, 176, 183, 193, 202, 203, 212, 213,276
Namibia Nature Foundation 146
NamibRand Nature Reserve 11, 19, 63, 173, 178, 186
Namutoni 75, 78, 80
Naturschutz 175
Naukluftberge 121, 168, 169, 170, 180, 190
Naukluft-Wanderweg 170
Noordoever 240
Nossob-Region 225
Nukhoek 104

Okahandja 34, 50, 59, 73
Okavango 13, 14, 76, 246, 250, 260, 261
Omaheke-Wüste 51, 64
Omaruru 51, 52 58
Ongava Game Reserve 88
Onguma Game Reserve 80
Opuwo 164
Oranje River 14, 197, 203, 241
Oranjemund 197, 205
Oshigambo 13, 76
Otavibergen 67, 69
Otjiwarongo 73
Ovambo 74, 90, 91, 161

Palmwag Concession 140
Pomona 203, 205
Popa Falls 247
Popa Game Park 247
Purros 142, 150, 154, 157

Quadbiken 122, 125

Rheinische Mission 50, 52, 62, 228
Richtersveld 192
Rovos Rail 73
Rundu 246

Safari 184
Sambesi 249, 250, 264, 265, 266
San 25, 68, 74, 101, 161, 224
Sandboarding 125
Sanderburg 35, 221
Schlacht am Waterberg 67
Schumannstal 67
Serra Cafema 45
Sesfontein 151, 153, 155, 157, 164
Sesriem Canyon 170, 171, 174, 176, 181
Shambyu 247
Shongololo Express 73
Shuttle-Bus Service 72
Sightseeing-Flüge 119, 123
Skeleton Coast 16, 45, 104, 116, 123, 131, 134, 144, 146, 236
Skeleton Coast National Park 134, 136, 139, 141, 144, 145
Sney Rivier 57
Solitaire 170
Sossusvlei 10, 15, 73, 121, 123, 168, 176, 178, 180, 181, 183
South West African People's Organisation (SWAPO) 22, 43
Sperrgebiet National Park 144
Sperrgebiet Rand Park 11, 214
Sperrzone Diamond Area 1 213
Spitzkoppe 54, 55
Stampriet 191, 224, 226
Susuwe 254
Swakopmund 10, 15, 23, 34, 50, 72, 73, 114, 115, 116, 118, 121, 126, 134, 175, 178
Swakoppoort Dam 57

Terrace Bay 136
The Falling Dunes 173
Tintenpalast 34
Tirasbergen 215
Trekkopje Battlefield 55
Tsau-.//Khaeb Sperrgebiet National Park 202, 205
Tsumeb 66, 67
Twyfelfontein 94, 97, 98, 102, 104

Us Ais 104
Usakos 54

Van Zyl's Pass 152
Versteinerter Wald 104
Victoriafälle 249, 259, 260, 264, 265, 266
Vingerklip-Felssäule 104
Vioolsdrif 240

Walvis Bay 15, 116, 124, 134, 174, 175, 203
Waterberg 62, 178
Waterberg Plateau National Park 9, 65
Waterkloof-Wanderweg 170
Welwitschia 72, 207
West Coast National Park 242
Windhoek 9, 15, 32, 34, 50, 72, 118, 120, 178, 188, 191, 221, 228, 229
Wlotzkasbaken 130
Wolf Bay 132

Zambezi 248

Impressum

Verantwortlich: Claudia Hohdorf
Lektorat: Dr. Barbara Münch-Kienast
Korrektorat: Anke Höhne
Layout: graphitecture book & edition
Umschlaggestaltung: Nina Andritzky, Rudi Stix
Repro: LUDWIG:media
Kartografie: Kartographie Huber, Heike Block
Herstellung: Bettina Schippel
Printed in Slovenia by Florjancic

Sind Sie mit diesem Titel zufrieden? Dann würden wir uns über Ihre Weiterempfehlung freuen.

Erzählen Sie es im Freundeskreis, berichten Sie Ihrem Buchhändler, oder bewerten Sie bei Onlinekauf.

Und wenn Sie Kritik, Korrekturen Aktualisierungen haben, freuen wir uns über Ihre Nachricht an
Bruckmann Verlag,
Postfach 40 02 09,
D-80702 München
oder per E-Mail an
lektorat@verlagshaus.de.

Unser komplettes Programm finden Sie unter

www.bruckmann.de

Bildnachweis: Alle Bilder stammen von Roland F. Karl, außer: Klara Engert: S. 5, 7u., 16, 21, 30, 32m., 38, 40, 70, 74(2), 79, 90(2), 172, 175, 205, 208, 209u., 213, 214o., 214m., 226m., 226u., 228u., 243, 248u., 249, 250u., 273; Christian Heeb: S. 1, 2, 4, 6(2), 7o., 8, 11, 12, 13, 14, 15, 17, 18, 19, 20, 23, 32o., 33, 36(2), 37, 60, 64o., 64m., 72, 78o., 84, 87, 94 (2), 96u., 100u., 108m., 127, 128o., 128m., 131, 141, 142u., 147, 148, 150(2), 151, 152(2), 153, 156m., 169, 171, 202m., 203, 204(3), 230/231, 252u., 256, 259(2), 262m., 268, 270, 271, 277, 278, 279, 280, 281; Benjamin Köbler-Linsner: 49, 176u., 220u., 274, 284; lookphotos: S. 41 (Jalag/ Lengler, Gregor); Mauritius Images: 88u. (imageBROKER/ Martin Moxter), 187 (Alamy/Oleksandr Rupeta); Picture Alliance: S. 145 (imageBROKER); Shutterstock: S. 48m. (Bildagentur Zoonar GmbH.), 48u., 50m., 66m., 132o. (Grobler du Preez.), 50u., 106o. (francesco de marco), 58u. (Fresh Ideas CS), 62m. (GuilhermeMesquita), 62u. (Gunter Nuyts), 63 (ub-foto), 66u. (Albert Russ), 68m. (Andrea Chiozzi), 68u. (Karel Gallas), 69 (ingehogenbijl), 86 (MM.Wildlifephotos), 88m. (Claude Huot), 100m. (Stephan Hawks.), 106u. (Lucas T. Jahn), 108u. (Steve Allen), 110o. (Christin Winter), 110u. (Henk Bogaard), 121 (Tatsiana Hendzel), 122o. (Homo Cosmicos), 122u. (Rainer Lesniewski), 123 (Marcin Sylwia Ciesielski), 124 (Yulia Lakeienko), 130m. (Watch The World), 130u. (Fabio Lamanna), 132m. (matthieu Gallet), 134 (Radek Borovka), 146u. (Lukas Bischoff Photograph), 164 (rdebbo_85), 166 (Fabio Lamanna), 168m. (Kristof Bellens), 173 (Benny Marty), 180m. (Chris de Blank), 184 (Keith Levit), 197 (Andre Silva Pinto), 206 (thoron), 209o. (Ondrej Prosicky), 215 (Nick Fox), 235o. (Andre Gie), 282 (Fotografie-kuhlmann); Wikimedia Commons: S. 34 (Zairon), 48o. (Theseus), 54m. (Ikiwaner), 54u. (Louise Kapp), 73o. (David Brossard), 73u., 202u. (Hp.Baumeler);
Umschlag:
Vorderseite: Oben: Leuchtende Kopfbedeckung einer Himbafrau (mauritius images/United Archives) / Mitte links: Zebras im Etosha National Park (Christian Heeb) / Mitte rechts: Herero-Frau mit typischer Kopfbedeckung (mauritius images/imageBROKER/Harry Laub) / Unten: Köcherbaumwald bei Keetmanshoop (Christian Heeb)
Rückseite: Oben: Ballonfahrt über Sossusvlei (Shutterstock/Chris de Blank) / Mitte: Gründerzeit-Architektur in Swakopmund / Unten: Wüstenelefanten bei Purros (Christian Heeb) / Klappe vorne: Wanderer auf einer Sossusvlei-Düne (Shutterstock/Fabio Lamanna)

Die Deutsche Nationalbibliothek verzeichnet diese Publikation in der Deutschen Nationalbibliografie; detaillierte bibliografische Daten sind im Internet über http://dnb.d-nb.de abrufbar.

ISBN 978-3-7343-1221-2